냉철하지만 따뜻한, 진짜 사장인

_____님에게

이 책을 드립니다.

사장力 수업

착한 사장 독한 사장 말고
'진짜' 사장 되는 직원관리의 모든 것

사장力 수업

1판 1쇄 인쇄 2025년 4월 12일
1판 1쇄 발행 2025년 4월 18일

지은이 신동명
펴낸이 송준화
펴낸곳 아틀라스북스
등   록 2014년 8월 26일 제399-2017-000017호

기획편집총괄 송준화
마 케 팅 총괄 박진규
디자인 김민정

주소 (12084) 경기도 남양주시 청학로 78 812호(스파빌)
전화 070-8825-6068
팩스 0303-3441-6068
이메일 atlasbooks@naver.com

ISBN 979-11-88194-51-3 (13320)
값 20,000원

착한 사장
독한 사장 말고
'진짜' 사장 되는
직원관리의 모든 것

사장力 수업

아틀라스
북스

신동명 지음

당신이 '진짜' 사장이 되어야 하는 이유

'직원은 성실하고 희생적인 존재이고, 사장은 욕심쟁이에 이기적인 존재인가?'

이 질문에 정해진 답은 없습니다. 각자 처한 상황과 대상에 따라 답은 달라지겠죠. 경영 현장에는 악덕 사장 때문에 고생하는 직원들도 있고, 반대로 나쁜 직원 때문에 힘들어하는 사장과 동료 직원도 있습니다. 다만 현실에서는 욕심 많고 이기적인 사장들이 부각되어 주로 사장 측이 비난받곤 하죠.

악덕 사장은 당연히 비난받아야 합니다. 또 그들의 잘못된 행동은 바로잡거나 처벌해서 직원들을 보호해야겠죠. 하지만 대한민국에는 직원들이 알아주든 아니든 묵묵히 자기 역할을 책임감 있게 수행하는 선량하고 희생적인 사장들이 많습니다.

이 책은 그런 '진짜' 사장을 위한 것입니다. 사장이 꼭 지켜야 할 사항이나 근로자의 권리를 알려주는 책이나 정보는 넘쳐납니다. 하지만 온전히 사장 시각에서 회사와 직원을 바라보고, 무엇이 진짜 직원을 위하는 것인지를 '날 것' 그대로 알려주는 책은 많지 않습니다.

"그럼 그런 내용은 어디에 나오나요?"

사장들이 제게 자주 하는 질문입니다. 저는 2010년에 노무사 일을 시작하면서부터 지금까지 2,000명 이상의 사장을 만나 왔습니다. 저는 그들과 상담하고 컨설팅하면서 그들이 가진 직원관리에 관한 다양한 고민에 최대한 '현실에 맞게' 답하려 노력했고, 이 책에 그 소중한 사례들의 핵심을 모아 정리했습니다.

우선, 이 책은 '사장을 위한' 책입니다. 즉, 구체적인 현장 사례를 바탕으로, 사장이 사장으로서 직원을 바라본다는 것의 의미가 무엇이며, 진짜 사장이라면 본인뿐 아니라 회사와 직원 모두를 위해 어떤 생각을 가져야 하는지 이야기합니다. 또 사장이 직원을 무조건 믿고 잘해 주는 게 능사가 아닌 이유와 왜 직원들을 전략적으로 대해야 하는지 설명하고 있습니다.

둘째, '채용'의 중요성에 관해 이야기합니다. 저는 현장 컨설팅 경험이 쌓일수록 채용이 직원관리의 출발점이자 핵심이라는 생각이 듭니다. 직원 한 명을 잘못 채용하면 회사가 망가지고 사장은 우울증에 걸릴 수 있습니다. 여러분의 회사에 그런 불상사가 생기지 않도록 채용의 노하우를 제시하려 합니다.

셋째, 직원관리 노하우의 핵심만 엄선해 정리했습니다. 사장이 매장에 안 나오면 매출이 떨어지듯, 사장이 직원에게 관심이 없으면 직원관리가 잘 될 리 없습니다. 그렇다고 사업을 총괄해야 하는 사장이 마냥 직원관리에 매달릴 수도 없습니다. 그래서 직원관리에 관해 중요도 떨어지는 내용은 과감히 덜어내고, 사장이 반드시 알아야 할 내용만 정리했습니다.

마지막으로, 사장이 필연적으로 경험하게 되는 직원과의 분쟁에 관해 이야기합니다. 주요 분쟁 사례를 토대로, 사장이 직원과의 분쟁을 어떤 마음으로 어떻게 대처해야 하는지 정리했습니다.

이 책에서 말하는 '사장력(力)'은 직원관리에 관한 위험을 최소화하고 효율을 극대화하는 힘을 의미합니다. 사장이 사장답게 위에서 언급한 네 가지 직원관리의 기본을 꾸준히 실천해 나갔을 때 사장력은 점점 강해지고, 회사는 그 힘을 바탕으로 안정적으로 발전해 나갈 것입니다. 저는 이 책에 수많은 회사에서의 컨설팅 경험을 바탕으로 한, 제 모든 직원관리 관련 노하우를 풀어놓음으로써 여러분이 강한 사장력을 갖춘 진짜 사장이 되도록 돕겠습니다. 그에 앞서 12쪽에 있는 체크 리스트를 통해 현재 여러분의 사장력을 체크해 보면 이 책을 더욱 알차게 활용할 수 있을 것입니다.

저는 이 책에서
'직원을 믿고 잘해 준다는 의미',

'사업 현장에서 진짜 사장의 역할',

'임금을 잘못 지급하면 독이 되는 이유',

'직원과의 분쟁을 대하는 태도' 등

현업 사장들의 생생한 질문에 현실적으로 답하려 노력했습니다. 부디 이 책 어딘가 한 문장이 여러분의 직원관리에 도움이 되었으면 하는 마음 간절합니다.

사장이 바로 서야 회사와 직원 모두 행복해집니다. 여러분이 '진짜' 사장이 되어야 하는 이유입니다. 오늘도 치열한 삶의 현장에서 진짜 사장으로 살아가는 여러분을 두 손 모아 응원합니다.

우연히 아내에게 결혼하면서 쓴 편지를 발견한 적이 있습니다. 편지에는 지키지 못할 약속이 가득했고 안타깝게도 지금까지 대부분 지키지 못했습니다. 그런데 편지 내용 중에 '50세에 인사관리 전문가 되기'란 목표가 적혀 있었습니다. 그 당시에는 전혀 무관한 일을 하고 있었는데 제 마음속에는 그때부터 그런 꿈이 있었나 봅니다. 인사 전문가로서 여전히 부족하고 계속 노력하고 있지만 그 약속이라도 지켜보고자 이 책을 쓰기로 결심했습니다. 이미 거짓말쟁이가 된 저와 20년 넘게 함께 살면서도 자신의 자리에서 최선을 다해준 아내가 있어 행복할 수 있었습니다. 언제나 위안과 힘을 주는 유일한 나의 동반자 서근아에게 이 책을 바칩니다.

신동명

●●● 차례 ●●●

글을 시작하며_ 당신이 '진짜' 사장이 되어야 하는 이유   ··· 4
현재 나의 사장력은 어느 정도일까?   ··· 12

제1강 사장과 그 주변인들

01 사장은 월급을 주는 사람   ··· 16

02 가족과 함께 일하는 건 축복일까?   ··· 20

03 친인척직원에게는 더욱 엄격한 잣대를   ··· 26

04 함께 회사를 일군 동료는 영원할까?   ··· 31

제2강 진짜 사장의 실전 리더십

01 사장과 직원의 관계는 불가근불가원   ··· 38

02 사장의 실천 ① 칭찬하기   ··· 43

03 사장의 실천 ② 관심 갖기 ··· 48

04 사장의 실천 ③ 경청하기 ··· 54

05 사장의 금기 ① 비난하기 ··· 61

06 사장의 금기 ② 말 바꾸기 ··· 65

07 사장의 금기 ③ 갈등 회피 ··· 69

제3강 채용의 기술

01 채용이 직원관리의 80%인 이유 ··· 76

02 외부 영입 임원은 왜 회사를 빨리 떠날까 ··· 81

03 좋은 직원을 선택하는 기준 ··· 87

04 면접은 회사와 지원자가 서로 평가하는 과정 ··· 95

05 퇴사직원의 재입사 요청에 대응하는 방법 ··· 102

[참고 서식] 채용 면접평가표 101

제4강 사장력 높이기 1_ 근로계약

01 노동법은 직원 편이라 불공평하다는 생각 ··· 108

02 정확한 직원 수 파악이 직원관리의 시작 ··· 114

03 노동법에서 중요한 숫자 '5' ··· 120

04 근로계약서는 아주 비싼 가치의 문서 ··· 127

05 수습과 계약직을 구분해야 하는 이유 ··· 137

06 퇴사직원이 회사의 경쟁자가 된다면 ··· 144

[참고 서식] 표준근로계약서(정규직) 133 / 표준근로계약서(단시간근로자, 아르바이트) 134
임원위촉계약서 135 / 프리랜서(업무위탁)계약서 136 / 표준근로계약서(계약직) 143
비밀 유지 서약서 150 / 경업금지 약정서 151

제5강 사장력 높이기 2_ 임금/근로시간

01 임금 지급은 0.1% 오차도 없이 정확히 ··· 156

02 임금 설계는 직원관리의 뼈대 ··· 163

03 임금 설계에 비과세수당을 활용하는 이유 ··· 170

04 같은 돈이라도 돈값을 하게 주려면 ··· 176

05 때로는 임금이 전부가 아닐 수 있다 ··· 182

06 근무시간 관리는 차별 없이 정해진 대로 ··· 190

07 회사에서의 모든 시간이 근무시간은 아니다 ··· 196

08 공짜 휴일근무는 없다 ··· 205

09 연차휴가는 이미 근무한 기간에 대한 대가 ··· 214

[참고 서식] 임금 지급 연장동의서 162 / 연봉 비밀 유지 서약서 189
시간외근무 사전승인 신청서 204 / 근로자대표 선정서 211
휴일대체 합의서 212 / 보상휴가제 합의서 213 / 연차휴가 이월사용 동의서 221

제6강 사장력 높이기 3_ 평가/승진/규정/징계

01 정교한 평가제도가 좋지만은 않은 이유 ··· 224

02 승진자 결정에도 전략이 필요하다 ··· 230

03 인사이동에도 정당한 이유가 있어야 한다 ··· 236

04 규정은 단순할수록 강력하다 ··· 243

05 징계는 계단을 오르듯 단계적으로 ··· 249

06 직원과 원수지간으로 헤어지지 않으려면 ··· 257

[참고 서식] 징계 처분 통지서 256 / 퇴직예정자 의견 조사서 264

제7강 사장력 높이기 4_ 분쟁 해결/갈등관리

01 노동분쟁을 대하는 사장의 태도 ··· 268

02 고용노동부에서 출석요구서를 받는다면 ··· 274

03 문제직원을 해고하고 싶다면 ··· 282

04 산재보험을 둘러싼 여러 오해에 관해 ··· 290

05 직원에 대해 손해배상 청구를 고민한다면 ··· 298

06 직장 내 괴롭힘에 단호히 대처해야 하는 이유 ··· 304

[참고 서식] 피진정인 출석요구서 281 / 해고통지서 289 / 산업재해 조사표 297

 ※ 이 책에 수록된 '참고 서식'은 아틀라스북스 블로그
(https://blog.naver.com/atlasbooks)에서 다운로드 받을 수 있습니다.

■ 현재 나의 사장력은 어느 정도일까?

☑ 아래 질문 내용에서 맞는 것은 몇 개나 될까요?

순번	질문 내용	참고 내용(쪽)
1	사장이 믿을 만한 직원은 많지 않으므로 회사 내에 가족이나 친인척이 많이 근무하는 것이 직원관리에 안정적이다.	20~30
2	회사의 임원은 등기 여부와 상관없이 근로자가 아니므로 퇴직금 지급 의무가 없다.	35
3	어떤 직원을 채용하느냐보다 채용된 후 그 직원을 어떻게 관리하느냐가 중요하다.	76~80 87~94
4	직원과 맺는 근로계약이 가장 중요하므로, 회사의 규정은 크게 중요하지 않다.	108~113 243~248
5	직원관리에서 가장 중요한 숫자는 20이다.	120~126
6	직원이 실제 출근했더라도 당사자 간 합의 등 특별한 사정이 있다면 근로계약서 작성을 미뤄도 문제가 없다.	127~132
7	회사 사정을 반영하려면 임금구조나 평가제도를 복잡하게 설계하는 것이 좋다.	224~229
8	인사이동에는 반드시 직원 동의가 필요하다.	236~242
9	해고나 징계 조치는 인사권을 가진 사장이 자유롭게 결정할 수 있다.	249~255
10	산업재해를 산재보험으로 처리하면 회사에 불이익이 발생할 수 있으므로 가급적 직원과 합의로 처리하는 것이 좋다.	290~296

맞는 내용의 개수는 '0'입니다. 내용이 '틀리다'고 한 항목 수에 따른
사장력은 아래와 같습니다.

10개	사장력이 충분합니다.	8~9개	조금만 더 노력하면 됩니다.
6~7개	많은 노력이 필요합니다.	5개 이하	문제가 생길 위험이 높습니다.

여러분의 가치관이나 신념에 따라 몇몇 질문에 의문을 가질 수 있
습니다. 본문 내용을 통해 저의 생각과 여러분의 생각을 비교해 봐
도 좋을 것입니다. 혹시 사장력이 부족한 듯해도 걱정할 필요는 없
습니다. 이 책을 다 읽고 나면 사장력이 넘치게 될 테니까요.

추운 날씨가 되면 고슴도치들은 추위를 이기고자 서로 가까워
지지만 서로의 가시 때문에 놀라 금방 떨어집니다. 하지만
다시 추위를 느끼기에 다시 달라붙고 떨어지고를 반복하죠.
그러다 고슴도치들은 결국 상대의 가시를 견디면서 추위도
견딜 수 있는 적당한 거리를 찾게 됩니다.

제1강
사장과 그 주변인들

01

사장은
월급을 주는 사람

연봉 10억 받는 유능한 직원보다
작은 업체라도 자신의 무게를 견뎌 내는 사장이
더 대단한 사람입니다.

사장의 존재감은 무엇으로 증명될까요? 한마디로 답하자면 사
장은 사장다워야 존재감이 생깁니다. 운영하는 사업체가 크든 작든
여기에는 차이가 있을 수 없습니다. 그런데 간혹 저는 영업이나 연
구직을 하다 창업한 사장들과 상담하다 그들이 전혀 사장답지 않은
모습을 보여줘서 당황스러울 때가 있습니다.

A 사장은 20년간 대기업에서 주요 제품을 연구·개발하는 연구소장
으로 근무한 경험을 바탕으로 회사를 창업했습니다. 창업 초기에는
별다른 어려움이 없었습니다. 대기업 연구소장 출신답게 연구개발을
진두지휘하며 시장성 있는 신제품을 내기도 했습니다.
그런데 직원 수가 늘어나면서 조직관리에 문제가 생기기 시작했습니

다. 가장 큰 문제는 A 사장 자신에게 있었습니다. 일단 사장으로서 연구개발 외 분야나 직원관리에 관심이 없었습니다. 그러다 보니 연구개발 이외의 분야에는 유능한 직원이 들어오지 않았고, 그렇게 뽑힌 직원들은 스스로 열심히 일할 이유를 찾지 못했습니다. 이러니 제품홍보나 제품관리가 잘 될 리 없었고, 고객들에게서 계속 불만이 발생했습니다. 이렇게 엉망이 된 직원관리로 인해 A 사장의 스트레스는 커져만 갔고 급기야 창업을 후회하기에 이르렀습니다.

제가 현장에서 상담하다 보면 자신이 분명 사장인데도,
'회사의 중요한 의사결정을 직원에게 미루거나',
'지나치게 직원들의 눈치를 보거나',
'본인이 아는 분야 외에 다른 분야에는 무관심하거나',
'회사 공식 절차나 직원 의견을 철저히 무시하고 독단적으로 행동하는' 등
사장답지 않은 태도와 언행을 하는 사례를 종종 보곤 합니다. 이런 태도와 언행은 사장 스스로 회사를 망치는 길일 뿐 아니라, 직원들이 자의반 타의반 회사를 떠나게 하는 원인이 되기도 합니다. A 사장도 그런 사례였지요. 그럼 그런 사장들에게는 구체적으로 어떤 문제가 있는 걸까요?

사장은 회사를 만들고 직원을 채용하는 순간부터 월급을 받는 사람이 아니라 '월급을 주는 사람'입니다. 즉, 직원을 책임져야 하는 사람이기에 본인의 전문 분야뿐 아니라 회사 전체를 생각해야 합니

다. 그런데도 사례의 A 사장은 자신이 잘하고 관심 있는 분야에만 집중하는, 과거 연구소장 역할에 충실했습니다. 그러니 회사는 물론 A 사장과 직원 모두가 힘든 상황이 된 것이죠.

월급을 주는 사람은 스스로 결단하고 그 결과에 책임을 져야 합니다. 또 그 과정에서 항상 회사와 직원을 생각해야 합니다. 하지만 제가 만나는 모든 사장이 그런 것 같지는 않습니다. 그래서 저는 동네 조그만 김밥집을 하든, 큰 회사를 경영하든 직원을 채용하고 그들을 책임지며 일정한 성과를 내는 사장을 진심으로 존경합니다. 배움이 짧고, 언어가 거칠고, 매너가 조금 부족해도 그들이 연봉 10억을 받는 직원보다 더 대단하다고 생각합니다. 저는 사업 현장에서 늘 아무리 뛰어난 직원이라도 자신의 무게를 견뎌 내는 사장과는 생각과 행동의 크기가 다름을 느낍니다.

저는 다양한 현장경험을 통해 유능한 사장이 어떻게 직원을 관리하는지, 반대로 사장이 어떻게 했을 때 회사를 망치는지를 수없이 지켜봤습니다. 지금부터 그러한 경험을 토대로 진짜 사장이라면 직원을 어떻게 관리하고 대해야 하는지 살펴보겠습니다.

● 주인과 머슴의 차이

요즘 시대에 직원과 사장을 주인, 머슴에 빗대어 표현하면 안 되겠죠. 다만 서로의 역할을 돌아보는 것은 의미가 있어 보입니다.

사장은 미래를 보고, 직원은 오늘 하루를 본다.

사장은 스스로 움직이고, 직원은 사장에 의해 움직인다.

사장은 스스로 일하고, 직원은 남이 봐야 일한다.

사장은 되는 방법을 찾고, 직원은 안 되는 핑계를 찾는다.

사장은 자신이 책임지고, 직원은 사장이 책임을 진다.

사장은 내일을 위해 지금의 고통을 참고, 직원은 내일을 위해 오늘의 고통을 피한다.

– 출처 : 인터넷

02

가족과 함께 일하는 건
축복일까?

가족과 함께 일하는 것은
처음부터 신중 또 신중하게 결정해야 합니다.

'규모가 크지 않다', '지방이다', '사람 구하기 힘들다' 등 여러 사정
으로 회사에서 가족이 함께 일하는 경우가 많습니다. 관련된 사례를
하나 볼까요?

과거 경리직원의 공금횡령 사건으로 큰 위기를 겪었던 B 사장은 그
자리를 배우자에게 맡겼습니다. 그 후로 B 사장은 '역시 믿을 건 가
족뿐'이라는 생각에 맘 편히 사업을 할 수 있었죠. 2년 전에는 아들도
회사에 합류시켰습니다. 취업이 어렵기도 하고 작은 회사에 취직할
바에는 자신의 회사에서 일하면 좋을 것 같았고, 솔직히 나중에 회
사를 물려줘야겠다는 마음도 있었습니다. 최근에는 이직을 고민하던
큰딸의 사위도 회사에 들어왔습니다.

이러다 보니 크지 않은 회사에 직원 절반 이상을 가족이 차지하게 되었죠. 그런데 B 사장은 최근 다른 직원들이 이런 상황을 점점 불편해한다는 사실을 알게 되었습니다. 사실 그 역시 요즘 들어 가족직원을 관리하는 데 어려움을 느끼고 있습니다. B 사장은 회사를 계속 이렇게 운영해도 되나 하는 걱정이 쌓여가고 있습니다.

회사에서 가족이 함께 일하면 분명 장점이 많습니다. 우선 가족이니까 아무래도 다른 직원보다 믿을 수 있습니다. 특히 돈관리에서 안심이 됩니다. 법적 문제에도 비교적 자유로운 부분이 있습니다. 예를 들어 야근이나 휴일 근무가 필요할 때 일반 직원처럼 동의를 받거나, 수당을 꼬박꼬박 챙겨주지 않아도 되니 편합니다. 회사의 어려움을 언제나 공유할 수 있는 우군이 있다는 든든한 마음이 드는 것도 큰 장점입니다. 하지만 저는 회사에서 가족이 함께 일하는 상황을 좋게만 보지는 않습니다.

첫째, 직원들이 불편해합니다. 사장이 양쪽을 차별 없이 대하더라도 가족과 섞여 일하는 직원들은 당연히 말도 행동도 불편합니다. 제가 그런 회사에서 직원들과 깊은 대화를 하다 보면 그 상황에 관한 불편함과 불만을 호소하는 경우가 적지 않습니다.

둘째, 가족 간 불화로 이어지는 경우가 많습니다. 가족관계에 회사관계가 더해지니 서로의 입장이 복잡해질 수밖에 없기 때문이죠. 특히 저는 자녀 간의 관계에 주목합니다. 사례의 B 사장 회사에는 아들과 사위가 함께 일하고 있는데, 회사가 성장하면 자연스레 이들의 처우를 고민할 시기가 옵니다. 사장 자리는 누가 물려받을지, 회사 지분은 어떻게 해야 할지 등을 결정해야 하는데, 이 과정에서 가족 간 불화가 생길 수 있습니다. 딱히 특정 자녀가 못되고 욕심이 많아서가 아니라 당연한 결과로 봐도 합니다. 물론 현명히 대처해야겠지만, 이런 위험은 회사에 자녀들이 들어올 때부터 이미 잠재되어 있었습니다. 현실적으로 봐도, 현재 한국 사회의 다수 기업이 1세대 경영자에서 2세대 경영자로 경영권이 이전되는 시기에 접어들었기에 이런 현상이 자주 목격됩니다.

마지막으로, 불화가 분쟁으로 이어지면 해결하기가 쉽지 않습니다. 요즘처럼 이혼이 일상화된 시대라면 며느리와 사위는 언제든 남이 될 수 있습니다. 그런데 이들은 노동법상 엄연히 근로자이므로 이들과의 분쟁에도 당연히 노동법이 적용됩니다. 여기에 가족 간 불화로 인한 악감정까지 섞이면 분쟁을 해결하기가 더욱 어려워집니다.

실제로 한 회사의 사장이 재혼 문제로 딸과 절연하면서 함께 일했던 사위가 문제를 일으킨 사례가 있습니다. 사위가 회사를 상대로 노동법 위반을 이유로 다양한 진정 및 소송을 제기한 것입니다. 가족이라고 해서 노동법을 무시하고 일을 시켰던 행태가 결국 문제가 된 것이죠. 또 아들과 며느리가 이혼하면서 회사에서 함께 일했던 며느리가 노동법 위반사항을 모두 기록해 회사를 고용노동부에 신고한 사례도 있습니다.

물론 어떤 경우든 회사가 법을 위반했다면 마땅히 처벌받아야 합니다. 하지만 가족관계의 단절이나 불만으로 인해 그런 일이 벌어진다면 사장, 나아가 가족들이 입을 상처는 더욱 클 수밖에 없습니다.

이런 사례들을 많이 접하다 보니 저로서는 회사 내에 가족이 많아지는 상황을 긍정적으로 보기 어려운 것이죠. '사람이 없는데 어떡하냐?', '가족이 회사에 들어오겠다는데 막을 수는 없지 않냐?'라고 할 수 있습니다. 맞는 말입니다. 하지만 세상 모든 일에는 장단점이 있음을 인식하고 깊게 고민한 후에 결정할 필요가 있습니다.

그런데도 부득이 가족이 함께 일해야 한다면 이런 내용들은 꼭 고려하는 게 좋습니다.

첫째, '최소한'이어야 합니다. 특히 두 명 이상의 자녀(자녀의 배우자 포함)가 함께 일하게 되면, 그 상황에 경영권 배분, 자산 이전 등의 문제가 내재해 있음을 충분히 고려해야 합니다. 따라서 회사에 이미 한 자녀가 일하고 있다면 다른 자녀 또는 사위, 며느리 등이 회사에 추가로 들어오는 결정에는 더욱 신중해야 합니다.

둘째, 일반 직원과의 차별이 없어야 합니다. 가족임을 숨기라는 뜻이 아닙니다. 오히려 사장의 사위나 며느리임에도 직원들에게 그 사실을 알리지 않으면 더 문제가 됩니다. 직원끼리 회사나 사장을 욕하는 경우가 종종 있는데, 그 사이에 사장의 가족이 있었다고 생각하면 직원들 마음이 어떻겠습니까? 저도 회사생활을 할 때 실제로 이런 적이 있었는데, 나중에 그 사실을 알고 나서 얼마나 당황했었는지 지금도 식은땀이 날 지경입니다.

또한 사장의 가족이라면 직원들이 '자식이니까, 가족이니까 그렇지'라고 인식하지 않도록 언행에 주의 또 주의해야 합니다. 회사 내에서 가족 간 호칭을 쓴다든지, 다른 직원과 달리 출퇴근 시간을 자유롭게 한다든지, 복장을 아무렇게나 입고 다니는 등의 태도는 직원들에게 실망감을 줄 수 있으므로 직원들보다 더 주의해야 합니다.

마지막으로, 사장이 가족에 대해 명확한 태도를 유지해야 합니다. 둘째 아들이 회사에 헌신했다면 회사는 둘째 아들이 물려받아야 맞습니다. 대기업 다니던 큰아들이 승진도 안 되고 별 볼 일 없어져서 아버지 회사를 물려받으려고 기웃대면 얼씬 못하게 하고, 차라리 자산을 물려주는 편이 낫다고 생각합니다. 이는 둘째 아들뿐만 아니라 함께 일한 직원들에 대한 예의이기도 합니다.

가족이 함께 일하는 것이 재앙이 아닌 축복이 될 수 있도록 처음부터 신중히 생각하고 결정하기를 권합니다.

● 무급 가족직원의 산재보험 가입

산재보험은 '유급 근로자'를 대상으로 가입하는 것이 원칙입니다. 다만 사업주도 현장에서 산업재해를 당할 수 있는 현실을 감안하여 특례로써 산재보험 가입을 허용하고 있습니다. 더불어 2021년 6월 9일부터는 300인 미만의 중소기업 사업주뿐만 아니라 사업주의 배우자 또는 4촌 이내의 친족으로서 보수를 받지 않고 일하는 사람도 산재보험에 가입하여 혜택을 볼 수 있습니다. 가입 여부는 자유롭게 결정할 수 있으니, 사정상 무급으로 일하는 가족이 있고, 산재위험이 있다고 판단된다면 가입을 검토하기 바랍니다. 자세한 사항은 현재 사업장 관할 근로복지공단에 문의하면 됩니다.

03

친인척직원에게는
더욱 엄격한 잣대를

친인척직원은 특별한 관계이기에
더욱 특별하게 관리해야 합니다.

사장이 '남보다는 낫겠지'라는 생각으로 친인척을 채용하는 경우가 많습니다. 인력이 부족한 상황에서 회사에 믿을 만한 친인척이 들어오는 건 분명 사장에게 좋은 일일 수 있습니다. 하지만 때로는 이것이 사장에게 큰 위기로 돌아올 수도 있습니다.

C 사장은 10년 전에 자신이 관리업무를 하던 건설기계 부품 제조회사를 양도받아 운영하고 있습니다. 이후 회사가 커지면서 관리자가 필요해 남편이 사업에 참여하게 되었고, 몇 년 전에는 남편이 사람이 필요하다며 자기 남동생을 채용했습니다. 당시 C 사장은 시동생의 합류가 썩 내키지 않았지만 '그래도 남보다는 낫겠지'라는 생각으로 동의했습니다.

그런데 시동생은 입사 후에 불성실한 업무태도를 보이는 데다, 공사 구분을 못하고 마치 자신이 사장인 듯 행동했습니다. C 사장은 일반 직원 같으면 징계나 해고를 했을 텐데 시동생이다 보니 이러지도 저러지도 못할 뿐입니다. 남편은 자기 동생이라고 감싸기만 하고, C 사장은 회사를 이끄는 사장으로서 직원들에게 면목이 없고 정말 죽을 맛입니다.

제 경험상 친인척 채용은 추후 여러 문제를 일으킬 수 있으므로 일반 직원보다도 채용이나 관리에 있어서 특별히 신중해야 합니다.

첫째, 친인척직원은 회사는 물론 가족 모임에서도 마주쳐야 하는 대상입니다. 그러니 사장이 아무리 노력해도 공사 구분을 명확히 하기가 어렵습니다. 사장으로서 친인척직원을 다른 직원과 동등하게 대하거나 오히려 엄격하게 관리해야 하지만 현실적으로 그러기가 쉽지 않습니다.

둘째, 친인척직원과의 관계는 노동분쟁 대응에 취약합니다. '친인척과 무슨 노동분쟁이냐?'라고 생각할 수 있지만 가족 간 분쟁도 발생하는 세상에 친인척과의 분쟁이라고 없을까요? 실제로도 친인척직원과의 노동분쟁은 생각보다 자주 일어납니다.

분쟁이 발생하는 원인은 간단합니다. 사장은 그들을 '특별히 잘해 준다'라고 생각하겠지만, 그들 역시 '특별히 열심히 일한다'라고 생각하기 때문이죠. 함께 일하다 보면 그 생각의 간극이 점점 커지고, 서로의 서운한 감정이 쌓이면서 분쟁이 발생하게 됩니다. 관계의 특성상 그런 분쟁에는 '감정'이 개입되기 때문에 해결이 쉽지 않고, 상처도 깊게 남습니다.

마지막으로, 사장이 자기 집안에서 '나쁜 인간'이 될 수 있습니다. 사례의 C 사장은 정상적인 회사 운영을 위해 결국 시동생을 회사에서 내보냈습니다. 현명한 판단이었지만, 이후 C 사장 집안에서 '형수가 어려운 시동생을 보듬어 줘야지!', '돈 좀 벌었다고 사람이 변했네' 등의 뒷소리가 나오고, 결국 그녀는 집안에서 악덕 업주이자 나쁜 인간이 되어 버렸습니다. 회사 속사정을 모르는 먼 친척이야 그럴 수 있다지만, 시어머니까지 자기 아들을 잘랐다고 의절하자고 하니 며느리인 C 사장은 당황스러울 수밖에 없었습니다. C 사장은 이제 시동생을 어찌 봐야 할지, 집안 모임에는 어떻게 참석해야 할지 고민이라고 했습니다.

소규모 기업일수록 한두 명 정도의 친인척과 함께 일하는 경우가 많습니다. 그러다 보니 C 사장 같은 어려움을 겪는 사례가 다양한 형태로 생기곤 하죠. 이럴 때 C 사장처럼 친인척직원을 내보내면 사장이 욕을 먹고, 반대로 회사가 필요할 때 그들이 갑자기 그만두면 사장이 '잘해 줬는데 배신했다'라며 서운해할 것입니다. 퇴사 이후 서로 관계가 불편해지는 상황은 덤일 테고요.

그런데도 어쩔 수 없이 친인척을 채용해야 한다면 이런 사항들을 고려해야 합니다.

첫째, 일반 직원보다 엄격한 검증기간을 두는 것이 좋습니다. 즉, 일정 기간 '계약직'으로 일하게 한 다음 정식으로 채용하기를 권합니다.

둘째, 일단 친인척을 채용했다면 일반 직원보다 엄격히 관리해야 합니다. 노동법상으로는 친인척직원과의 관계도 일반 직원과 다를 바 없습니다. 근로계약서는 당연히 작성해야 합니다. 특히 일반 직원보다 먼저 작성하길 추천합니다. 연장근무수당도 정확히 계산해서 지급해야 합니다. 회사 사정이 어려울 때마다 친척이라고 해서 부려 먹고 나서 정당하게 대우하지 않으면 그들 입장에서 당연히 서운한 마음이 쌓일 수밖에 없으니까요. 이밖에 연차휴가 및 퇴직금 정산도 철저히 해주는 등 공사 구분을 엄격히 해서 관리해야 합니다. 다른 직원들이 차별을 못 느낀다면 잘 관리된다고 볼 수 있습니다.

마지막으로, '마무리'를 잘해야 합니다. 친인척은 회사에서의 관계가 좋지 않게 끝나더라도 가족인 만큼 계속해서 봐야 합니다. 그러니 서운하고 화가 나는 상황이더라도 사장이 '내가 손해 본다'라는 생각으로 많이 베풀면서 관계를 정리해야 합니다. 결국에는 그것이 더 남는 장사입니다.

● 선공후사(先公後私)

중국 춘추전국시대 조나라에 '인상여'라는 사람이 있었습니다. 그는 진나라 왕과 만난 자리에서 기지를 발휘해 조나라의 혜문왕을 구한 공로로 왕에게서 높은 벼슬을 얻었습니다. 그런데 조나라의 명장수인 '염파'가 이 일에 불만을 품고 인상여를 욕보이려 별렀습니다. 자신은 목숨 걸고 큰 공을 세웠는데 인상여는 세치 혀로 자신보다 높은 벼슬을 얻은 데 앙심을 품은 것이죠. 이 사실을 안 인상여가 염파를 피해 다니자 그의 부하들이 불만을 제기하며 "염 장군이 무섭습니까?"라고 물었습니다. 이에 인상여가 이렇게 답했습니다.

"나는 진나라와도 맞선 사람이다. 내가 염 장군을 두려워해서가 아니라, 우리 둘이 싸우면 누군가는 쓰러지고, 그렇게 되면 나라가 위태로워지기에(당시 인상여와 염파가 있어 진나라가 쳐들어오지 못하는 상황이었습니다) 내가 피하는 것이다."

선공후사(先公後私), 공적인 일이 사사로운 일에 앞서야 함을 보여주는 일화입니다. 사장이 회사를 운영하다 보면 더러 친척에게서 채용 청탁을 받기도 합니다. 이럴 때는 사장이 회사를 먼저 생각해서 그런 청탁을 회피하는 것이 '선공후사'일 수 있습니다.

04

함께 회사를 일군
동료는 영원할까?

사장에게는 때로 조선 태종이 아들 세종을 위해
개국공신을 숙청했던 마음이 필요합니다.

우리나라 고도성장기에 많은 기업이 성장했고, 이제 그 성장을
이끌었던 주역들이 물러나고 그다음 세대가 경영에 참여하는 시기
가 되었습니다. 그런데 이 과정에서 창업공신들이 경영권의 가족 승
계를 인정하지 않는 등의 문제가 생기곤 합니다.

가전제품 수입업으로 회사를 성장시킨 D 사장은 조만간 아들에게 경
영권을 물려주려 합니다. 그런데 회사를 함께 창업한 김 전무가 여러
차례 아들을 차기 경영자로 인정하지 않는 모습을 보여서 골치가 아
픕니다. D 사장의 아들이 회사에서 일한 지 이미 10년이 지났는데도,
김 전무는 아들을 어릴 때부터 봐 왔던 터라 경영자로서 미덥지 않아
하는 듯했습니다. 또 아들이 본격적으로 회사를 운영하면 본인의 입

지가 흔들릴까 봐 걱정하는 눈치이기도 합니다. D 사장은 김 전무가 아들을 경영자로 받아들이고 잘 따라주길 바라지만, 그 속을 알 수 없어 고민이 깊어집니다.

회사를 매각하지 않는 한, 사장이 본인의 경영권을 자녀나 사위, 며느리 등 가족에게 승계하는 경우가 많은 것 같습니다. 이런 경우 1인 기업이라면 문제가 없겠지만, 회사를 오랫동안 함께 성장시킨 창업공신들이 있다면 종종 경영권 승계에 어려움을 겪곤 합니다.

비록 사장은 아니지만, 창업공신에게는 자기 헌신으로 키워온 회사가 생계수단 이상의 의미가 있을 것입니다. 그러니 사장의 아들이 단지 자식이라는 이유로 어느 날 갑자기 자기 위 대표 자리에 오르는 상황을 받아들이기 쉽지 않겠죠. 더구나 사례의 김 전무라면 꼬맹이 때부터 봐온 사장 아들을 갑자기 '사장님'이라 부르기도 어색할 것입니다. 무엇보다 사장이 바뀌면 자신들의 입지가 어떻게 될까도 걱정될 테고요.

그런 창업공신들의 입장은 충분히 이해됩니다. 하지만 사장이 아들에게 경영권을 물려주기로 했다면 그들의 선택지는 두 가지뿐입니다. 그 결정을 받아들이든지, 회사를 떠나든지죠. 그리고 사장은 창업공신들이 그 선택지를 정하는 데 있어서 여러 가지로 배려할 필요가 있습니다.

무엇보다 사장은 '사장의 아들에게 경영권을 승계한다'라는 현실을 창업공신들이 직시하고 받아들일 수 있도록 지원할 필요가 있습니다. 만일 사장이 '회사는 당연히 내 아들이 물려받는 거지, 뭐가 잘못됐어!'라는 태도를 보이면 그들이 충분히 서운한 마음을 가질 수 있습니다. 사례의 D 사장이라면 김 전무에게 경영권을 아들에게 넘기는 이유를 충분히 설명하고, 그 이후에도 그의 자리를 보장한다는 등의 약속을 할 필요가 있습니다. 즉, 창업공신들의 처지를 이해해주고 그들의 협조를 끌어내는 노력이 필요합니다.

문제는 그런데도 그들이 경영권 승계에 비협조적으로 나올 때입니다. 이런 경우 그들이 경영권 승계는 물론이고 회사 운영에도 악영향을 끼칠 수 있습니다. 실제로 김 전무처럼 창업공신들이 경영권 승계에 불만을 품고 나쁜 의도로 회사를 어려움에 빠뜨리는 사례가 많습니다. 그들은 회사의 약점을 누구보다 잘 알기에 함부로 다룰 존재가 아닙니다. 기밀 유출, 유사업체 창업, 인재 빼돌리기 등으로 회사에 복수할 수 있는 충분한 경험과 능력을 갖춘 존재이기 때문이죠.

이렇게 창업공신들의 협조를 끌어내기 어렵고, 이후 아들이 회사를 운영하는 데 걸림돌이 된다고 판단되면 결국 사장이 결단해야 합니다. 사장이 직접 그들을 정리할 필요가 있는 것이죠. D 사장도 마찬가지입니다. 아들이 사장이 된 후에 김 전무를 정리하기는 더욱 어려울 테니, 조선시대 태종이 아들 세종의 성공을 위해 개국공신들을 숙청했던 마음으로 D 사장이 직접 김 전무를 정리할 필요가 있습니다.

다만 창업공신들의 공로를 충분히 인정해 주고, 이후 발생할 수 있는 부작용 등을 최소화할 방법을 찾아야 합니다.

첫째, 창업공신들의 아름다운 퇴장을 지원해야 합니다. 그들에게 마음을 정리할 충분한 시간과 상황적 배려를 해야 합니다. 김 전무처럼 평생을 회사에 바친 창업공신들에게는 명예롭게 자리를 마무리할 권리가 있습니다.

둘째, 충분한 보상도 필요합니다. 여기서 포인트는 '충분한'입니다. 일반 직원에 대한 보상수준을 생각하면 곤란합니다. 창업공신들은 평생을 회사에 충성했고, 그들이 나쁜 마음을 먹는다면 회사가 큰 희생을 치러야 하는 만큼 거기에 상응하는 보상을 해야 합니다.

마지막으로, 퇴사 후에도 창업공신들과 일정 기간 관계를 유지할 필요가 있습니다. 즉, 퇴사 후에도 그들에게 회사를 도울 능력이 있을 수 있고, 또 위험관리 측면에서도 그들과의 관계 유지가 도움이 될 수 있습니다. 예를 들어 그들과 고문형태로 계약하여 계속해서 경영에 관한 도움을 받는 방법도 좋습니다.

회사가 성장하고 시간이 흐르다 보면 창업공신들의 입지는 자연히 줄어듭니다. 시대가 바뀌면 창업 초기에 필요했던 능력은 새로운 인재들에 비해 빈약해지기 마련입니다. 결국 언젠가 그들은 회사를 떠나야 할 것입니다. 사장이라면 회사의 발전을 위해 '악한 사장'이 되기를 주저하지 말기 바랍니다.

지금까지 사장이 직원관리에 관해 어떤 생각을 가져야 하는지와, 사장과 특수한 관계에 있는 사람들을 어떤 태도로 대해야 하는 지를 살펴봤습니다. 이제 본격적으로 사장으로서 직원들을 어떻게 대하고 관리해야 할지 생각해 볼까요?

● 임원도 근로자가 될 수 있을까?

주식회사는 대부분 임원을 두는데, 이들의 신분은 어떻게 될까요? 임원이 란 이사, 감사, 기타 비등기이사 등을 말하며, 등기임원과 집행임원으로 구 분됩니다. '등기임원'은 일반적으로 상법의 영향을 받기 때문에 근로자로 인정되지 않습니다.

'집행임원'은 조직의 필요에 따라 등기하지 않고 활동하는 임원인데, 특별 한 경우를 제외하고 일반 직원과 같이 노동법의 적용을 받습니다. 집행임 원은 대부분 노동법상 근로자인데도 회사 내부적으로 근로자로 관리하지 않는 경우가 많습니다. 이로 인해 연차휴가 및 연장근무수당 미지급, 해고 사건 등의 노동분쟁이 많이 발생하므로 집행임원을 관리할 때 주의가 필 요합니다. 참고로 이와 관련한 판례 하나를 보겠습니다.

대법원 2002다64681 판결 참고

회사의 이사 또는 감사 등 임원이라고 하더라도 그 지위 또는 명칭이 형식적·명목 적인 것이고 실제로는 매일 출근하여 업무집행권을 갖는 대표이사나 사용자의 지 휘·감독 아래 일정한 근로를 제공하면서 그 대가로 보수를 받는 관계에 있다거나 또는 회사로부터 위임받은 사무를 처리하는 외에 대표이사 등의 지휘·감독 아래 일정한 노무를 담당하고 그 대가로 일정한 보수를 지급받아 왔다면 그러한 임원은 근로기준법상의 근로자에 해당한다.

복숭아나무와 자두나무는 말을 하지 않아도(桃李不言)

그 아래에 길이 저절로 생긴다(下自成蹊)

(꽃을 구경하고 열매를 따기 위해 자연스럽게 사람이 모여듦).

《사기(사마천)》

제2강

진짜 사장의 실전 리더십

01

사장과 직원의 관계는
불가근불가원

직원은 믿는 존재가 아니기에
적당한 거리를 두는 것이 좋습니다.

　　사장에게 직원은 그들이 회사에 있는 동안 '함께 일하는 동료'일
뿐입니다. 사장이 그 이상의 마음으로 직원을 대하면 오히려 화근이
될 수 있습니다.

　　자동차부품 제조업체를 운영하는 E 사장은 요즘 직원이었던 박 과
　　장에 대한 심한 배신감으로 잠을 못 이룰 지경입니다. E 사장은 어
　　느 날 회사에 찾아와 어려운 사정을 호소하는 그를 안타깝게 생각해
　　서 과장으로 채용했고, 특별히 배려하기도 했습니다. 아픈 아내가 있
　　는 그에게 근무시간도 조정해 주고, 종종 병원비에 보태라며 격려금
　　도 챙겨 줬습니다. 다른 직원들 눈치가 보이면서도, 어려운 형편인데
　　도 꿋꿋이 성실하게 일하는 박 과장을 진심으로 배려했습니다.

그런데 5년 후 박 과장이 갑자기 퇴사하더니 경쟁업체를 설립했습니다. E 사장이 '어떻게 그럴 수 있냐'라고 따지니 박 과장은 오히려 '뭐가 잘못이냐?'라며 화를 내기까지 했습니다. 심지어 월급 말고 챙겨준 게 얼만데, 자신이 근무할 때 임금을 덜 받았다고 E 사장 회사를 고용노동부에 신고까지 했습니다. 다른 직원도 아닌 박 과장의 배신에 E 사장은 너무 화가 났고, 최근에는 우울증 진단까지 받았습니다.

저와 상담하던 E 사장이 이 사연을 털어놓고 나서 "도대체 내가 뭘 잘못했냐?"라고 물었을 때 저는 이렇게 대답했습니다.

"직원을 믿은 게 잘못입니다."

그리고 "직원을 믿지 않고 어떻게 같이 일하느냐?"라는 그의 반문에 저는 다시 "직원은 믿는 존재가 아닙니다"라고 답했습니다. 제 대답이 이상하게 생각되거나 거슬릴 수 있지만 그게 현실입니다. 저역시 다니던 회사의 배려를 외면하고 제 이익을 좇아 이직한 경험이 있기도 하고, 또 노무사로서 비슷한 사례로 힘들어하는 사장들을 무수히 지켜봤기에 이 사실을 단언할 수 있습니다.

'직원은 믿는 존재가 아닙니다.'

E 사장도 처음부터 박 과장을 믿지는 않았을 겁니다. 박 과장이 딱한 사정에도 성실히 일하는 모습을 보고 어느 시점부터 그를 신

뢰했을 것이고, 그가 계속 일하는 것이 회사에 도움이 된다고 생각했겠죠. 박 과장을 진심으로 위하는 마음 한편으로, 그의 성실성을 오래 이용하고 싶다는 마음도 있었음을 부정할 수 없을 겁니다. 박 과장 역시 자신을 배려하는 E 사장에 대한 고마움이 있기에 떠나는 마음이 무거웠을 수 있습니다. 하지만 딱 거기까지입니다. 막상 떠날 때는 '사장이 날 평생 책임지지도 않을 테고, 나도 받은 것 이상으로 회사에 기여했다고!'라고 생각했을 테니까요.

인간 대 인간으로서의 만남과 달리 사장과 직원으로서의 만남에는 이별이 예정되어 있습니다. 그 이별의 모습은 여러 심리적 갈등을 겪으면서 아름답지 않게 끝날 가능성이 큽니다. 이런 현실 속에서 '내가 널 얼마나 믿었는데…', '내가 얼마나 잘해 줬는데…'라는 한탄은 공허할 뿐입니다.

사장과 직원의 입장은 같을 수 없습니다. 따라서 적당한 거리를 두는 것이 오히려 도움이 됩니다. '불가근불가원(不可近不可遠)' 너무 가깝지도 너무 멀어서도 안 되는 것이 사장과 직원과의 관계입니다. 사장이 직원을 대하는 태도는 이래야 합니다. 너무 삭막하지 않냐고 하겠지만, 이런 태도가 오히려 직원과의 관계를 유지하는 데 도움이 됩니다.

무엇보다 직원을 '공적(公的)'으로 대하는 것이 좋습니다. 사장이 어렵고 힘든 일을 떠맡기면서 '내가 너 믿는 것 알지?'라고 표현한다고 해서 직원이 행복해하지는 않을 것입니다. 말로만 표현하는 신뢰보다는 '공정한 보상'이 따라야 합니다. 연봉 인상이나 승진, 복지혜택 등으로 직접 마음과 신뢰를 보여주면 그뿐입니다. 사장이 마음속으로 아무리 잘해 준다 한들 직원들이 그 마음을 모두 헤아릴 수는 없습니다.

또 사장이 직원을 배려하는 데 대한 대가를 바라서도 안 됩니다. 본인이 신뢰하거나 배려하는 만큼 직원들이 보답하길 바란다면, 그 생각이 나중에 '배신감'으로 돌아올 수 있습니다. 직원이 실제 배신하지 않았더라도 사장은 '배신당했다'라고 생각하게 되는 것이 인간 본성입니다. 자기가 믿고 싶은 것을 믿은 데 대한 대가죠. 이런 배신감을 느끼지 않으려면 사장 스스로 '내가 필요해서 잘해 줬다'라고 생각해야 합니다. 그런 생각을 품고 있다면 다음 《채근담》의 경고를 새겨들을 필요가 있습니다.

'원수진 이가 쏘는 화살은 피하기 쉽고, 은혜 베푼 사람이 던지는 창은 막기 어렵다.'
'군주의 근심은 다른 사람을 믿는 것에서 생기는바, 다른 사람을 믿으면 그에게 지배받게 된다.'

저는 요즘도 사장들에게서 이런 이야기를 많이 듣습니다.
'우리 김 대리는 내가 제일 믿는 직원입니다!'
'우리 직원들은 착해서 믿을 만해요!'
'함께한 세월이 얼마인데, 우리 직원들은 절대 그럴 일 없을 겁니다!"
이럴 때 저는 '오늘도 이야기가 길어지겠구나'라고 생각하면서

"저는 직원을 믿는다는 말이 참 위험하다고 생각합니다"라는 말로 대화를 시작하곤 합니다.

● 이익에 의해 움직이는 것이 사람 본성

예전에 왕랑이 말을 사랑하고, 월나라 구천이 사람을 아꼈던 것은 전쟁에 출전시키고 전쟁에서 잘 타고 달리기 위해서였다. 의사가 환자의 고름을 뽑아내기 위해 상처를 빨아서 나쁜 피를 입 안에 머금는 것은 그 환자와 골육의 정이 있어서가 아니라 이익을 얻기 위해서이다. 수레를 만드는 사람은 수레를 만들면서 사람들이 부귀해지기를 바라며, 관을 짜는 사람은 관을 만들면서 사람이 요절해 죽기를 바랄 것이다. 그러나 이것은 수레를 만드는 사람은 어질고, 관을 만드는 사람은 악하기 때문이 아니라 사람이 부유해지지 않으면 수레가 팔리지 않고, 사람이 죽지 않으면 관을 팔 수 없으며, 관을 짜는 사람이 마음속으로 사람을 증오해서가 아니라 사람이 죽어야 이득이 있기 때문이다.

- 《한비자(김원중 역)》

02

사장의 실천 ①
칭찬하기

직원이 오래 일하게 하는 비결은
'칭찬하기'입니다.

제가 상담을 위해 방문했을 때 회사가 유독 활기차고 직원들의 태도가 능동적으로 느껴지는 경우가 있습니다. 그 이유는 사장을 만나 보면 금방 알 수 있습니다. 그런 회사의 사장은 항상 웃는 얼굴을 하고 있고, 직원과 주로 존댓말로 대화하는 등 직원을 존중하는 태도가 몸에 배어 있습니다. 늘 존중과 칭찬을 받기에 사장을 대하는 직원들의 태도에서도 편안함을 느낄 수 있습니다.

목재업을 운영하는 F 사장은 인상 좋기로 유명합니다. 항상 웃는 모습이라 직원이 아닌 누구라도 그와 대화할 때마다 기분이 좋아집니다. 직원들도 항상 밝고 에너지가 넘쳐 보입니다. 그래서일까요? 육체노동이 많아 이직이 빈번한 업종인데도 직원이 일단 들어오면 최소

10년은 근속합니다. F 사장에게 인력난은 남의 일인 듯합니다. 장기 근속자가 많다 보니 당연히 업무효율도 올라가고 회사 분위기도 좋아집니다. 주변 사장들이 부러운 마음에 F 사장한테 비결을 물으면, 그는 아주 간단하다면서 이렇게 말합니다. "칭찬을 자주 하면 됩니다."

F 사장이 밝힌 비결에 공감하지 못하는 사장이 많을 것입니다. 저는 오히려 '칭찬은 독'이라고 생각하는 사장도 많다는 사실을 알고 있습니다. 실제로 한 회사의 사장은 '직원들에게 칭찬을 많이 해주면 좋을 것 같다'라는 저의 조언에

"직원들을 칭찬하면 자기들이 잘하는 줄 알아서 안 돼요. 칭찬받으면 나태해지고 버릇이 나빠져 기어오르기 때문에 더더욱 안 돼요"라고 해서 저를 충격에 빠뜨리기도 했습니다. 그의 삶의 경험과 철학은 존중받아야겠지만 저로서는 15년 이상 지난 지금도 잊히지 않는 말이었습니다.

항상 칭찬과 격려가 넘치는 회사와 무관심을 넘어 비난이 일상인 회사. 나라면 어떤 회사에 다니고 싶을지 생각해 보면 답은 너무 쉽습니다. 다니고 싶지 않은 회사에서 직원들이 어떻게 행동할지도 충분히 예상할 수 있습니다.

'피그말리온 효과(Pygmalion effect)'라는 말을 들어 봤을 겁니다. 그리스신화 속 조각가 피그말리온은 자신이 만든 조각상과 사랑에 빠져 사람처럼 대하며 정성을 다했다고 합니다. 사랑의 신 아프로디

테가 그 정성에 감동해 조각상을 사람으로 변하게 했다는 데서 유래한 말입니다. 심리학에서는 이를 '긍정적인 기대나 관심으로 인해 능률이 오르거나 결과가 좋아지는 현상'이라고 풀이하는데, 로젠탈 실험 등을 통해 그 효과가 실제 증명되기도 했습니다.

이렇듯 칭찬이 직원을 춤추게 하는 것은 너무 자명한 이치입니다. 그런데 직원들을 칭찬하기만 하면 능률이 오르고 회사가 성장할까요? 당연히 비난하는 것보다는 낫겠지만 생각만큼 큰 효과가 없을 수 있습니다. 그렇다면 우리는 더 좋은 칭찬 방법을 찾아야 합니다.

첫째, 칭찬은 정확해야 합니다. 정확한 상황 파악 없이 칭찬을 남발하면 직원이 진정성을 못 느낄뿐더러 오히려 역효과가 나기도 합니다. 특히 다른 직원의 보고나 말만 전해 듣고 당사자를 칭찬하거나 격려할 때는 주의가 필요합니다. 그 보고나 말이 사실이 아닐 수도 있기 때문이죠.

둘째, 칭찬은 구체적이어야 합니다. '어떤 일이나 행동에 대한 칭찬'인지를 명확히 해야 칭찬의 의미가 커집니다. 막연히 "6개월 동안 고생했어"보다는 "중요한 프로젝트를 6개월 동안 성심성의껏 잘 수행해 줘서 회사에 큰 도움이 되었네. 회사의 대표로서 감사하고, 앞으로도 지금처럼 잘해 주길 바라네"라고 하는 편이 당사자에게 더 의미 있는 칭찬일 것입니다. 특히 회의 자리 등 여러 직원 앞에서 공식적으로 하는 칭찬은 효과가 더 좋습니다.

셋째, 지적을 해야 할 때도 칭찬이나 격려를 곁들이는 것이 좋습니다. "지난번에는 잘했는데 이번에는 개선할 점이 있어 보이네. 이러이러한 것들을 고쳤으면 좋겠어. 항상 잘해 내리라 믿고 있어." 이런 식의 지적이라면 당사자도 악감정 없이 마음으로 받아들일 것입니다.

마지막으로, 사람에 따라 칭찬방식도 달리해야 합니다. 칭찬보다는 정확한 지적을 선호하는 직원도 있기 때문이죠. 신입사원이라면 칭찬과 격려가 중요합니다. 하지만 한 회사에서 수십 년 간 일한 직원이나 임원에게는 칭찬의 효과가 그리 크지 않을 수 있습니다. 그들에게는 업무를 잘 처리하는 것이 기본이기 때문이죠. 이런 직원들에게는 비난이 아닌 '부정적 지적이나 피드백'이 칭찬보다 의미가 있을 수 있음을 함께 기억해 두면 좋겠습니다.

● 칭찬이 항상 옳지는 않은 이유

스테이시 핑겔스타인 교수는 프랑스어 수업에 등록한 대학생들에게 어떤 성향의 강사에게 수업을 받고 싶은지 묻는 실험을 했다. 첫 번째 강사는 프랑스어 단어를 잘 발음하고 잘 쓸 때마다 '잘했다'는 칭찬을 아끼지 않았고, 두 번째 강사는 학생의 발음과 단어 사용이 잘못될 때마다 무엇을 실수했는지 지적해 주는 사람이었다. 프랑스어 초보자들은 긍정적 피드백을 해 주는 강사와 부정적 피드백에 능한 강사를 비슷한 정도로 선호했고, 고급 레벨의 학생들은 부정적 피드백을 해 주는 강사를 더 많이 선호했다.

이는 어떤 분야의 스킬이 쌓일수록 '건설적인' 부정적 피드백에 점차 관심

을 가진다는 뜻이다.

- 《착각하는 CEO(유정식)》

03

사장의 실천 ②
관심 갖기

직원들에게 관심을 갖는 것이
노동분쟁을 예방하는 최선의 방법입니다.

첫 상담에서 저에게 노동분쟁 경험, 특히 고용노동부에서 조사받은 경험을 꺼내놓는 사장은 많지 않습니다. 창피한 일은 아니지만 자랑할 일도 아니기 때문이겠죠. 오랜 기간 회사를 운영하며 다양한 상황과 직원들을 상대하다 보면 꼭 회사의 실수나 잘못이 아니라도, 특정 직원의 특성 등으로 인해 노동분쟁을 겪거나 고용노동부에 출석할 일이 생기기 마련입니다. 그러니 이런 일을 너무 숨기거나 창피하게 생각할 필요는 없습니다. 다만 같은 일을 두 번 겪을 필요는 없으니 좀 더 직원들에게 관심을 가질 필요가 있습니다.

어느 날 사장 모임에 참석한 G 사장은 친한 사장에게서 놀라운 이야기를 들었습니다. 그 사장이 직원의 진정으로 고용노동부에 출석해 조사를 받았다고 한 것입니다. 게다가 모임에 참석한 사장 대부분이 비슷한 경험을 해 봤다고 해서 G 사장은 더 놀랄 수밖에 없었습니다. G 사장은 20년 동안 유통사업을 하면서 고용노동부 출석은 물론 그 비슷한 일도 겪어보지 못했습니다. 그러다 보니 회사에 그런 일이 생길 수 있다는 생각을 한 번도 해 보지 않았던 것입니다.

'고용노동부에 출석했다'라는 것은 직원과의 분쟁이 회사 내부적으로 정리되지 않아서 해당 직원이 고용노동부에 진정이나 고소를 접수했다는 사실을 전제로 한 결과입니다. G 사장은 이 말을 듣고 놀랐다지만, 현실적으로는 20명 이상의 직원을 둔 회사 사장이 20년 동안 한 번도 고용노동부에 출석할 일이 없었다는 것이 더 놀라운 일입니다. 제가 그 비결을 물었을 때 G 사장은 이렇게 답했습니다.

"직원들에게 관심을 가지면 됩니다."

그 말을 듣고 저는 이렇게 이야기했죠.

"정말 직원관리를 잘하신 겁니다. 특히 사장님 말씀처럼 직원들의 마음을 잘 헤아려 주신 결과입니다. 자부심을 가지셔도 됩니다."

빈말이 아니었습니다. 그것이 직원관리의 본질입니다. 노동법을 100% 지킨다고 해서 고용노동부에 갈 일이 없지도 않고, 법을 지키지 못한다고 해서 반드시 고용노동부에서 조사받을 일이 생기지도 않습니다.

그렇다면 '직원관리를 잘한다'의 구체적 의미는 무엇일까요? 저는 G 사장의 말대로 '직원들에게 관심을 갖는 것'이라고 생각합니다. 직원들에게 관심을 가져야 그들의 불편이나 불만이 보입니다. 이를 방치하다 고용노동부 구경을 하게 되는 것이죠.

사장이 평소 직원들을 관심 있게 지켜보다가 그들의 불편이나 불만을 사전에 해결해 주는 것이 중요합니다. 당연히 사장이 직원들의 모든 불편·불만을 해결해 줄 수는 없습니다. 직원들도 그쯤은 압니다. 사장이 성의를 갖고 최대한 해결해 주려는 의지와 노력을 보이는 것이 핵심입니다.

실제로 한 컨설팅업체에서 18개국 8만 8,000명의 직장인을 대상으로 조사한 결과에 따르면, 직원들의 동기를 끌어내는 첫 번째 조건은 돈이 아니라 '직원들의 발전과 행복에 대한 진심 어린 관심'이었다고 합니다. 사장은 직원들에게 그런 진심을 보여주기 위해 다양한 노력을 기울여야 합니다.

첫째, 1년 2회 정도의 정기면담을 추천합니다. 이미 회사에 인사평가제도가 있다면 그 제도에 따라 자연스럽게 면담을 진행하면 됩니다. 다만 직원이 많지 않고 여건이 안 돼 그런 제도를 마련하지 못한 중소기업이라면 상·하반기로 나눠 2회 정도, 예를 들면 6월과 12월 중 1회씩 상담을 진행하는 것이 좋습니다. 특히 사장이 직접 상담을 진행하는 방법을 추천합니다.

격식을 갖추면 더 좋겠지만, 이것이 어렵다면 점심식사 자리 등을 활용해 직원들의 이야기를 들어주기만 해도 충분합니다. 그들의 이야기를 듣고 반영할 것은 반영하되, 당장 해결이 어렵다면 그 이유 등을 설명해 주기만 해도 직원들의 불만은 많이 줄어들 수 있습니다. 일대일 상담이 어렵다면 그룹 상담(신입사원, 팀 단위 등) 방법도 좋습니다.

둘째, 조직만족도 조사를 추천합니다. 조직문화나 개별 직원의 성격 등으로 인해 회사 내에서 자기표현을 하기 어려운 경우가 많습니다. 요즘 젊은 세대는 자기표현을 잘한다지만, 현실에서는 여전히 직원들 대부분이 불만을 표하거나 자기표현을 하는 데 조심스러워합니다. 그렇기에 보안이 보장되는 조직만족도 조사를 통해 직원들의 의견을 충분히 듣는 데는 의미가 있습니다. 실제로 제가 조직만족도 조사를 의뢰받아 해당 회사 직원들과 상담하다 보면 상당수가 이런 이야기를 합니다.

"이렇게 속 이야기를 하는 것만으로도 의미가 있다고 생각합니다. 아주 속이 시원하네요."

그만큼 회사 내에서 자기표현을 하는 게 어려운 일임을 반증하는 말이겠죠.

3~4년에 한 번씩 조직만족도 조사를 통해 회사 내 공통 불만사항을 줄여 나가면 업무능률 향상은 물론 노동분쟁 가능성을 상당 부분 제거할 수 있습니다. 제 경험으로도 조직만족도 조사가 그 무엇보다 가치 있는 컨설팅이라 생각하기에 강력히 추천합니다.

더불어 조직만족도 조사는 컨설팅 특성상 보안이 필요하므로 경험 있는 외부기관에 의뢰해 진행하는 것이 좋습니다. 이렇게 공식적인 조직만족도 조사로 밝혀진 직원들의 의사는 회사도 함부로 무시하기 어려워서 개선할 책임을 이행하게 됩니다. 조직만족도 조사로 실제 조직문화가 개선된 몇 가지 사례를 볼까요?

- 등산 단합대회 : 분기별로 실시하던 단체 산행에 대해 직원들의 불만이 많은 것으로 조사되어 전면 폐지함
- 점심시간 추가 : 젊은 직원들이 점심시간을 개인 시간(운동, 휴식, 어학공부 등)으로 적극 활용하기를 원하여 점심시간을 1시간 30분으로 늘려 운용함
- 대표의 언행 교정 : 사장의 일부 악의 없는 거친 언행에 대한 직원들의 불만이 많아 사장이 언행에 조심하기로 함
- 회식문화 개선 : 직원들은 잦은 회식에 고통스러워하고 사장은 직원들이 회식을 원한다고 오해하는 상황에서, 조직만족도 조사를 통해 회식을 최소화하도록 중재함으로써 모두가 만족하는 문화가 정착됨
- 휴가제도 개선 : 대다수 직원이 반차제도 시행을 요구해 해당 제도를 신설함

마지막으로, 차별 없는 관심이 필요합니다. 합리적인 기준에 따른 연봉 인상이나 승진 등의 차이는 직원들이 인정할 수 있습니다. 하지만 사장이 특정 직원에게만 관심을 가지고 그들의 요구나 말만 들어주는 태도를 보이면 나머지 대다수 직원의 불만을 증폭시키게 됩니다.

사장은 직원 모두가 회사에 필요한 인재임을 인식하고, 겉으로 드러난 것뿐만 아니라 드러나지 않은 불만 등에도 관심을 가져야 합니다. 묵묵히 일하는 직원들이라고 해서 불만이나 자기 의사가 없지는 않을 테니까요. 사장이 모든 직원에게 차별 없이 따뜻한 관심을 보여주는 것이 노동분쟁을 예방하는 최선의 길임을 기억해야 합니다.

● 사장의 관심이 이심전심의 시작

석가모니는 영산에 제자들을 불러 모은 자리에서 손가락으로 연꽃 한 송이를 집어 들고 말없이 약간 비틀어 보였습니다. 제자들은 석가가 왜 그러는지 그 뜻을 알 수 없었습니다. 그런데 가섭이라는 제자만은 그 뜻을 깨닫고 빙긋이 웃었다고 합니다.

이 일화에서 유래한 한자성어가 바로 '이심전심(以心傳心)'입니다. 굳이 말과 글로 표현하지 않아도 내 생각과 상대방의 생각이 전해진다는 의미죠. 한마디로 '마음이 통한다'라는 의미입니다. 서로 입장과 위치가 다른 사장과 직원 간에 이심전심이 쉽게 이루어질까요? 석가모니 마음을 가진 사장과 가섭 수준의 직원 사이라면 모를까 어렵지 않을까요? 사장과 직원이 서로 관심을 갖고 마음을 전하는 노력이 반드시 필요한 이유입니다. 사장의 관심이 이심전심의 시작이며, 노동분쟁 예방과 직원들의 직장만족도 향상의 비결입니다.

04

사장의 실천 ③
경청하기

잘 들어주는 사장을 싫어하는 직원은 없습니다.
들어야 직원에게 관심을 기울이고
칭찬할 수 있습니다.

'경청하기'는 쉬워 보이지만 실천하기는 매우 어려운 기술입니다. 누구든 나이가 들고 자기 경험이 쌓일수록 다른 사람의 말을 끝까지 들으려는 인내심이 부족해짐을 느낄 것입니다. 특히 자신의 신념대로 행동해서 일정 성취를 이룬 사람들은 더욱 경청에 약한 모습을 보이곤 합니다.

최근 창업주인 아버지의 경영권을 물려받은 H 사장은 이전에 직원으로 일하면서 회사 조직문화에 불만이 많았습니다. 맨손으로 사업을 일으킨 아버지와 창업공신인 임원들이 주먹구구식 경영관행을 이어왔기 때문입니다. H 사장은 이런 낡은 경영관행을 개선하려 했지만, 임원은 물론 고참 관리자들까지 반발이 많았습니다. H 사장은 이런 반발에도 불구하고 자신의 방향성이 옳다는 신념으로 조직문화 개선을 밀어붙였습니다. 그 덕분인지 이후 점차 조직 분위기가 바뀌고 회사도 성장을 거듭했습니다.

그런데 최근 H 사장은 고민이 생겼습니다. 어느 시점부터 직원들이 수동적으로 움직이고 자신의 눈치만 살피는 듯했고, 그 때문인지 회사 성장도 정체하는 것 같았기 때문입니다. 게다가 요즘은 장기근속 직원들의 줄퇴사까지 이어지고 있어서 사업 유지 자체가 어려워지지 않을까 걱정입니다.

H 사장은 2세대 경영자로서 새로운 조직문화를 만들어야 했고, 이를 위해 때로는 구성원의 반대를 무릅쓰고라도 자신의 신념을 밀고 나가야 했습니다. 제가 보기에도 필요한 결단이었다고 이해됩니다. 문제는 그다음입니다. 카리스마 리더십으로 일정한 성취를 얻은 후에는 리더십 형태를 바꿀 필요가 있었습니다. '직원들이 사장의 눈치를 보고 수동적으로 움직였다'라는 것은 어느 순간부터 H 사장의 리더십이 긍정보다는 부정적 측면으로 더 크게 작용한 결과로 보입니다. 그러다 보니 회사의 성장까지 정체된 것이겠죠. 어쩌면 당연한 결과일지 모릅니다.

H 사장처럼 큰 성공을 경험한 사람은 그 경험을 바탕으로 일종의 '자기 확신'을 갖게 됩니다. 그래서 본인의 생각이나 행동을 바꾸어야 한다는 주변 조언을 들으려 하지 않죠. 하지만 시간이 지나면 경영환경도, 사람들도, 심지어 자기 자신도 변하기 마련이므로 그런 확신이 계속 긍정적 효과를 낼 수는 없습니다.

'들어야 합니다.'

변해야 발전할 수 있고 변하려면 '들어야' 합니다. 특히 회사에서 함께 일하는 직원들의 의견을 무엇보다 소중하게 생각하고 귀 기울여야 합니다. 상담이나 컨설팅을 위해 만나는 사장 상당수가 저에게 이런 말을 합니다.

"나 같은 사람이 한 사람만 더 있어도 좋겠어요."

너무 공감되는 말입니다. 그 말에는 '회사에 나(사장) 같은 직원이 없다'라는 속마음이 담겨 있을 것입니다. 사장의 마음이 어떻든 회사를 가장 잘 알고 함께 꾸려 가는 사람은 결국 직원입니다. 사장은 그들을 소중하게 생각해야 합니다. 그러니 자신의 마음에 안 차더라도 그들의 의견에 귀 기울이고 경영에 반영해야 합니다. 설령 그들의 의견이 쓸모없다 판단되더라도 일단은 '경청하는 것'이 중요합니다. 왜 그럴까요?

첫째, 경청은 사장이 직원을 존중한다는 것을 가장 확실하게 표현하는 방법입니다. 앞서 말한 '칭찬하기'와 '관심 갖기'도 '경청'이 전제되어야 가능합니다. 잘 들어주는 사장을 싫어할 직원은 없습니다.

둘째, 경청으로 얻는 직원의 의견이 모두 쓸모없지는 않습니다. 개개인의 능력과는 별개로 직원들은 누구보다 회사를 잘 아는 만큼 그들의 의견이 사장이 미처 생각하지 못했거나, 놓치고 지나간 부분을 채워 줄 수 있습니다. 사장이 열린 마음만 가진다면 직원들의 의견을 듣는 시간은 결코 낭비가 아닙니다.

셋째, 사장의 경청은 직원들을 책임감 있게 일하게 합니다. 일방적으로 부여된 일을 하기보다 자신의 의견을 반영해 가며 일했을 때 직원들은 당연히 더 열정적으로 일에 임하게 됩니다. 그럼 업무 성과도 당연히 올라가겠죠.

다만 직원들의 '책임감'과 '책임'을 같다고 보면 안 됩니다. 만일 회사 분위기가 '네가 의견을 냈으니 네가 책임져!' 식이라면 저라도 의견을 내지 못할 것입니다. 제가 상담하는 사장 중에서 간혹 "우리 직원들은 의견을 내보래도 말을 하질 않아"라고 하는 경우가 있습니다. 그렇다면 혹여 본인이 직원들에게 무거운 책임을 지우고 있지 않은지 되돌아볼 필요가 있습니다. 직원들의 의견을 잘 듣되, 그 의견에 책임을 지게 하는 것이 아닌, '책임감 있게 일할 수' 있도록 지원해야 합니다. 그리고 사장이 그 결과에 대해 공정하게 평가하고 피드백해 주는 것이 중요합니다.

항상 바쁘고 성질 급한 우리 사장들은 경청에 약할 수밖에 없습니다. 무엇보다 경영자인 내 생각이 당연히 맞는데 직원 말을 듣는다는 게 쓸데없는 일로 생각될 수 있습니다. 그래서 사장에게는 이런 식의 '전략적 경청'이 필요합니다.

■ 짧게 요점만 듣기 : 고민 상담 등 특별한 경우가 아니라면 짧게 요점만 듣는 것이 좋습니다. 특히 공식적인 회의는 시간을 정해두고

밀도 있게 진행하는 것이 좋습니다. 이런 자리에서 사장은 가능한 한 말을 아끼고 제한된 시간에 직원들의 의견을 최대한 경청할 필요가 있습니다. 회의에서 사장이 일방적으로 길게 말하는 것만큼 직원들에게 고통스러운 시간은 없습니다.

■ 시선 맞추기 : 직원이 열심히 말하고 있는데 사장이 휴대전화나 서류를 보고 있으면 말하는 직원은 힘이 빠질 수밖에 없습니다. 말하는 사람과 시선을 맞춘다는 것은 그 사람의 말을 경청하고 있음을 표현하는 가장 좋은 방법입니다. 사장이 시선을 맞추고 고개를 끄덕여 가며 경청하는 모습을 보이면 직원은 좋은 의견을 더 많이 낼 것입니다.

■ 끼어들지 않기 : 끼어들기는 경청과 가장 안 어울리는 태도입니다. 직원의 말을 끊지 않고 끝까지 들으려면 말을 판단하면서 듣는 습관을 줄여야 합니다. 직원의 말 하나하나에 옳고 그름을 판단하다 보니 중간에 말을 끊게 되는 것입니다. 최악은 "그게 맞는 말이야?" 하며 말을 끊는 태도입니다. 설령 직원의 말이 좀 아니다 싶더라도 최대한 들어주려고 노력해야 합니다.

■ 말 보태지 않기 : 직원이 의견을 말하는 중에 그 뜻을 섣불리 해석해서 말을 보태는 태도도 경청과 어울리지 않습니다. "네가 현실을 몰라서 그래!", "네가 그걸 좋아하니까 그렇게 생각하는 것 아냐?" 하는 식이죠. 사장이 이런 태도를 보이면 직원은 자기 의견이 회사

에 도움이 된다고 생각해도 더 이상 말을 잇고 싶어 하지 않습니다. 끼어들지 않기와 마찬가지로 일단은 직원의 말을 잘 들어줘야 합니다.

■ 질문하기 : 직원의 말을 잘 들어야 질문할 수 있습니다. 사장은 직원의 말이 끝나면 다시 질문을 해 가며 의견을 구체화할 필요가 있습니다. 이렇게 대화가 이루어져야 직원들도 성의 있는 의견을 내놓습니다. 다만 공격적이거나 비난조의 질문은 금물입니다. 직원의 의견을 보다 구체화하는 데 도움이 되는 것이 좋은 질문입니다.

제가 컨설팅을 의뢰받은 회사에서 조직만족도 조사를 해 보면 주로 이런 불만들이 단골로 등장합니다.

'사장님이 우리 말을 듣지 않습니다.'

'사장님이 말은 잘 들어주는데 바뀌는 게 없어요.'

경청의 목적은 직원의 의견을 잘 듣는 것뿐만 아니라 그 의견을 반영하여 무언가를 바꾸기 위해서입니다. 전략적 경청만 하고 아무것도 바뀌지 않는다면 직원들은 매번 '헛짓'을 하는 셈입니다. 그러면 결국 직원들은 의견을 내지 않게 되고 회사 분위기만 나빠집니다. 그럴 바에는 차라리 직원들의 의견을 듣지 않고 사장 마음대로 하는 편이 낫습니다. 직원의 마음을 열어서 의견을 내게 하는 것이 곧 '경청'이고, 경청한 내용을 반영하여 실행으로 옮기는 것이 사장이 해야 할 일입니다.

● 아랫사람의 말은 술에 취한 듯 들어라

신하의 말을 듣는 태도는 마치 술에 취한 듯해야 하니 입술이든 이든 먼저 움직이지 말아야 하며, 이든 입술이든 바보처럼 입을 다물어야 한다. 저편에서 스스로 말해 오면 나는 그것을 통하여 알게 되며, 사방팔방에서 의견들이 폭주하더라도 군주는 맞서 상대하지 않는다.

– 《한비자》, 제8편 양각

05

사장의 금기 ①
비난하기

사장에게서 모욕감을 느낀 직원은
그것을 되갚아 줄 기회와 방법을 찾을 것입니다.

저는 상담을 위해 사업체를 방문할 때마다 매번 버릇처럼 하는 일이 있습니다. 해당 사업체 입구에서부터 분위기를 파악해 보는 것입니다. 주로 직원들의 표정을 관찰하는데, 전체적으로 분위기가 어두우면 '오늘 상담은 좀 힘들겠군'이라고 생각합니다. 이 예상은 대부분 맞습니다.

I 사장은 어려서부터 외식업계에서 경험과 노하우를 쌓은 덕분에 홀로 한식당을 창업해 운영하면서도 별다른 어려움을 겪지 않았습니다. 그런데 점차 식당규모가 커지면서 직원관리에 문제가 생기기 시작했습니다. 힘들게 채용한 직원들이 얼마 지나지 않아 그만두는 일이 반복되었던 것입니다. 가장 큰 이유는 I 사장이 직원들을 엄하게 대하는

데 있었습니다. 그는 직원들이 과거 자신처럼 소위 '빡세게' 일을 배워야 빨리 성장한다는 믿음이 있었습니다. 그러다 보니 직원들의 실수를 그냥 넘기는 법이 없고 심하게 지적했습니다. 그래야 잘못을 빨리 고치고 발전한다고 생각했기 때문입니다.

사업체의 규모가 작을수록 상급자, 특히 사장의 성격이 회사 분위기 형성에 큰 영향을 미칩니다. 사장이 평소 직원들을 심하게 혼내거나, 비난하는 말투가 일상인 조직의 분위기가 밝을 수는 없습니다. 반면에 직원들이 즐겁고 활기차게 일하는 회사에 가 보면 사장의 표정도 대부분 밝습니다.

회사가 집도 아니고 행복하고 화목하기만 해서 좋지만은 않겠죠. 하지만 어둡고 무거운 분위기로는 회사의 성장이나 직원들의 열정을 끌어내지 못한다는 사실만은 분명합니다. 또 이런 분위기로 인해 회사에 여러 문제가 생길 수 있습니다. 작게는 I 사장처럼 직원의 잦은 퇴사로 수시로 직원을 채용해야 하는 수고로움이 생길 수 있고, 사장의 지적이나 비난이 심하면 직장 내 괴롭힘의 가해자로 지목되어 법적인 문제가 생길 수 있습니다.

"그럼 잘못하는 직원에게 말도 하지 말라는 겁니까?"

물론 정당한 지적은 필요합니다. 직원들이 정당한 지적까지 받아들이지 않는다면 그건 사장이 아니라 직원의 책임이 되겠죠. 다만 정당한 지적이 아닌, '비난'이나 '잘못된 언행'으로 발생하는 문제들, 예를 들면 직원의 퇴사, 분위기 침체, 노동분쟁 발생 등은 사장의 책임이 됩니다. 그러니 절대 직원을 잘못된 방식으로 비난해서는 안 됩니다.

그렇다면 '정당한 지적'이란 무엇일까요? 예를 들어 식당에 새로 들어온 직원이 서툰 칼질로 중요 재료를 망가뜨렸다면 어떻게 대처해야 할까요?

첫째, 잘못된 행동을 지적하는 데 그쳐야 합니다. 절대 사람 자체를 비난하면 안 됩니다. "그렇게 칼질하면 재료가 상하니까 조심해야 해." 이 정도면 직원도 자신의 실수를 충분히 받아들입니다. 하지만 "너 손 병신이야?", "일 어디서 배웠어?" 등 감정선을 건드리는 비난을 하거나, 말없이 해당 직원의 몸을 밀치는 등 무시하는 행동은 하지 말아야 합니다. 간혹 TV에 유명 요리사가 직원들을 심하게 다루는 장면이 멋있게 다뤄지곤 하는데 요즘 그렇게 하면 큰일 납니다.

둘째, 잘못된 행동에 대해 대안을 제시해 줘야 합니다. '그 행동이 왜 잘못되었는지, 어떻게 하면 되는지'를 상세히 알려 주고, 다음부터 주의하라는 당부로 지적을 마무리하면 충분합니다. 나아가 "이렇게 칼을 잡아라. 이 재료의 특징은 이러니 이렇게 썰어야 한다"라는 식으로 구체적 방법을 알려 주면 정당한 지적의 목적을 달성할 수 있습니다.

그럼 직원의 잘못된 행동을 여러 차례 지적해도 고치지 않으면 어떻게 해야 할까요? 그건 그 직원의 책임이므로 징계든 해고든 정당한 조치를 고민해야지, 비난으로 해결할 문제는 아닙니다. 비난은 그냥 화풀이에 불과하며, 문제를 악화시키는 요인일 뿐입니다.

누군가를 부정적인 시선으로 지속적으로 비난하면 그 대상이 점점 더 부정적으로 변해가는 현상을 '스티그마 효과(Stigma Effect, 낙인효과)'라고 합니다. 그 대상자가 점점 행동이 위축되고 자신의 평소 능력을 제대로 발휘하지 못하게 될 확률이 높아집니다. 회사라면 해당 직원과 조직 모두에게 큰 손해가 될 수밖에 없겠죠. 더불어 사장에게서 모욕감을 느낀 직원은 그 모욕감을 되돌려 줄 기회를 찾을 것이고, 그것은 업무상 손해를 교묘히 발생시키거나, 퇴사 후 노동분쟁을 일으키는 식으로 돌아올 수 있습니다.

결국 직원의 잘못을 '비난'하는 행위는 사장은 물론 회사와 구성원 모두에게 부정적 영향을 미친다는 사실을 꼭 기억해야 합니다.

● 세상에서 가장 좋기도 하고 나쁘기도 한 것

랍비가 아이에게 시장에 가서 가장 값지고 맛있는 요리를 사 오라고 시켰다. 아이는 잠시 후 짐승의 혀로 만든 요리를 사 왔다.

며칠 후, 랍비는 또 그 아이에게 심부름을 시켰다. 이번에는 가장 값싸고 맛없는 요리를 사 오라고 시켰다. 일하는 아이는 이번에도 짐승의 혀로 만든 요리를 사 왔다. 랍비가 이유를 묻자 아이가 대답했다.

"선생님, 좋은 혀라면 그보다 더 좋은 것이 어디 있겠습니까? 또 나쁜 혀라면 그보다 더 나쁜 것이 어디 있겠습니까?"

- 《탈무드》

06

사장의 금기 ②
말 바꾸기

사장이기에 말을 신중히 가려서 하고,
꺼낸 말에는 책임지는 태도를 보여야 합니다.

사장이라면 누구라도 직원들이 자신을 믿고 따라주기를 바라지만, 이를 위해서는 사장에 대한 직원들의 신뢰가 전제되어야 합니다. 특히 사장의 말에 무게가 있어야 직원들의 신뢰를 얻을 수 있습니다. 사장이 말을 가볍게 하거나, 본인의 말을 수시로 뒤집으면 직원들에게서 신뢰를 잃을 수밖에 없습니다.

통신기기 제조회사를 운영하는 J 사장은 기분파에 사람을 좋아합니다. 직원들과의 술자리도 잦은데, 그런 자리에서는 늘 기분이 들떠 "김 과장, 내년엔 꼭 승진시켜 줄게", "이 차장은 내년 연봉 10% 인상!" 등 책임 못 질 말들을 하곤 합니다. 그뿐만 아니라 평소에도 "내년엔 다 같이 해외여행 가자", "최고급 커피머신 사 줄게" 등 지키지 못할 약속을 남발했습니다. 문제는 그러고는 언제 그랬냐는 듯 신경 쓰지 않아서 현실이 된 약속이 거의 없었다는 데 있었습니다.

직원들은 J 사장의 말을 믿고 실망하기를 반복하다가 이제 누구도 그의 말을 믿지 않게 되었습니다. 최근에는 J 사장이 본인 지시대로 직원이 진행한 일에 대해 "내가 언제 그렇게 지시했냐?"라며 오히려 질책하는 경우까지 생기고 있습니다. 그런데도 J 사장은 여전히 자기 행동의 심각성을 모르고 직원들에게 '공수표'를 날리고 있습니다.

신뢰는 '굳게 믿고 의지하는 것'을 의미합니다. J 사장의 언행을 보고 그를 '신뢰'할 직원은 없을 것입니다. 나아가 그런 사장 밑에서 성실히 일하거나, 회사에 오래 몸담으려는 직원도 드물 테니 결과적으로 회사도 당연히 어려워질 테고요.

저는 상담차 방문한 회사의 사장이 "나는 목에 칼이 들어와도 약속은 지킵니다!"라고 공언해도, 실제 직원들과의 상담을 통해 실제 사장의 언행이 어떤지 금방 알 수 있습니다. 직원들이 대놓고 말하지 않아도 냉소적인 태도를 보일 때가 많습니다.

'우리 사장이 그랬다고? 금방 또 바뀔 텐데…'

'지난번에도 한다고 했다가 안 했는데, 이번이라고 다를까?'

직원들이 저에게 말이 아닌 눈으로 전달하는 속마음입니다. 사장이 항상 그러지는 않았더라도, 평소 직원들의 신뢰를 잃는 언행을 자주 보였기 때문이겠죠. 그런 언행이 잦은 사장들은 어떤 생각을 하기에 그럴까요?

■ 사장은 그래도 된다 : 규모가 작고 오래된 회사일수록 '사장이 회사고, 회사가 사장이다'라고 생각하기 쉽습니다. 그러다 보면 사장은 은연중 내가 '왕'이니까 어떻게 행동해도 된다고 생각하게 되죠. 그러다 보면 '내가 만든 회사에서 내 맘대로 한다는데 감히 누가 뭐라 해!'라는 식의 생각에 빠질 수 있습니다. 하지만 지금이 왕정시대도 아니고 직원이 백성도 아니니 당연히 그렇게 행동하면 안 됩니다.

■ 우리 직원들은 괜찮다 : 일면 직원들을 믿는 경우로, '우리 직원들은 나를 잘 아니까 다 이해할 거야'라는 생각이겠지만 현실은 그렇지 않습니다. 사장과 직원은 가족이 아닙니다. 서로 친밀하게 지내는 게 반드시 좋지만도 않습니다. 사장이 신뢰를 잃는 언행을 자주 했다고 해서 같은 언행을 반복해도 괜찮다고 이해하는 직원은 단연코 없습니다. 사기를 여러 번 당했다고 해서 사기를 다시 당해도 괜찮다고 생각하지 않는 것처럼 말이죠. 직원들은 사장이니까 어쩔 수 없이 '괜찮은 척'할 뿐입니다. 복수의 칼날을 갈면서.

■ 그걸 믿는 사람이 잘못이지 : 사장이 자신의 변덕스러움을 대수롭지 않게 생각하는 경우입니다. '원래 내 성격이 그런 걸 어쩌라고' 하는 식이죠. 심지어 '그게 싫으면 자기들이 그만두든지'라고 생각할 수도 있습니다. 이러면 성실한 직원들은 모두 회사를 떠나고 사장 비위 맞추는 직원만 득실득실한 회사가 될 수 있습니다. 이런 회사를 원하는 사장은 없을 테죠.

직원들이 생각하는 여러 나쁜 사장 유형이 있겠지만, 저는 그중 최악이 '변덕쟁이 사장'이라고 생각합니다. 일관되게 독한 사장이라면 적응이라도 할 텐데, 변덕쟁이 사장은 도무지 대처할 방법이 없기 때문이죠. 사업가로 성공한 김승호 작가는 《사장학개론》에서 '직원에게 존경받으려면 반드시 신뢰를 지켜야 한다'라면서, '자신이 할 말을 조심하고, 뱉은 말은 반드시 지키되 변경이 생기면 책임지는 태도를 지켜야 한다'라고 강조했습니다. 회사의 발전을 바라는 사장이라면 이 말을 깊이 새기면 좋겠습니다.

● 고집의 결과는 낭떠러지일 수도

길을 가던 당나귀가 갑자기 발악하더니 깊은 절벽 가장자리로 움직였습니다. 당나귀가 절벽으로 떨어지려는 것을 본 마부가 간신히 당나귀의 꼬리를 잡고 뒤로 나오게 하려고 무진 애를 쓰며 말했습니다.

"이 바보 같은 녀석아! 거긴 낭떠러지야! 가지 마!"

하지만 당나귀는 계속 우기며 앞으로 나아가려고만 했습니다. 결국 마부도 힘이 빠져 손을 놓으며 말했습니다.

"그래 하고 싶은 대로 해봐라, 그 대가는 네 목숨이다."

- 《이솝우화》

사장이 말과 행동을 변덕스럽게 바꾸는 것도 문제지만, 잘못인 줄 알면서도 자신의 권위나 자존심 때문에 고집을 부려 결국에는 회사를 망치는 경우도 많습니다.

07

사장의 금기 ③
갈등 회피

잔인한 사장은 몇몇 직원을 해칠 뿐이지만,
인자한 사장은 회사 전체를 혼란에
빠뜨릴 수 있습니다.

'착한 아이 콤플렉스'는 다른 사람의 눈치를 보면서 갈등 상황을 피하려고 다른 사람의 요구에 순응하는 경향을 의미하는 심리학 용어입니다. 간혹 회사 사장 중에서도 이런 태도를 보이는 경우가 있습니다.

K 사장은 의류업을 오래 해서 친절이 몸에 배어 있습니다. 인간성 좋기로도 유명합니다. 직원을 대하는 태도도 다르지 않아서, 평소 직원을 위하는 것이 회사 발전의 기본이라는 신념을 갖고 있습니다. 항상 웃는 얼굴로 직원들을 친절하게 대하고, 무엇보다 직원들의 어려움에 적극적으로 관심을 두고 해결하려 노력합니다.

그런데 최근 K 사장은 직원관리에 힘겨워하고 있습니다. 예전과 달리 표정도 어두워졌습니다. 사실 직원관리가 힘들어진 데는 K 사장의 선한 성격이 큰 원인으로 작용했습니다. 사장이 직원 개개인의 고충을 일일이 해결해 주려다 보니 오히려 직원관리 원칙이 깨지기 일쑤였고, 심지어 특정 직원에 대한 배려를 다른 직원들이 차별로 인식하기도 했기 때문입니다. K 사장은 이런 상황을 해결할 방법을 찾지 못해 고민만 깊어지고 있습니다.

K 사장은 선한 성격을 타고난 데다, 과거 폭압적 상사 밑에서 일하면서 '나는 절대 그러지 말아야지'라고 다짐했었다고 합니다. 그러다 보니 회사를 창업해 운영하면서도 항상 직원들에게 따뜻한 관심을 보였던 것이죠. 직원들도 그런 그를 따르고 좋아했습니다.

하지만 이렇게 한없이 선한 사장의 문제는 직원들의 요구를 거절하지 못하고 일일이 들어주다 '직원관리 원칙'을 깨뜨린다는 데 있습니다. 이런 상황에서는 사장이 회사 성장을 위해 정책이나 목표를 제시하더라도 직원들이 이를 수용하기는커녕 그 정책 등에 대해 지극히 개인적인 의견이나 불만까지 사장에게 직접 토로할 수 있습니다.

"그건 저에게 좀 버거운 목표인 것 같습니다."

"집이 멀어서 연장근무는 힘들 것 같습니다."

"김 대리는 안 하는데 왜 제가 해야 합니까?"

K 사장의 경우 이런 의견들을 일일이 중재하려다 보니 원칙이 깨지고, 배려를 차별로 오해하게 했던 것입니다. 심지어 K 사장은 자기 의지대로 일을 밀어붙이려 했다가도 직원이 밤늦게 전화해서 하소연하면 금방 마음이 약해지기도 했습니다. 이런 악순환이 이어

지면 결국 회사는 산으로 가고, 사장은 골로 갑니다.

사장이 직원들에게 무조건 잘해 준다고 해서 존경과 사랑을 받지는 못합니다. 존경과 사랑을 받으려고 애쓸수록 직원들과의 관계는 멀어집니다. 오히려 사장의 역할을 충실히 했을 때 직원들이 따르고 존경과 사랑을 받을 자격이 생기는 것입니다. 마키아벨리는 《군주론》에서 이렇게 말합니다.

'군주들은 잔인하다기보다는 인자하다는 평판을 받기를 원하지만, 잔인한 군주가 오히려 낫다.'

그리고 그 이유를 '잔인한 군주는 몇몇을 해칠 뿐이지만, 인자한 군주는 전체를 혼란에 빠뜨려 모두를 위험에 빠뜨리기 때문'이라고 합니다. 나아가 사랑받기보다 '두려움의 대상'이 되라고 하죠. 오늘날에는 두려움의 대상을 '필요할 때 원칙 있고 소신 있는 모습을 보여야 한다' 정도로 해석할 수 있고, 사장이라면 그로 인한 악평쯤은 감수할 필요가 있습니다.

미움받기 싫어하는 사장의 더 큰 문제는 '갈등 회피'입니다. 직원들에게서 욕먹기 싫어하다 보니 갈등이 생겼을 때 슬그머니 뒤로 빠지는 경우죠.

'시간이 지나면 어찌 되겠지…'

'자기들끼리 알아서 해결하겠지…'

저는 이런 안일한 생각으로 조직 내 갈등을 방치했다가 나중에 더 큰 문제로 발전하는 사례를 많이 봤습니다. 물론 사장이 직원 간의 사소한 갈등에까지 참견하면 안 되겠지만, 갈등의 심각성을 인식했다면 직접 나서야 합니다.

사장이 아니면 누가 해결하겠습니까? 조직 내 심각한 갈등 상황은 덮고 지나간다고 해서 해결될 문제가 아닙니다. 예를 들어 회사에 직장 내 괴롭힘 같은 심각한 문제가 생겼다면 사장이 적극적으로 나서서 해결해야 합니다(304쪽 참조). 특히 부서나 팀 등 집단 간 갈등문제를 방치하는 것은 사장의 '직무유기'입니다.

대기업이 아닌 한, 이런 문제는 오직 사장만 해결할 수 있습니다. 또 반드시 신속히 해결하려고 노력해야 합니다. 사장이 중간에 끼고 싶지 않아서, 욕먹기 싫어서 갈등을 회피하면 '책임감 없음'을 자인하는 것과 다를 바 없습니다. 착한 아이 콤플렉스 폐해의 전형이기도 합니다. 예를 들어 영업부 직원 여럿이 사장에게 부서장 때문에 너무 힘들다고 호소했을 때 이런 식으로 대응하면 곤란하다는 것입니다.

"내가 최 부장이랑 친해서 잘 아는데, 자네들이 오해한 걸 거야."

"직장생활이 다 그렇지, 뭐. 이런 일까지 나한테 들고 오면 어떡하나!"

"자, 나랑 술이나 한잔하고 적당히 넘어가자고."

특히 개별 직원 간의 갈등이 아닌, 위와 같은 일 대 다수 간의 갈등은 가벼이 생각하면 안 됩니다. 사장이 직접 집단면담이나 조직 만족도 조사 등을 통해 적극적으로 해결하는 모습을 보여줄 필요가 있습니다. 이것이 문제를 해결하는 방법이고, 직원에 관한 관심을 적극적으로 표현하는 길입니다. 자신이 좋아하는 부서장만 남고 부서 직원들은 모두 떠나도 상관없다면 어쩔 수 없을 테지만요.

사장은 인기를 얻기를 바라서도 안 되고, 그것을 얻을 수도 없는 자리입니다. 진정한 존경심은 사장이 직원들에게 관심을 가지되, 원칙 있는 태도로 갈등을 적극적으로 중재하는 모습을 보였을 때 저절로 따라오는 것입니다.

● 리더가 인기와 평판에 신경 쓰면 일어나는 일

위나라 혜왕이 복피 선생에게 물었다.

혜왕 : 선생은 과인의 평판을 어떻게 듣고 계신지요?

복피 : 신은 대왕이 자애롭다고 들었습니다.

혜왕 : 그러면 나의 공은 어디에 이를 것 같소?

복피 : 왕의 공은 멸망을 초래할 것입니다.

혜왕 : 자애는 선행일진대, 이를 실천하는 내가 멸망을 초래한다니 그 무슨 말이오?

복피 : 무릇 자비로우면 인정상 차마 못 하는 바가 있게 되고, 시혜를 즐기면 누구에게나 주기 쉽습니다. 차마 못 하는 마음이 있다 보니 과오를 범한 자도 처단하지 못하게 되고, 시혜를 즐기다 보니 공이 없어도 상을 베풀게 됩니다. 잘못해도 벌하지 않고 공이 없어도 상을 받는다면 그런 나라는 멸망해야 마땅하지 않겠습니까?

-《리더는 하루에 백 번 싸운다(조우성)》 중 한비자 인용문

진정한 인연과 스쳐 가는 인연은 구분해서 인연을 맺어야 한다.
진정한 인연이라면 최선을 다해서 좋은 인연을 맺도록 노력
하고 스쳐 가는 인연이라면 무심코 지나쳐 버려야 한다. 그것을
구분하지 못하고 만나는 모든 사람과 헤프게 인연을 맺어놓으면
쓸만한 인연을 만나지 못하는 대신에 어설픈 인연을 만나게 되어
그들에 의해 삶이 침해되는 고통을 받아야 한다.
《인연》, 법정스님

제3강

채용의 기술

01

채용이 직원관리의
80%인 이유

직원이 정년퇴직할 때까지 10억 원을 받는다면,
직원 채용에 10억 원의 가치가 있음을
기억해야 합니다.

최근 입사지원자들은 온라인을 통해 지원하는 회사의 평판을
미리 검색해 보는 경우가 많습니다. 이런 정보에 회사에 대한 우호
적인 내용이 많으면 다행이지만, 악평이 많다면 역량 있는 지원자들
이 당연히 지원을 망설일 것입니다.

바이오 벤처회사를 운영하는 L 사장은 최근 외부 투자까지 받아 사
업 성장을 꾀하던 중 큰 고민에 빠졌습니다. 사업특성상 인재 영입이
중요한데, 좀처럼 좋은 인재를 뽑기가 어려웠기 때문입니다. 급기야
입사지원자마저 급감해서 최소한의 필요인력조차 제때 채용하기 힘
들었습니다. 연봉 등의 조건을 높여 다시 공고해 보기도 했지만 상황
은 크게 달라지지 않았습니다.

그러던 차에 L 사장은 마침내 그 이유를 알게 되었습니다. 회사 내한 임원이 직원들과의 면담에서 지속적인 횡포를 부렸고, 그 사실이 온라인 입사정보 공유 사이트에 도배되어 있었던 것입니다. 해당 임원은 이미 퇴사한 상태지만, L 사장은 한번 떨어진 회사 평판이 당분간 좋아지지 않을 듯해서 절망하고 있습니다.

"사람을 골라 뽑기는 무슨… 필요한 자리 채우기도 힘들어요. 현실을 영 모르시네."

저와의 상담 자리에서 이렇게 불평하는 사장들이 종종 있습니다. 실제로 예전에는 회사에 필요한 인재를 골라서 뽑았지만, 최근 인력난이 심한 중소기업에서는 필요한 인력을 적시에 채우기도 쉽지 않습니다. 그러다 보면 결국 경쟁력 떨어지는 지원자들을 대상으로 채용을 결정해야 하고, 결과적으로 업무효율도 떨어질 수밖에 없습니다. 또 섣부르고 잘못된 채용으로 인해 노동분쟁이 자주 발생하기도 합니다. 따라서 마땅한 인재를 찾기 힘든 상황이더라도 최대한 좋은 인재를 채용하기 위해 노력할 필요가 있습니다.

"노동분쟁을 예방하려면 어떻게 해야 합니까?"

저는 회사 사장들에게서 이런 질문을 수없이 받습니다. 보통은 제2강에서 이야기한 내용대로 대답합니다. 즉, 사장이 원칙 있는 리더십을 발휘해 직원들을 합법적·합리적으로 잘 관리하면 된다고 말해 왔습니다. 그런데 최근에는 그보다 더 강조하는 말이 있습니다.

"사람을 잘 뽑으면 됩니다."

애초에 회사생활이나 대인관계에 문제가 있는 직원을 뽑으면 백약이 무효인 사례를 숱하게 봐 왔기 때문입니다. 특히 최근에는 사회적 영향인지는 모르겠으나 겉으로는 멀쩡하지만 '행동양식'에 문제가 있는 직원들이 많습니다. 우리나라 노동법상 한 번 입사한 직원은 쉽게 해고할 수 없으므로 최대한 입사 전에 문제직원을 걸러낼 수밖에 없습니다(282쪽 참조).

■ 관심 갖고 직접 챙기기 : 사장이라면 경험상 직원을 잘못 채용하면 나중에 몇 배로 힘들어진다는 사실을 충분히 알고 있을 것입니다. 따라서 사장이 직접 직원 채용에 관심을 갖고 챙겨야만 그런 위험을 최소화할 수 있음을 명심해야 합니다. 이미 스스로 충분히 관심을 갖고 있다고 생각하더라도 더 많은 관심을 가져야 합니다. 채용업무를 담당 직원에게 전부 맡기지 말고, 사장이 시간을 내서 입사지원서 검토, 면접, 채용까지의 과정을 직접 챙길 필요가 있습니다. 채용을 고민하는 사장이라면 소니 전 회장 모리타 아키오의 이런 말을 기억할 필요가 있습니다.

'직원 채용은 중요한 쇼핑이다. 가령 한 직원이 정년퇴직할 때까지 10억 원을 받는다고 치자. 그렇다면 회사에서 한 직원을 채용한다는 것은 당연히 10억 원짜리 물건을 사는 셈이 된다. 이것은 상당한 고가이기 때문에 함부로 살 수 있는 것이 아니다.'

■ 급하더라도 신중하게 : 특별한 사유로 채용을 서두르다 낭패를 겪는 사장들이 많습니다. 직원이 갑자기 퇴사해 급하게 자리를 채워야

하거나, 욕심나는 지원자가 나타났을 때 그런 경향을 보이곤 하죠.
저는 사업현장에서 그런 사례를 수없이 목격했습니다. 평소 신중했던 사장이 스펙 화려한 직원에 홀랑 넘어가 급히 채용했는데, 그 직원이 입사 후에 분란을 일으켜 결국 수천만 원의 합의금을 치러야 했던 사례도 있었습니다. 그 사장은 나중에야 해당 직원이 본인의 화려한 스펙을 이용해 입사한 다음 고의로 분란을 일으켜 돈을 뜯어냈다는 사실을 알게 되었다고 합니다. '설마 그런 일이 많겠어?'라고 생각할 수 있지만 현실에서 종종 발생하는 사례입니다.

세상에는 나쁜 사장보다 악의적인 직원이 훨씬 많습니다. 사장 수보다 직원 수가 훨씬 많으니 당연한 일이겠죠. 급할수록 돌아가야 합니다. 특히 평소 입사지원자에 비해 경력이 지나치게 화려한 지원자는 한번 더 생각해 보고 채용을 결정하기 바랍니다. 아니면 우선 계약직으로 채용해서 검증과정을 거치기를 추천합니다.

■ 채용 프로세스 점검 : 사장이 직접 관심을 갖고 채용과정 전반을 점검할 필요가 있습니다. 앞선 사례처럼 채용 사이트 등에 회사에 관한 악평은 없는지, 면접은 효과적으로 이루어지는지, 근로계약 형태는 적정한지 등을 중심으로 전체적인 채용 프로세스를 살펴봐야 합니다.

● 채용 사이트 내 입사 추천·비추천 사례

주기적으로 채용 사이트에서의 회사 평판을 조회하여 잘못된 정보를 수정하고, 잘못된 정보나 오해를 살 만한 정보에 대해서는 적극적으로 대응할 필요가 있습니다.

· 입사 추천 사례

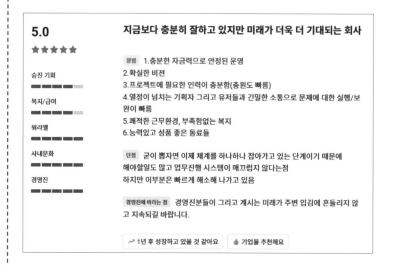

· 입사 비추천 사례

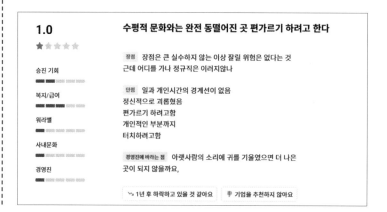

02

외부 영입 임원은
왜 회사를 빨리 떠날까

'사장의 중심 없는 태도'가
우수한 임원을 떠나게 합니다.

회사가 성장하면 초기 창업 멤버 외에 외부에서 임원급 직원을 영입하는 경우가 있습니다. 특히 대기업을 상대로 영업하려면 대기업 시스템을 이해하고 인맥 활용이 가능한 인재 영입을 검토하게 됩니다. 이런 목적이 있기에 회사는 일반적으로 이들 인재에게 기존 임직원보다 높은 임금과 대우를 약속하곤 합니다. 문제는 그런 대우에도 불구하고 이들이 조기에 퇴사하는 사례가 많다는 데 있습니다.

대기업과 거래하는 자동차부품 납품업체를 운영하는 M 사장은 최근 힘들게 영입한 임원이 갑자기 퇴사해서 기분이 좋지 않습니다. 대기업 출신에 학력과 경험도 뛰어나서 나름 좋은 조건을 제시하고 영입했었는데 들어온 지 채 1년도 안 되어서 그 임원이 그만둬 버린 것입니다. 더 큰 문제는 이전에도 능력과 경험을 보고 영입한 임원들이 오래지 않아 줄줄이 퇴사하는 상황이 이어져 왔다는 것입니다. M 사장은 그들이 왜 좋은 조건을 마다하고 회사를 떠나는지 도통 이유를 알 수 없었습니다. 이제는 업계에 소문이 났는지 임원 영입 자체가 어려워지는 것 같아 M 사장은 더 큰 고민에 빠졌습니다.

회사가 좋은 경력과 학력을 갖춘 인재를 영입할 때는 '당신의 좋은 경험과 노하우로 우리 회사를 변화시키고 발전시켜 달라'는 마음이 있을 것입니다. 물론 영입되는 인재들도 처음에는 제2, 제3의 직장에서 잘해 보자는 마음이었겠죠. 그런데 현실에서는 이런 인재들이 영입된 회사에서 잘 정착하지 못하고 조기 퇴사하는 경우가 많습니다. 심지어 심각한 노동분쟁으로 이어지는 경우도 적지 않습니다. 왜일까요?

■ 마음가짐 : 우선 영입 임원의 마음가짐에 문제가 있을 수 있습니다. '내가 왕년에 어떤 위치였는데…', '내가 얼마나 경험이 많은데…', '내가 이런 조그만 회사에서…' 등의 마음으로 자기 능력이나 경험을 과신하고 새로 일하게 된 회사에 대한 존중이 없는 경우죠. 약간은 깔보는 마음으로 회사나 직원들을 대하는 것이죠. 이는 능력이나 일을 잘하는 것과 무관한 '태도의 문제'입니다. 어쩌면 우리가 우리보다 경제적으로 가난한 나라를 여행할 때 괜히 우쭐한 마음이 드는 것과도 비슷할 수 있겠습니다.
임원은 높은 직위에서 직원들을 이끌어야 하는 사람입니다. 하지만 새로 영입된 임원은 회사의 역사나 구성원에 대한 이해도가 낮을 수밖에 없습니다. 그러니 회사의 분위기를 이해할 때까지는 우선 '낮은 자세'가 요구됩니다. 회사에서 임원을 영입할 때도 능력만 보지 말고 그러한 '태도'나 '개인적 소양'을 반드시 검증할 필요가 있습니다.

■ 내부 경계심 : 영입 임원에 대한 기존 직원들의 심한 경계가 원인일 수도 있습니다. 지금껏 충성을 다해 일한 직원들은 어느 날 갑자기 자신들 위로 뚝 떨어진 영입 임원을 고깝게 볼 법도 합니다. 그런 경우 해당 임원의 정당한 업무 지시에 비협조적인 태도를 보이고, 심지어 집단항명을 서슴지 않기도 합니다. 여기에 해당 임원까지 처음부터 밀리면 안 된다는 마음을 갖게 되면 건건이 서로 충돌하는 악순환이 지속될 수 있습니다.

애초에 해당 임원을 쫓아내려는 마음으로 행동하는 직원들도 있습니다. 이런 행동이 정당하지는 않겠지만 직원들을 탓해서 해결될 문제도 아닙니다. 이런 사태를 조금이라도 예방하려면 사전에 사장이 직원들에게 외부 임원을 영입하는 이유를 충분히 설명하여 이해를 구할 필요가 있습니다. 또 기존 조직문화에 외부 임원을 배척하게 하는 원인이 있는지도 점검해 봐야 합니다.

■ 사장의 태도 : 무엇보다 가장 중요한 이유는 '사장의 중심 없는 태도'입니다. 영입된 임원은 사장의 입장과 약속만 믿고 그 회사를 선택했을 것입니다. 그런데 사장이 자신을 지지하기는커녕 '카더라'

소문을 믿고 중심 없는 태도를 보이면 해당 임원은 사장에 대한 신뢰를 버릴 수밖에 없습니다. 이러면 직원들도 해당 임원을 존중하지 않거나 따르지 않는 태도를 더욱 강하게 취할 것입니다.

"새로 오신 임원이 직원들을 무시합니다."

"경험이 많다더니 아는 게 하나도 없는 것 같습니다."

"여긴 중소기업인데 대기업 방식을 고집해서 함께 일하기 힘듭니다."

이런 식의 내부 저항은 충분히 예상할 수 있는 반응입니다. 그렇더라도 사장은 그런 반응에 흔들리지 말고 균형자로서 중심을 잡아야 합니다. 임원도 직원도 적응할 시간이 필요합니다. 이럴 때 사장이 균형자 역할을 잊고 '알아서 해' 식으로 방치하면 결국 임원은 회사를 떠날 수밖에 없습니다. 다른 임원을 새로 채용해도 결과는 같을 확률이 높습니다. 사장은 그러한 직원들의 불만 중 타당한 부분은 임원에게 전달해 개선을 요구하고, 나머지는 사전에 정리하는 모습을 보여야 합니다. 그래야 영입된 임원도 사장을 신뢰하고 회사에 잘 정착하려 노력할 것입니다.

다만 영입한 임원에게 실제로 심각한 문제가 있다면 최대한 빨리 정리하는 것도 사장의 역할입니다. 대기업에서 했던 고압적인 태도를 버리지 못하거나, 회사 직원들을 무시하거나, 일은 하지 않고 대우만 받으려 하거나, 외부 영업을 핑계로 법인카드를 함부로 사용하는 등 기본이 안 된 태도가 지속되면 '영입 실패'를 인정하고 최대한 빨리 정리하는 것이 사장의 의무이자 책임 있는 행동입니다.

외부에서 영입한 임원이 능력 있고 겸손하다면 분명 정체된 회사에 새로운 활력을 불어넣을 것입니다. 그런 인재라면 기존 사업을 안정시키고 신규 사업을 추진하는 좋은 촉매제가 될 것입니다. 이런 인재를 영입하려면 외부 평가만으로 섣불리 채용하기보다는 능력 이외에 좋은 품성을 갖추었는지까지 충분히 점검할 필요가 있습니다. 더불어 사전에 직원들에게 영입 필요성을 충분히 설명하면 임원 영입에 따른 시행착오를 줄일 수 있습니다.

● 누구든 음해의 당사자가 될 수 있습니다

제나라의 이역이라는 사람이 어느 날 임금의 주연에 참석했다가 밖으로 나와 회랑의 문지방에 기대고 있었는데, 몸이 불편한 문지기가 다가와 말했습니다.

"먹다 남은 술이라도 조금만 주실 수 없겠습니까?"

이역은 불쾌한 표정과 함께 문지기의 신체를 비하하며 저리 가라고 매몰차게 내쳤습니다. 문지기는 이역이 그 자리를 떠나자 다시 돌아와 그 문지방 밑에다 물을 뿌려 놓고 마치 오줌을 싼 것처럼 꾸며 놓았습니다.

다음 날 아침, 왕은 이를 발견하고 문지기에게 여기에 누가 오줌을 누었는지 물었습니다.

문지기가 "누가 그랬는지는 알 수 없습니다만, 어제저녁에 이역 대감께서 이곳에 서 계신 것을 보았을 뿐입니다"라고 대답하자 왕은 궁전을 더럽혔다는 죄목으로 이역을 처형해 버렸습니다.

-《한비자》

직원이든 임원이든 자신의 이익이나 입장을 내세워 서로 험담하거나 사실을 부풀려 말할 수 있습니다. 사장은 이런 점을 인식해 균형적인 태도로 상황을 파악해야 합니다.

03
좋은 직원을
선택하는 기준

사람을 뽑을 때는 겉으로 보이는 화려함이 아니라
내면의 태도로 판단하는 것이 중요합니다.

'일할 사람이 없다.'

요즘 사장들의 가장 큰 고민거리 중 하나입니다. 특히 제조업은
인력난이 심해 필요인력을 충원하기조차 어려운 것이 현실입니다.
그런데 여기에는 사업 성공에 꼭 필요한 우수 인력을 구하기 힘들
다는 의미도 포함되어 있습니다. 이렇게 우수 인력 채용이 절실하다
보니 조건이 뛰어난 직원을 무작정 뽑았다가 사장이 고충을 겪는
사례도 종종 생깁니다.

중소기업을 운영하는 N 사장은 최근 해외시장 진출을 결심하고 관련
경력직원을 뽑기로 했습니다. 여러 차례 면접을 진행하던 중 N 사장
은 유난히 빛나는 지원자를 발견했습니다. 학력도 좋고 대기업 경력

도 풍부한 인재였죠. 직원 20명인 작은 회사에 어울릴까 하는 걱정도 있었지만, 나이 50이 넘어 더 이직할 여력도 없으니 열심히 하겠다는 해당 지원자의 말을 믿고 채용했습니다.

그런데 채용 후 그 직원은 당초에 기대했던 능력에 전혀 미치지 못했습니다. N 사장이 실망감에 몇 마디 질책하자 그때부터 그 직원이 분란을 일으키기 시작했습니다. 사장이 자신을 무시했다면서 온갖 이상한 행동을 일삼았고, 직원들과도 끊임없이 마찰을 일으켰습니다. 심지어 그만두지도 않으면서 사사건건 고용노동부에 진정을 넣고, 소방서·시청 등 관련기관에 민원을 넣어 회사를 곤경에 빠뜨렸습니다. N 사장은 해당 직원을 해고하기도 쉽지 않아 골머리를 앓고 있습니다.

저는 이런 사례가 있을 때 보통 그 원인을 회사나 사장에게서 찾습니다. 현실적으로도 그 생각이 맞습니다. 대부분 회사, 특히 사장의 잘못입니다. 누구를 탓할 일이 아닙니다. 그래서 저는 이런 일로 상담할 때 항상 이렇게 이야기합니다.

"사람 잘못 뽑은 값을 치러야 합니다."

그런 직원을 뽑지 말아야 했는데 뽑아서 발생한 일이며, 뽑는 순간 예정된 일이라는 의미입니다. 그러기에 위의 사례는 특별할 게 없습니다. N 사장도 '답답해서 알아보니 그 직원이 전 직장과 전전 직장에서도 유사한 분란을 일으켰었다는 사실을 알게 되었다'라며 뒤늦은 후회를 했습니다. 그리고 어쩔 수 없이 그 직원이 원하는 합의금과 퇴직조건을 들어주고 나서야 관계를 정리할 수 있었다고 했습니다.

이런 일이 특별한 사례가 아니므로 채용을 단순히 '자리 채우기'로 생각해서는 안 됩니다. 앞서 제가 채용이 '직원관리의 80%'라고 말한 이유도 같습니다. 직원을 고르는 데 정해진 기준이나 원칙은 없습니다. 업종, 규모, 직원 수, 사업계획 등 회사 특색에 맞춰 알아서 정하면 됩니다. 대기업 채용기준이 우리 회사에 맞는다는 보장이 없기에, 다음 몇 가지 기준을 참고하여 우리 회사에 맞는 채용원칙을 마련해야 합니다.

■ **사장 같은 직원은 없습니다** : 사장이 직원을 채용하는 이유는 '나 대신 일해줄 사람'이 필요해서입니다. 하지만 회사에서 나만큼 일 잘하는 사람은 없으니 나를 완벽히 대신할 직원을 뽑기는 힘들 수밖에 없습니다. 연봉을 많이 준다고 해도 조금 나은 사람을 뽑을 확률이 높아질 뿐입니다. 그러니 눈높이를 조금은 '현실화'해야 합니다. 회사가 감당할 수 있는 임금수준에서 회사 그리고 사장인 나와 '어울리는 사람'을 찾는 것이 중요합니다.

김승호 작가는 《사장학개론》에서 '좋은 직원을 구하는 법'에 대해 이렇게 이야기합니다. 그는 모든 사장이 '알아서 일도 잘하고 성실하고 능력도 좋고 마치 내 일처럼 일하는 사람'을 원할 테지만 '그런 직원은 없다'라고 단언합니다. 그런 사람은 이미 창업했거나, 창업을 계획하고 있기 때문이라는 것이죠. 또 그는 설령 그런 직원을 뽑았더라도 '더 좋은 직장으로 금방 옮기거나, 창업을 할 것이다'라고 이야기합니다. 제가 보기에도 매우 현실적이고 공감 가는 이야기라고 생각됩니다.

■ 회사와 맞는지 '최대한' 검증해야 합니다 : 아무리 욕심나는 직원이라도 한 번 더 '의심'해 봐야 합니다. N 사장처럼 후회하지 않으려면 이런 직원일수록 이력서에 적힌 화려한 경력이나 경험 외에 정보들을 검증할 필요가 있습니다. 특히 이직이 잦고 각 직장에서의 근무기간도 길지 않거나, 경력단절 기간이 긴 경우에는 더욱 신경 써서 검증해 봐야 합니다.

최근에는 '공식적인 경력 검증(Reference Check)'을 하는 경우도 많습니다. '평판 조회'라고도 하는데, 최종 채용 결정 전에 이력서와 면접 결과를 바탕으로 전 직장에서의 업무능력이나 업무태도 등을 전 직장동료를 통해 확인하는 절차를 말합니다. 이는 채용하려는 회사의 채용 리스크를 줄이는 좋은 방안이 될 수 있습니다.

다만 지원자의 동의가 필수이므로, 동의 없이 함부로 전 직장에 연락하면 법적 문제가 될 수 있다는 점에 주의해야 합니다. 통상적으로는 회사에 입사할 마음이 있고 지원서류에 거짓 내용이 없는 지원자라면 동의를 하는 편이니, 지원자에 대해 의심이 든다면 시도해볼 만한 검증과정이라고 생각됩니다.

■ 직원들의 의견에 의존하면 안 됩니다 : 중소기업에서는 보통 신규 채용에 대한 기존 직원들의 관심이 많고, 때론 직원들이 직접 채용 과정에 참여하기도 합니다. 문제는 작은 기업일수록 직원 한 명이 큰 영향력을 발휘하는 경우가 많은데, 이런 직원들이 최선의 지원자를 선택하지 않을 수 있다는 점입니다. 너무 우수한 직원이 들어오면 자신의 입지가 불안해질 수 있다고 생각하기 때문이죠. 그러다

보니 보통 자신보다 역량이 떨어지거나 자신이 통제하기 쉬운 직원을 뽑는데, 이는 회사에 손해일 수밖에 없습니다. 이것이 바로 사장이 직접 채용과정을 챙겨야 하는 이유입니다. 특히 서류전형 단계에서부터 직원들에게만 맡기지 말고 직원들과 함께 검토하기를 권합니다.

인간에게는 사회적 비교편향(social comparison bias)이 있어서 '자신의 강점영역에서 자신을 능가하는 사람을 배제함으로써 자신의 존재가치와 자존감을 보호하려는 자연스러운 동기'가 있다고 합니다. 특히 이런 동기는 어떤 영역에서 자신이 높은 위치를 점하고 있거나 그렇다고 느낄 때 더 강하게 나타난다고 합니다. 회사라면 팀장이 팀원을 채용하면서 보이는 태도로 볼 수 있습니다.

실제로 제가 자문한 회사에서 이런 일이 있었습니다. 해당 회사에서는 회사가 성장함에 따라 전문 경리업무를 담당할 신입직원을 채용했었습니다. 그런데 어렵게 뽑은 직원이 얼마 안 가 퇴사하더니, 다시 채용한 직원도 퇴사하는 상황이 반복되었습니다. 사장이 나중에 원인을 살펴보니 기존 직원들이 자리를 뺏길까 걱정되어서 신입직원을 호되게 다루었음을 알게 되었습니다. 사실 이런 일은 '한 명의 직원이 하나의 업무를 전담하는' 회사에서 비일비재하므로, 우리 회사에도 혹시 그런 일이 없는지 관심을 가지고 지켜볼 필요가 있습니다.

■ 능력이냐? 태도냐? : 채용의 오랜 논쟁거리 중 하나입니다. 업무능력은 뛰어난데 사회성이 떨어져 협업능력이 부족한 직원과, 능력

은 다소 부족하지만 업무태도나 대인관계가 원만한 직원 중 어떤 직원을 채용하는 것이 좋을까요? 연구나 제품개발 등 주로 혼자 하는 업무라면 능력을 우선시하면 될 것이고, 내·외부 대인관계가 중요한 업무라면 업무태도를 우선시하면 될 것입니다.

그래도 한 가지를 고르라면 중소기업에서는 '태도'가 더 중요하지 않을까 합니다. 인원이 많지 않은 중소기업 특성상 다른 직원과 협업해야 하는 상황이 많기 때문이죠. 일반적으로 업무능력은 경험이 쌓이면 자연스레 올라가기 마련입니다. 그러니 현재의 업무능력보다는 회사에 어울리고 배울 자세가 되어 있는 직원이 더 낫지 않을까 싶습니다. 한 실험에서도 능력과 스펙이 다소 부족한 직원이 능력과 스펙이 뛰어난 이들보다 더 열심히 일하며 회사에 보탬이 된다는 결과가 나오기도 했습니다. 능력이 반드시 성과로 연결되지도 않고요.

■ 화려한 외관에 속지 않아야 합니다 : 채용할 때는 명문대학교 졸업, 화려한 외모, 부모의 명망 있는 직업, 부유한 가정환경 등 업무와 무관한 지원자의 조건에 현혹되지 않아야 합니다. 또한 사장 등과 같은 지역 출신, 학교 동문, 친구의 친구 등 인적 요소나 차별적 요소가 채용에 영향을 미쳐서도 안 됩니다. 혹시 이런 이유가 채용에 영향을 미치지 않았는지 가슴에 손을 얹고 생각해 봐야 합니다.

술을 비싼 금 항아리에 보관하면 더 좋다는 말에 속아 따라 했다가 술맛이 변해 버렸다는 이야기가 있습니다. 채용에서도 외적 조건보다 내적 조건을 보는 노력이 필요합니다.

■ 채용기준을 미리 마련해야 합니다 : 간혹 "난 사람을 딱 보면 알아"라고 말하는 사장들이 있습니다. 하지만 '네가 나를 모르는데 난들 너를 알겠느냐'라는 노랫말처럼 사람을 단번에 파악하기는 어렵습니다. 무엇보다 처음 보는 입사 지원자를 한눈에 파악할 수 있다는 생각은 자만에 불과합니다. 오래 알고 지낸 직원들한테도 배신당하는 현실을 생각해 봐도 그렇습니다.

따라서 채용에 앞서 회사가 중요하게 생각하는 점들을 중심으로 채용기준을 정리해 둘 필요가 있습니다. 예를 들면 이런 기준들이죠.

• 전문성 : 직무에 필요한 전문 지식과 기술을 가지고 있는가?
• 업무경험 : 이전 직장에서의 실제 업무경험이 풍부한가?
• 문제해결 능력 : 어려운 상황에서 문제를 해결하고 업무성과를 낸 경험이 있는가?
• 의사소통 능력 : 직원 간 의사소통과 팀워크에 문제는 없는가?
• 문화적합도 : 회사의 가치관과 부합하는가?
• 업무태도 : 기본적인 업무태도나 인성에 문제가 없는가?
• 학습능력 : 자기개발과 학습의지가 있는가?

이러한 조건을 최대한 검증하는 과정이 '면접'입니다. 면접에 관해서는 뒤에서 자세히 이야기하겠습니다.

● 해리의 법칙

해리의 법칙(Harry's Rule)은 미국의 경영컨설턴트인 해리가 기업의 채용 형태를 오래 분석하여 도출한 결과입니다. 이 법칙에 따르면 '사람들은 대부분 자신보다 못한 사람들을 채용하는 경향'이 있다고 합니다. 그래서 뛰어난 사람들은 그들보다 약간 못한 사람들을 뽑고, 약간 못한 사람들은 자기보다 훨씬 더 못한 사람들을 채용하게 된다는 것이죠.

이 법칙은 이렇게 채용현장에서 채용에 참여한 직원들이 자신보다 우수한 사람을 기피하는 현상이 있어서, 회사가 우수 인재를 채용하려 노력해도 그 목적을 달성하기 어렵다는 사실을 설명하고 있습니다.

04

면접은 회사와 지원자가
서로 평가하는 과정

면접은 입사지원자뿐 아니라 회사도
'미래의 직원에게서' 선택을 받는 과정입니다.

많은 사장이 '면접'을 회사가 입사지원자를 판단하는 '일방적인' 절차로 생각합니다. 하지만 이런 생각과 달리 면접(面接)은 '서로 대면하여 만나는 일'로, 회사가 직원을 뽑는 절차일 뿐 아니라 입사지원자가 '회사를 선택하는 과정'이기도 하다는 사실을 잊지 말아야 합니다.

온라인쇼핑몰 사업을 하는 P 사장은 어렵게 면접을 마치고 합격을 통보해도 입사하지 않는 지원자가 많아 고민입니다. 채용공고를 내면 입사지원서도 제법 많이 들어오고, 지원자들이 면접도 거의 참석하는 편입니다. 그런데 막상 출근날에 합격자들이 나타나지 않는 일이 빈번한 것입니다. P 사장은 지원자들이 출근해서 일하다 그만뒀으면 그

회사에서 사람을 뽑는 데는 시간과 비용이 많이 듭니다. 그러니
채용을 결정한 지원자들이 출근하지 않으면 사장은 속이 쓰릴 수밖
에 없습니다. 여러분은 위 사례에서 지원자들이 입사를 포기한 이유
를 눈치챘나요? 그렇습니다. '면접'이 문제일 가능성이 큽니다. 위에
서 말했듯이 면접(面接)은 회사가 직원을 채용할 때뿐만 아니라 지
원자가 회사를 선택할 때도 큰 영향을 미칩니다.

실제로 잡코리아가 구직자를 대상으로 조사한 바에 따르면, 구
직자의 48.7%가 '면접관의 태도가 입사 결정에 매우 영향을 미친다'
라고 답했다고 합니다. '어느 정도 영향을 미친다'라는 응답도 46.7%
로, 조사 대상자의 90% 이상이 면접관 태도가 입사 결정에 영향을
미친다고 답했습니다. 또 면접 전후로 회사 이미지가 부정적으로 바
뀐 경험이 있다는 응답자도 67.5%에 달했습니다.

최근에는 회사에서 좋은 사람 뽑기가 점점 어려워지고 있습니
다. 이런 현실을 보더라도 사장은 면접을 단순히 사람 뽑는 과정으
로 바라보지 말고, '회사도 직원에게서 면접을 본다'라는 마음으로
면접과정을 관리할 필요가 있습니다. 이런 관점에서 몇 가지 관리
포인트를 알아볼까요?

■ 면접과정 전면 검토 : 우선 면접과정을 전면적으로 점검해 봐야
합니다. 관행적으로 1차나 2차에 걸쳐 진행하는 면접횟수는 적당한

지, 면접방식이나 면접자 선정은 적정한지를 고민해 봐야 합니다. 면접에 신경 쓰는 만큼 좋은 인재를 선발할 가능성이 커집니다. 또 면접은 문제사원의 입사를 막는 마지막 기회이기도 합니다. 채용 결정은 회사 또는 사장의 자유지만 일단 뽑은 뒤에는 해고의 자유가 없다는 사실에 유의해야 합니다.

■ 면접관의 역량 검증 : 면접관의 역량을 검증해야 합니다. 앞선 잡코리아 설문 결과처럼 면접관의 태도는 입사지원자의 입사 결정에 큰 영향을 미칩니다. 따라서 면접관들이 본인이 회사를 대표하는 얼굴임을 인식하고 올바른 태도로 면접에 임하도록 해야 합니다. 좋은 직원을 뽑고 싶다면 면접관이 구직자보다도 많은 시간과 노력을 들여야 합니다. 지원서류도 미리 검토하고, 면접질문도 충실히 성의 있게 준비해야 합니다. 무엇보다 면접관은 아래 사항들에 유의하여 구직자를 대하는 올바른 태도를 갖춰야 합니다.

•은근히 무시하는 태도로 지원자를 테스트하면 안 됩니다
입사지원자는 아직 입사하려는 회사나 업종에 관한 이해가 당연히 부족합니다. 그런데도 간혹 면접관이 은연중 지원자가 '그것도 몰라?', '넌 아직 한참 멀었어' 등을 인식하게 하는 언행을 하곤 합니다. 이러면 지원자들이 '내가 이런 인간들이랑 일해야 하는 건가!' 하는 생각으로 입사를 꺼릴 수밖에 없습니다.

• 기본을 지켜야 합니다

면접관이 일을 핑계로 면접시간 약속을 아무렇지 않게 어기고 사과도 하지 않는다든지, 단정치 못한 모습으로 면접에 참여한다든지, 반말을 슬슬 섞어가며 대화한다든지, 면접 중에 전화를 받는다든지, 질문하고 나서 답변을 성실히 듣지 않는 등 입사지원자를 존중하지 않는 태도를 보이는 경우가 있습니다. 이러면 저라도 입사를 말릴 것 같습니다. 특히 함부로 개인적 질문을 하면 관련 법률에 의해 법적 문제가 생길 수 있음에 주의해야 합니다.

✅ 이 법에 집중

채용절차의 공정화에 관한 법률 제4조의3(출신지역 등 개인정보 요구 금지)

구인자는 구직자에 대하여 그 직무의 수행에 필요하지 아니한 다음 각 호의 정보를 기초심사자료에 기재하도록 요구하거나 입증자료로 수집하여서는 아니 된다.

1. 구직자 본인의 용모·키·체중 등 신체적 조건
2. 구직자 본인의 출신지역·혼인 여부·재산
3. 구직자 본인의 직계 존비속 및 형제자매의 학력·직업·재산

이 법률에서 개인정보를 입사지원서(기초심사자료)에 기재하도록 요구하는 행위를 금지하는 만큼, 입사지원자를 면접할 때도 개인정보를 물어서는 안 됩니다. 특히 혼인 의사, 혼인 여부 및 자녀계획과 자녀 수 등을 묻지 않도록 주의해야 합니다.

• 채용기준에 맞는 면접질문을 사전에 마련해야 합니다

정해진 시간 안에 면접을 진행하다 보면 중요한 점검사항을 놓

칠 수 있습니다. 이런 일을 피하려면 직무 수행에 필수적인 사항에 관한 면접질문을 미리 마련해 두고, 실제 면접할 때는 이를 기준으로 상황에 맞게 질문을 가감하는 방식이 효과적입니다.

좋은 면접질문의 요건은 회사와의 적합도, 지원자의 역량, 경험, 성격, 문제해결 능력 등을 종합적으로 평가할 수 있어야 한다는 것입니다. 또 질문이 또 다른 질문으로 연결되거나, 실제 행동을 어떻게 했는지 등 구체적 답변을 들을 수 있는 질문형식이 좋습니다. 반면에 질문 내용이 지나치게 길거나, 단답형 답을 요구하는 질문형식은 좋지 않습니다.

회사의 면접제도는 업계 및 기술 변화, 회사 구성원 변화에 따라 주기적으로 점검하고 개선할 필요가 있습니다. 특히 면접방식과 질문은 수시로 개선해 나가야 합니다.

● 좋은 면접질문 사례

• 지원하신 업무에 대한 전문 지식과 기술은 어느 정도 보유하고 있다고 생각하세요? 또 어떻게 발전시킬 예정이신가요?

• 과거 업무경험 중 어려움에 부딪혔던 사례와 그 문제를 어떻게 해결했는지 설명해 주세요.

• 어려운 업무에 도전해서 극복했거나 성취감을 얻은 경험에 대해 이야기해 주세요.

• 기존 방법이 실패했을 때 새로운 접근법을 찾아낸 경험이 있나요?

- 팀 내에서 갈등이 발생한다면 어떻게 해결하실 건가요?
- 갈등을 주도적으로 해결해 본 경험이 있나요?
- 자신의 강점과 약점은 무엇이고, 입사 후 약점은 어떻게 보완해 나갈 수 있을까요?
- 현재 자기개발을 위해 어떤 노력을 기울이고 있나요?
- 현재 자신의 목표는 무엇이며, 우리 회사나 지원한 직무가 그 목표에 어떻게 부합하는지 설명해 주세요.
- 현재 업계 동향을 어떻게 파악하고 있는지 아는 데까지만 말씀해 주세요.
- 우리 회사에서 어떤 역할을 하고 싶나요?
- 우리 회사와 어울리는 점은 무엇이라고 생각하나요?
- 윤리적으로 어려운 상황에서 어떻게 행동하겠습니까?
- 지난 직장에서 받은 피드백 중에서 가장 기억에 남는 것은 무엇인가요?
- 우리 회사에 대해 궁금한 사항은 무엇인가요?

이 외에도 직원과의 대화, 책, 인터넷 등을 활용하면 이보다 좋은 질문을 얼마든지 발굴할 수 있으니 꼭 노력해 보기 바랍니다.

■ 참고 서식_ 채용 면접평가표

채용 면접평가표

성명		출신지역				생년월일	
출신학교		졸업연도				전공과목	
병역관계		영어성적		전공성적		채용예정부서	

지원자에게 맞는 사항에 √ 표시를 해주시오

평가항목		상	중	하	평가점수	
용모	표정, 인상이 좋은가?	☐	☐	☐	배점	
	침착한가?	☐	☐	☐	득점	
	음성이 명료한가?	☐	☐	☐	특이사항	
	행동은 시원시원한가?	☐	☐	☐		
	건강상태는 좋은가?	☐	☐	☐		
태도 성실성	태도가 진지하고 자세가 좋은가?	☐	☐	☐	배점	
	몸가짐이나 동작이 민첩하고 침착한가?	☐	☐	☐	득점	
	젊은이다운 의욕과 기백이 있는가?	☐	☐	☐	특이사항	
	남이 싫어할 일을 실행할 적극적 성격인가?	☐	☐	☐		
	건전한 사고와 협조, 책임감이 있는가?	☐	☐	☐		
	적절한 판단력과 이해력이 있는가?	☐	☐	☐		
전문지식	영어회화 실력	☐	☐	☐	배점	
	전공분야별 지식	☐	☐	☐	득점	
	장래 희망직종에 대한 지식	☐	☐	☐	특이사항	
	응시직종에 대한 지식	☐	☐	☐		
	기타 업체나 경제 동향 등에 관한 지식	☐	☐	☐		
일반 상식	일반상식이 있는가?	☐	☐	☐	배점	
	시사상식이 있는가?	☐	☐	☐	득점	
	올바른 판단력을 가지고 있는가?	☐	☐	☐	특이사항	
	위트 및 유머가 있는가?	☐	☐	☐		
	머리 회전이 빠른가?	☐	☐	☐		
총 득점						
최종의견						
면접일자	20 년 월 일			면접관		(인)

출처 : 중소벤처기업부 기업마당

제3강 채용의 기술 **101**

05

퇴사직원의
재입사 요청에
대응하는 방법

개인의 능력과 별개로 직장인으로서의
근본 태도와 성격은 쉽게 바뀌지 않습니다.

회사를 운영하다 보면 간혹 퇴사했던 직원에게서 재입사를 하고 싶다는 요청을 받기도 합니다. 좋은 인재를 확보하기가 쉽지 않은 중소기업이라면 현실적으로 이런 요청을 단칼에 거절하기가 쉽지 않죠. 특히 과거 회사에서 일했을 때 뛰어난 능력을 보여 준 직원이라면 더더욱 고민될 수밖에 없습니다.

Q 사장은 10년 전 인테리어회사를 창업하여 이제 어느 정도 자리를 잡았습니다. 그런데 최근 Q 사장은 과거 함께 일했던 김 과장에게서 회사로 다시 돌아오고 싶다는 요청을 받고 고민에 빠졌습니다. 창업 멤버였던 김 과장은 회사가 본격적으로 성장하려 할 때쯤 돌연 퇴사했었습니다. Q 사장은 나중에야 경쟁회사에서 현장경력이 풍부한 김

과장을 좋은 조건으로 영입해 갔다는 사실을 알게 되었습니다. 당시 Q 사장은 한편으로는 이해가 갔지만, 서운한 마음이 더 컸고 배신감마저 들었었죠.

이런 과거가 있기에 김 과장의 재입사 요청을 받은 Q 사장은 고민이 깊습니다. 마음 같아서는 재입사를 허락하고 싶지 않지만, 그의 업무 능력이 워낙 뛰어났기 때문입니다. 더욱이 현재 회사에 김 과장 같은 인재가 꼭 맡아 줬으면 하는 자리가 비어있기도 했습니다. 하지만 Q 사장은 여전히 서운한 마음이 남아있는 데다 김 과장이 또 갑자기 그만둘까 걱정도 되어 결정하기가 어렵습니다.

고민은 되겠지만, 어쨌든 회사에서의 대부분의 결정은 사장의 몫입니다. 그 결과에 대한 책임도 사장이 져야 하죠. 다만 제 경험을 바탕으로 사례와 같은 고민을 하는 사장들이 참고할 만한 몇 가지 기준을 정리해 보겠습니다.

■ 사람은 변하지 않는다 VS 변할 수 있다 : 이것은 개인의 생각이나 철학에 따라 선택할 문제입니다. 본인이 '사람은 변하지 않는다'라고 생각한다면 재입사를 받아들이지 말아야 합니다. 그 생각대로라면, 재입사한 직원은 언제든 비슷한 상황에서 다시 이직할 수 있기 때문이죠. 심지어 창업해서 회사의 경쟁자가 될 수도 있습니다. 언제든 퇴사해도 상관없다면 고민 없이 재입사를 받아들이면 그만이지만, 이번에는 더 오래 일하길 바란다면 '심각히 고민'해 봐야 합니다. 다들 알듯이 '이번에는 정말 뼈를 묻을 각오로 일하겠다'라는 약

속은 법적 구속력도 의미도 없는 말잔치에 불과합니다.

저는 개인적으로 인간 자체는 상황에 따라 변할 수 있지만, 직장인으로서 보여주는 근본적 성격과 태도는 쉽게 바뀌지 않는다고 생각합니다. 그러니 퇴사직원의 재입사를 허락하더라도 그가 언제고 다시 퇴사할 수 있음을 염두에 두어야 한다고 봅니다. 특히 상대적으로 젊고 유능한 직원이라면 그럴 가능성이 훨씬 큽니다.

■ 첫 퇴사의 원인이 중요합니다 : 재입사를 판단할 때는 해당 직원의 첫 퇴사사유를 고려해야 합니다. 사례의 김 과장은 더 좋은 조건을 제시한 회사로 이직한 경우입니다. 이런 경우 재입사하더라도 더 좋은 조건을 제시하는 곳이 생기면 다시 이직할 수 있습니다. 직원들과의 불화가 원인이었다면 비슷한 상황에서 다시 분란이 일어날 수 있습니다. 특히 임금이나 회사 자체에 대한 불만으로 퇴사했었다면 재입사 결정은 매우 신중해야 합니다. 이처럼 재입사 대상자가 가진 현재의 능력이나 필요성 여부가 아니라, 기억을 더듬어 퇴사시점 그 사람의 상황과 태도로 판단하기를 권합니다.

■ 과거 동료들의 의견이 중요합니다 : 과거 재입사 대상자와 함께 일했던 동료들의 의견도 들어 볼 필요가 있습니다. 어차피 재입사하면 다시 함께해야 하는 직원들이니까요. 당시 함께 일하면서 문제는 없었는지, 다시 함께 일하는 데 대해 어떻게 생각하는지 등에 대한 직원들의 의견을 종합적으로 들어보고 최종 판단하는 것이 좋습니다.

이런 기준에 따라 재입사 요청을 받아들이더라도 다른 직원과 똑같이 '공식적인 채용절차'를 거쳐야 한다는 데 유의해야 합니다. 과거에 함께 일해서 그 사람을 잘 안다고 하더라도 공식적인 '서류전형과 면접전형'을 거쳐서 채용해야 합니다. 다시 한번 검증하는 의미가 있을 뿐 아니라, 기존 직원들에게 '특혜'로 인식시킬 필요가 없기 때문이죠. 이래야 재입사하는 직원도 새롭게 출발한다는 의미를 가질 수 있고, 떳떳하게 다시 출근하는 명분도 됩니다.

● 한 번 당하지 두 번 당할까?

집안에 생쥐들이 들끓었습니다. 이것을 안 고양이가 그리로 가서 하나하나 잡아먹었습니다. 계속되는 고양이의 생쥐 사냥에 쥐들은 겁을 먹고 쥐구멍으로 들어가서 도통 나오지 않았습니다. 이제 그곳에서 더 이상 생쥐를 잡을 수 없게 되었던 것이지요.

그래서 고양이는 어떻게 해서든 쥐를 다시 밖으로 꾀어내어야겠다고 생각했습니다. 고양이는 벽으로 기어 올라가 나무못에 매달린 채 죽은 척하였습니다. 그러자 쥐 한 마리가 바깥을 엿보다 고양이를 보고 말했습니다.

"소용없어요. 죽은 시늉을 해도 당신 가까이엔 안 갈 테니까."

- 《이솝우화》

근본이 상하게 되면 거기에 따라서 가지도 죽게 된다.

먼저 근본을 튼튼히 해야 한다.

- 공자

제4강

사장력 높이기 1
_근로계약

노동법은 직원 편이라
불공평하다는 생각

근로계약보다는 회사 규정이,
회사 규정보다는 노동법이 더 셉니다.

근로기준법으로 대표되는 노동법은 '사업주와 근로자가 대등한 위치가 아니다'라는 전제에서 출발하는 법입니다. 사업주와 근로자가 상호 간에 근로계약을 체결하지만, 현실적으로 근무조건의 결정권이 사업주에게 있다 보니 완전히 서로 대등한 위치에 놓이기 어렵다는 현실을 인정하고, 상호 간 균형을 맞추기 위한 법이 노동법이라고 이해하면 됩니다. 그렇기에 사장에게는 노동법이 '나의 권리를 빼앗는 법'이라는 인식을 줄 수 있습니다.

카센터를 운영하는 R 사장은 지난달에 퇴사한 직원이 '수당을 덜 받았다'라면서 고용노동부에 진정을 넣어서 관련 조사를 받았습니다. 결과적으로 직원의 오해였음이 밝혀져 일이 해결되기는 했지만, R 사장은 조사받는 내내 자신이 마치 악덕 사업주가 된 듯해서 몹시 기분이 좋지 않았습니다. 또 문제를 해결하는 과정에서 고용노동부가 너무 근로자 입장만 대변하는 듯해서 '이래도 되나' 싶은 불만이 생기기도 했습니다. 아무리 법이 그렇다지만 R 사장은 나름 성실히 사업하며 직원들을 진심으로 대한 자신이 그런 일을 겪었다고 생각하니 노동법이란 것에 문제가 많다는 생각이 들었습니다.

'요즘은 직원이 상전인데 사장인 내가 뭐가 유리하다는 거냐?'

'노동법이 너무 잘못됐다. 이런 식이면 회사를 접어야 할 판이다.'

'노동법은 지나치게 직원 편이다. 너무 불공평하다.'

저와 상담하는 사장들은 이런 하소연을 많이 합니다. 특히 직원과 충분히 협의해서 근로계약서를 썼는데 사장인 자신을 '범죄자 취급'하는 데 분노를 느끼는 듯합니다. 저에게 '내가 그 많은 법을 어찌 알고 사업하느냐?'라고 따지기도 합니다. 맞습니다. 사장이 그 모든 법을 알 수도 없고, 때때로 바뀌는 법을 따라가기는 현실적으로 어렵습니다. 그렇다고 사업에서 손을 놓고 노동법만 공부할 수도 없는 노릇이죠. 그런 사장들을 위해 노동법의 주요 내용을 정리해 봤습니다. 노동법의 기본적인 해석원리를 이해하면 노동법을 대할 때 다소나마 도움이 될 수 있을 것입니다.

■ 상위법이 우선 적용됩니다 : 직원의 근로조건은 보통 '근로계약'으로 정합니다. 근로계약으로 모든 것을 정할 수는 없으므로 취업규칙

등 별도의 회사 규정을 두기도 하죠. 그 밖에 근로기준법 등 관련 법들도 존재합니다. 문제는 근로계약, 회사 규정, 노동법에서 규정한 내용이 서로 다를 수 있다는 데 있습니다.

이런 경우에는 '센 놈이 이깁니다.' 즉, 근로계약보다는 회사 전체의 근로조건을 정한 회사 규정(취업규칙)이 세고, 회사 규정보다는 우리나라 전체 사업체에 적용되는 노동법이 셉니다. 따라서 이 세 가지에 동일한 사항이 다르게 규정되어 있다면,

근로계약 < 규정 < 노동법

순서로 우선 적용됩니다. 사장들이 억울해하는 것이 바로 이 부분입니다. 예를 들어 근로계약서상으로 직원들이 일요일에 출근하면 10만 원을 주기로 했는데, 고용노동부에서 '사장님 계산이 틀립니다. 5만 원씩 더 줘야 합니다'라고 하면서 자신을 마치 악덕 사업주처럼 취급하면 사장은 당황할 수밖에 없습니다. '나는 직원들과 그렇게 합의했고 수년간 아무 이의제기도 없었다. 심지어 다른 곳보다 훨씬 많이 지급해서 직원들이 고마워하기까지 했다'라고 항변해 봐야 소용이 없습니다. 아무리 당사자끼리 약속했더라도 법을 어길 순 없는 노릇이니까요.

근로기준법에는 휴일수당 계산법이 규정되어 있습니다. 따라서 사례처럼 근로계약서에 휴일수당을 10만 원 지급하기로 약정했더라도, 해당 법 규정에 따라 계산한 수당이 10만 원을 초과한다면 그 초과분을 직원들에게 추가로 지급해야 합니다.

근로기준법 제15조(이 법을 위반한 근로계약)
① 이 법에서 정하는 기준에 미치지 못하는 근로조건을 정한 근로계약은 그 부분에 한하여 무효로 한다.
② 제1항에 따라 무효로 된 부분은 이 법에서 정한 기준에 따른다.

■ 유리한 조건이 우선 적용됩니다 : 상위법 우선 적용이 원칙이지만, 근로계약이나 회사 규정이 관련 노동법보다 '유리한 조건'이라면 그 조건이 우선 적용됩니다. 예를 들면 회사가 회사 규정으로 정한 휴일수당이 10만 원인데 근로기준법에 따라 계산한 법정 휴일수당이 그보다 적은 9만 원일 수도 있습니다. 이런 경우에는 법적 기준보다 '유리한 조건'으로 되어 있는 회사 규정을 우선 적용하여 10만 원을 지급하도록 한 것입니다.

정리하면, 노동법상 규정은 대부분 '최소 기준'을 정한 것입니다. 따라서 회사가 이보다 못한 기준을 정하면 무효가 되며, 그 무효가 된 부분을 법이 정한 기준에 따라 채워야 하는 것입니다. 반대로 회사가 정한 기준이 법이 정한 기준보다 유리한 조건으로 되어 있다면 그것을 따르게 됩니다.

현실적으로 모든 근로조건에 관련하여 법이 정한 최소한의 기준을 알기는 어렵습니다. 여기서는 그중 사장이 반드시 알아야 할 핵심 내용을 네 개의 강좌로 나누어 차근차근 살펴보겠습니다.

● 고용노동부 조사에서 문제가 되는 사장은?

① 회사 규정상 직원이 1년 이상 근속해야 퇴직금을 지급하기로 했는데, 1
   년 미만 근속한 직원들에게도 퇴직금을 지급한 사장

② 직원이 10명인 회사에서 통상시급 2만 원을 받는 직원에게 일요일에 5
   시간 근무한 데 대해 휴일수당 15만 원을 지급한 사장

③ 사업이 너무 힘들어 직원과 협의 없이 임금을 동결한 사장

④ 갑자기 일이 없어져서 직원 10명을 일찍 퇴근시키고, 그 시간만큼 임금
   을 지급하지 않은 사장

①번 사장은 직원들에게 법정 기준보다 유리한 조건을 적용했으므로 당연
히 문제가 없습니다.

②번 사장은 법정 기준에 따라 휴일수당을 정확히 계산(2만 원×5시간×
1.5=15만 원)해서 지급했으므로 문제가 없습니다(205쪽 참조).

③번 사장은 직원들과 협의하지 않았지만 임금 인상과 관련한 법적 규정
이 없으므로 문제가 없습니다. 다만 직원들이 불만을 품고 회사를 떠날 위
험은 감수해야겠죠.

④번 사장은 무노동 무임금 원칙에 따라 일하지 않은 시간만큼 임금을 주
지 않은 게 얼핏 문제가 없어 보일 수 있습니다. 하지만 회사 사정에 따라
직원들이 일방적으로 임금을 감액당했을 수 있기에 문제가 됩니다. 이런
경우 노동법에서는 일이 없는 것을 사업주의 귀책사유로 보기 때문에 직
원들에게 '휴업수당'을 지급해야 합니다.

'사용자의 귀책사유'란 경영장애를 포함하므로 원자재 부족, 주문량 감소
등을 원인으로 근무시간을 단축하는 것을 말합니다. 다만 이 규정은 상시

근로자 수 5인 이상 사업장부터 적용됩니다.

근로기준법 제46조(휴업수당)

① 사용자의 귀책사유로 휴업하는 경우에 사용자는 휴업기간 동안 그 근로자에게 평균임금의 100분의 70 이상의 수당을 지급하여야 한다.

02
정확한 직원 수 파악이
직원관리의 시작

사과에다 배 껍질을 씌운다고 해서
배가 되지는 않습니다.

"사장님, 직원이 몇 명이세요?"

제가 사장들과 상담할 때 가장 먼저 하는 질문입니다. 회사에서
누가 노동법상 직원(근로자)이고, 그 수가 얼마인지 파악하는 것이
직원관리의 시작이기 때문입니다. 어찌 보면 답하기 쉬울 듯한 이
질문에 의외로 명확히 답을 하지 못하는 경우가 많습니다.

식품제조회사를 운영하는 S 사장은 사업을 오래 했는데도 공공기관
이나 지인들이 직원 수를 물을 때마다 혼란스럽습니다. 회사에는 4
대 보험에 가입한 정규직 직원 외에도 아내와 부모님, 자녀까지 함께
일하고 있기 때문이죠. 인력난이 심해 불가피하게 불법 체류 외국인
직원도 몇 명 일하고 있고, 직원 개인 사정으로 4대 보험에 가입하지

못해 월급을 현금으로 주는 직원도 있습니다. 여기에 정식으로 출근하지는 않지만 프리랜서처럼 외부 영업을 하는 인력도 있습니다. 이렇게 인력 구성이 복잡한 실정이라 S 사장도 도대체 노동법상 내 '직원'이 누구까지인지 알 수가 없어 직원 수를 물을 때마다 골치가 아픕니다.

통상적인 경우라면 직원 수 파악에 어려움이 없습니다. 그런데 근무환경이 상대적으로 열악한 업종, 예를 들면 육체노동이 심하거나 작업조건상 근무지가 외진 곳에 있을 수밖에 없는 업체에는 각기 다양한 상황과 처지의 인력들이 섞여 일하는 경우가 많습니다. 이런 경우라면 사례처럼 도대체 누가 내 직원인지 혼동될 수밖에 없겠죠. 근로기준법에서는 근로자를 이렇게 규정합니다.

'근로자란 직원의 종류와 관계없이 임금을 목적으로 사업이나 사업장에서 근로를 제공하는 자'

이 기준에 따라 사례별로 누가 근로자에 해당하는지 따져볼까요?

■ 대표자와 그 가족 : 법인 대표자도 실제 법인에서 근무하며 '보수'를 받기 때문에 종종 근로자로 오해하기도 합니다. 하지만 대표자는 경영성과에 따라 보수를 받는, 법인을 대표하는 사람이기에 절대 직원일 수 없습니다. 대표자의 '가족'은 근로자 정의에 따라 '임금'을 받는지 아닌지로 판단하면 됩니다. 즉, 가족이더라도 '실제 일하면서 임금을 받고 있다면' 근로자로 인정됩니다. 다만 '등기임원'으로

등재된 가족은 특별한 경우를 제외하고는 대표자처럼 경영자 위치로 보기에 통상 직원으로 보지 않습니다.

■ 외형상 근로자가 아닌 인력들 : 회사의 불가피한 사정이나 직원 개개인의 사정으로 4대 보험에 가입하지 않고 일하는 다양한 인력들이 있을 수 있습니다. 하지만 '임금'을 목적으로 일한다면 모두 근로자로 인정됩니다. 따라서 불법 체류상태의 외국인이든, 4대 보험에 가입하지 않고 개인사업자로 등록하든, 급여를 현금으로 받든 그 외형으로 판단하지 않고, 실질적으로 일하고 있고 그 목적이 임금, 즉 '돈'을 벌기 위해서라면 근로자로 인정됩니다.

상식적으로 대표자의 가족이 아니라면 임금을 받지 않고 봉사한다는 생각으로 일하는 사람은 없을 것입니다.

"월급이 소득으로 잡히면 기초생활 수급 자격에서 탈락하니 현금으로 지급해 주세요."

"제가 신용불량 상태라 월급을 신고하면 압류가 되니 배려 부탁합니다."

이러한 개별 직원의 요청을 어떻게 처리하든 대부분 근로자로 인정된다고 보는 것이 좋습니다. 본질이 사과인데 배 껍데기를 씌운다고 해서 배가 되지 않는 것과 마찬가지입니다.

■ 개인사업자로 등록하고 일하는 인력 : 이런 사례가 실무상 가장 문제가 되면서 오해도 많습니다. 업종특성에 따라, 직원 본인이 원하거나 개인 사정으로 절세를 위해 4대 보험에 가입하는 대신 개인사

업자로 계약하고 일하는 경우가 있습니다. 이런 경우 해당 직원 임금은 일반적으로 근로소득세가 아닌 사업소득세 세율인 3.3%를 적용하여 처리합니다.

"남편이 대기업에 다녀서 제 월급에서 추가로 4대 보험료를 내기 아까워요. 그러니 저는 개인사업자로 계약해서 3.3%의 사업소득세만 떼고 임금을 받고 싶습니다."

"저희 업종(헬스클럽, 미용실, 학원 등)은 원래 프리랜서로 고용하고, 인건비는 3.3% 세율을 적용해서 처리합니다."

이런 다양한 사유로 실질적 근로자인 직원을 개인사업자로 처리하는 경우가 많습니다. 하지만 이렇게 외형상 근로자가 아닌 것으로 처리해도 실제로 다른 직원들과 별반 다르지 않은 형식으로 일하고 있다면 근로자로 봐야 합니다. 다만 실제로 프리랜서 형태로 노동력을 제공하고 있다면 개인사업자로 인정되어 근로자에서 제외될 수 있습니다.

회사에서 일하는 사람이 근로자인지 아닌지 여부를 '근로자성'이라고 하는데, 이를 판단하는 일반적인 기준은 아래와 같습니다.

근로자성 판단기준

근로자인지 아닌지 여부에 대한 기본적 판단기준은 고용계약인지 도급계약(프리랜서 계약 등)인지보다 계약의 형식에 관계없이 실질에 있어서 근로자가 사업 또는 사업장에 임금을 목적으로 종속적인 관계에서 사업주에게 근로를 제공했는지 여부로 판단합니다. 세부적인 판단기준은 아래의 조건들을 종합적으로 고려하여 최종 판단합니다.

1. 업무내용을 사용자가 정하는지
2. 취업규칙 등 사업주가 정한 회사 내부 규정의 적용을 받는지
3. 업무 수행과정에서 사용자가 상당한 지휘나 감독을 하는지
4. 사용자가 근무시간과 근무장소를 지정하고, 근로자는 이에 구속을 받는지
5. 노무 제공자가 스스로 비품·원자재나 작업도구 등을 소유하거나 제3자를 고용하여 업무를 대행케 하는 등 독립하여 자신의 계산으로 사업을 영위할 수 있는지
6. 노무 제공을 통한 이윤의 창출과 손실의 초래 등 위험을 스스로 안고 있는지
7. 보수의 성격이 근로 자체의 대상적 성격인지
8. 기본급이나 고정급이 정하여졌는지 등

　이 기준으로 회사에서 외부 영업업무를 하는 프리랜서 직원의 근로자 여부를 따져볼까요? 먼저 해당 직원이 외부에서 일하고 있더라도 사장의 통제를 받고 있고, 무엇보다 정해진 급여를 받는다면 정상 출근하지 않더라도 근로자로 인정될 수 있습니다. 반대로 사장의 통제를 거의 받지 않고 영업성과에 따른 보수만 받는다면 애초에 맺은 프리랜서 계약대로 개인사업자로 인정되므로 근로자가 아닙니다. 이처럼 근로자 여부를 판단할 때는 형식적 계약 내용이 아닌 '실제 근무형태'가 중요하다는 사실을 기억해야 합니다.

　앞서 S 사장 회사의 경우라면 어떨까요? 일단 가족 중 등기임원은 근로자에서 제외되지만, 그 외에 급여가 책정되어 일하는 사람은 모두 근로자에 해당됩니다. 불법체류 외국인 근로자와 4대 보험 미가입자 역시 당연히 근로자입니다. 외부 영업인력은 위에서 설명한

대로 따져볼 것이 있지만, 통상적으로 '고정급' 책정 여부가 가장 중요한 기준이 됩니다.

근로자성 판단은 회사가 당사자와 어떻게 계약하고 관리할지의 기준이 될 뿐 아니라, 직원 수에 따라 노동법이 달리 적용된다는 점에서도 정확히 파악해야 합니다. 제 경험상 중소기업의 경우 당사자 간 협의로 근로계약이 아닌 다른 형태로 계약하더라도 대부분 근로자로 인정됩니다. 본질이 근로자인데 근로자로 관리하지 않으면 그만큼 노동법상 리스크가 커지는 만큼 원칙적인 직원관리가 중요합니다.

● 정본청원(正本淸源)

정본청원(正本淸源)은 '근본을 바르게 하고 근원을 맑게 한다'라는 의미를 담고 있습니다. 직원과의 관계 설정도 이와 같아야 합니다. 프리랜서 계약 등으로 외형을 바꾼다 해도 임금을 목적으로 일하고 있다면 그 사람은 '근로자', 즉 우리 회사 직원입니다. 근로자라면 근로자로서 관리하는 것이 기본입니다. 단순히 직원의 말을 신뢰한다든지, 분쟁이 발생하지 않을 것이라는 막연한 기대에 의존하지 말고 원칙에 따라 관리하는 것이 향후 불필요한 분쟁을 예방하는 최선의 길입니다.

03

노동법에서
중요한 숫자 '5'

사장이 알아야 할
가장 중요한 숫자는 '5'입니다.

근로기준법을 중심으로 하는 노동법은 '상시근로자 수'에 따라
적용범위가 달라지는 특징이 있습니다. 앞 내용에서 직원 수를 명확
히 판단해야 한다고 한 이유도 이와 관계가 깊습니다. 사장이 이를
인지하지 않으면 예상치 못한 낭패를 겪을 수 있습니다.

식자재 유통사업을 하는 T 사장은 최근 거래처가 많아져서 4명이었
던 직원을 6명으로 늘렸습니다. 그런데 그로부터 얼마 후에 그전부터
일했던 직원이 갑자기 연차휴가 신청서를 제출했습니다. 처음 겪는
상황에 T 사장은 적잖이 당황스러웠습니다. 연차휴가 제도는 없었지
만, 그간 직원이 개인 사정으로 휴가를 요청할 때마다 군말 없이 유
급휴가를 줘 왔던 터라 휴가 신청서를 내미는 직원에게 섭섭함까지

느껴졌습니다. 게다가 연차휴가를 요청한 직원의 "직원이 늘었기 때문에 우리 회사도 이제 연차휴가를 정식으로 주셔야 합니다"라는 말이 맞는지도 알 수 없어 답답할 뿐입니다.

　　T 사장은 대화와 배려로 대했던 직원과 서류로 소통해야 하는 삭막한 현실이 서운하기도 할 것입니다. 하지만 직원 말처럼 노동법에 따라 회사는 직원 수, 즉 상시근로자 수가 '5명'이 넘어가는 시점부터는 의무적으로 연차휴가를 줘야 합니다. 그러니 회사의 관리적 측면에서 보면 연차휴가 신청서를 제출한 그 직원의 행위가 오히려 당연하다 할 수 있습니다.

　　사장은 직원(상시근로자) 수가 늘어나면 노동법을 적용받는 범위가 달라질 수 있다는 사실에 유의해야 합니다. 특히 중요한 상시근로자 수의 기준은 '5명'과 '10명'입니다. 그럼 직원 수에 따라 달리 적용되는 주요 규정을 살펴볼까요?

　　먼저 아르바이트직원 1명이라도 고용하는 경우 모든 업종에서 지켜야 하는 규정입니다.

▨ 근로자 수 1인 이상 모든 사업장에 공통 적용되는 주요 규정

상시 근로자 수	구분	주요 내용 [위반 시 벌칙]
1인 이상 모든 사업장	최저임금 준수	직원의 나이, 경력, 업무 내용 등 조건 구분 없이 근무 시간 대비 최저임금 이상을 지급해야 함 [3년 이하 징역 또는 2천만 원 이하 벌금]
	근로계약서 작성	일용직, 외국인, 아르바이트 구분 없이 모든 근로자와 근로계약서를 작성해야 함 [500만 원 이하의 벌금]

1인 이상 모든 사업장	주휴일 (주휴수당)	1주일에 15시간 일하고, 1주일의 정해진 소정근로일을 만근하는 경우 1일의 유급휴일을 부여해야 함. 즉, 주휴수당이 발생하여 임금 지급 시 추가 지급해야 함 [2년 이하 징역 또는 2천만 원 이하 벌금]
	휴식시간 부여	4시간 근무 시 30분 이상, 8시간 근무 시 1시간 이상 휴식시간을 근무시간 도중에 부여해야 함 [2년 이하 징역 또는 2천만 원 이하 벌금]
	해고예고 (해고예고수당)	해고일 기준 30일 전에 예고하거나, 예고를 하지 않는 경우 30일분의 통상임금을 지급해야 함 [2년 이하 징역 또는 2천만 원 이하 벌금]
	퇴직급여 지급	1년 이상 계속 근무 시 퇴직급여를 지급해야 함 [3년 이하 징역 또는 2천만 원 이하 벌금]
	4대 보험 가입	각각의 가입요건 충족 시 고용보험, 산재보험, 국민연금 및 건강보험 의무 가입 [미가입 시 과태료 부과]

다음은 상시근로자 수가 5명, 10명, 30명으로 늘어날 때 각각 추가로 적용되는 규정입니다.

■ 상시근로자 수 변화에 따라 적용되는 주요 규정

상시 근로자 수	구분	주요 내용 [위반 시 벌칙]
5인 이상 적용	연장근로 제한	1주간의 연장근로시간은 12시간을 넘지 못함 [2년 이하 징역 또는 2천만 원 이하 벌금]
	가산수당 지급	연장근무, 야간근무, 휴일근무 시 통상임금의 50%를 각각 가산하여 지급해야 함 [3년 이하 징역 또는 3천만 원 이하 벌금]

5인 이상 적용	연차휴가 부여 (연차수당)	근무연수에 따라 연차휴가를 부여하고, 미사용 시 연차휴가 미사용수당을 지급해야 함 [2년 이하 징역 또는 2천만 원 이하 벌금]
	해고 제한	근로자를 해고하려면 정당한 이유가 필요함 [부당 해고 시 금전 보상 및 원직 복직 의무 발생]
10인 이상 적용	취업규칙 작성	취업규칙을 작성하여 사업장 관할 고용노동청에 신고해야 함 [500만 원 이하 과태료]
30인 이상 적용	노사협의회 설치	노사협의회를 설치하고, 노사협의회 규정을 관할 고용노동청에 신고해야 함 [200만 원 이하 과태료]

이처럼 직원 수가 늘면 적용되는 노동법 규정이 많아집니다. 특히 상시근로자 수 '5명'은 꼭 기억해야 합니다. '5명'이 되는 시점부터는 노동법의 핵심 사항인 '연장근로시간 제한, 가산수당 지급, 연차휴가 부여, 해고제한 의무'를 준수해야 하기 때문이죠. 또 상시근로자 수 '10인'이 되면 회사 사규에 해당하는 '취업규칙'을 반드시 작성해서 고용노동부에 신고해야 한다는 점도 잊지 말아야 하겠습니다.

직원 수에 따라 노동법의 적용범위가 다른 이유는 소규모 사업주에 대한 인력관리 부담을 덜어주기 위한 입법적 배려라고 생각하면 됩니다.

앞의 사례처럼 사장이 직원을 배려하는 차원에서 실행하는 제도가 사실은 법적 기준에 위배될 수 있음을 항상 인지해야 합니다.

법에서 정한 기준을 따르는 것이 직원관리의 기본입니다. 법을 지킨 토대 위에 사장의 배려를 쌓아야 의미가 있고 가치도 빛을 발하게 됩니다.

☑ 이 법에 집중
상시근로자 수의 산정방법(근로기준법 시행령 제7조의2)
상시 사용하는 근로자 수는 법 적용 사유 발생일 전 1개월(산정기간) 동안 사용한 근로자의 총 인원(하루 단위로 일한 직원 수를 1개월 동안 합산한 인원)을 같은 기간 중 근무일수로 나누어 산정합니다. 이때 근로자 수는 일용직 근로자, 아르바이트, 외국인 근로자도 포함됩니다.

〈계산식〉
상시근로자 수=1개월 동안 사용한 총 인원÷1개월 동안 중 가동일수
예) 한 달간 총 사용인원이 200명이고 근무일이 25일인 경우 근로자 수
→ 200명÷25일=8명

※ 단, 계산상으로 상시근로자 수가 5인 미만이더라도 산정기간 동안 5명이 넘는 근로자가 일한 가동일수(근무일)가 50% 이상인 경우에는 상시근로자 수 5인 이상 사업장으로 인정됩니다.
반대로 계산상으로 상시근로자 수가 5인 이상이더라도 산정기간 동안 5명이 안 되는 근로자가 일한 가동일수(근무일)가 50% 이상인 경우에는 상시근로자 수 5인 이상 사업장에 해당되지 않습니다.

마지막으로, 상시근로자 수의 개념을 정리하는 의미에서 퀴즈 하나를 풀어 보겠습니다.

[질문]

아래처럼 다양한 형태의 직원이 일하고 있는 S 상사의 상시근로자 수는 몇 명일까요?

① 대표자 1명

② 등기임원인 대표의 배우자 1명

③ 방학 때만 잠시 나와 임금을 받지 않고 일을 도와주는 자녀 1명

④ 4대 보험에 가입한 정규직 직원 3명

⑤ 4대 보험에 가입하지 않고 임금을 현금으로 받는 직원 1명
   (주 5일 근무)

⑥ 외국인 직원 1명(주 5일 근무)

[해답]

① 대표자와 ② 등기임원인 배우자는 근로자가 아니므로 제외됩니다.

③ 자녀는 일하는 동안 근로자에 포함될 수 있지만 임금을 받지 않으므로 제외됩니다.

④ 4대 보험에 가입한 정규직 직원 3명은 당연히 상시근로자에 포함됩니다.

⑤ 4대 보험에 가입하지 않고 임금을 현금으로 받는 직원 1명과

⑥ 외국인 직원 1명은 일하는 형태와 관계없이 노동법상 상시근로자에 포함됩니다.

따라서 S 상사의 상시근로자 수는 ④, ⑤, ⑥을 합한 '5명'이 됩니

다. 따라서 이 회사는 노동법상 상시근로자 수 5인 이상일 때의
규정을 적용받습니다.

● 오풍십우[五風十雨]

오풍십우[五風十雨]는 '5일에 한 번씩 바람이 불고, 10일에 한 번씩 비가
온다'라고 풀이되는 고사성어로, '기후가 순조롭고 세상이 평안하다'라는
뜻이 있습니다.

이 고사성어 속 숫자처럼, 회사도 숫자 5와 10을 잘 기억해서 직원 수가
그 수에 이를 때마다 노무관리 시스템을 점검·보완하면 순조롭고 평안하
게 운영되리라 믿습니다.

04

근로계약서는
아주 비싼 가치의 문서

근로계약서는 1년 전체 인건비만큼의
가치가 있는 아주 비싼 문서입니다.

직원을 채용하면 근로계약서를 작성해야 한다는 사실을 모르는
사장은 거의 없지만, 여전히 이런저런 이유로 작성을 뒤로 미루는
사례가 많습니다. 하지만 채용이 결정되면 근로계약서부터 작성하
고 근무를 시작하게 하는 것이 '원칙'입니다. 어떤 일이든 원칙을 어
기면 탈이 나게 마련이죠.

의류판매업체를 운영하는 U 사장은 최근 채용한 아르바이트직원과
의 근로계약서 작성을 차일피일 미루고 있습니다. 그간 아르바이트
직원들이 장기간 근무하기로 약속하고도 일주일도 안 되어 그만두는
사례가 빈번했기 때문입니다. 그래서 U 사장은 이번에는 한 달 넘게
지켜보다 오래 근무할 게 확실해지면 근로계약서를 작성하기로 마음

먹었습니다.

그런데 U 사장의 슬픈 예감처럼 이번에도 그 직원이 일주일만에 퇴사해 버렸습니다. 문제는 그뿐만이 아니었습니다. 그 직원이 근로계약서를 쓰지 않았다면서 고용노동부에 진정을 접수하는 바람에 U 사장이 조사받는 일이 생긴 것입니다. U 사장은 그 직원에게 사정을 설명하고 근로계약서 작성을 한 달 미루기로 합의했던 건데, 고용노동부 조사까지 받고 보니 억울한 마음이 치밀었습니다.

근로계약서를 작성하지 않으면 근로기준법에 따라 처벌될 수 있습니다. U 사장처럼 직원과 합의하여 근로계약서 작성을 미루더라도 법을 위반하는 합의가 되기 때문에 인정되지 않습니다.

☑ 이 법에 집중

근로기준법 제17조(근로조건의 명시)

① 사용자는 근로계약을 체결할 때에 근로자에게 다음 각 호의 사항을 명시하여야 한다. 근로계약 체결 후 다음 각 호의 사항을 변경하는 경우에도 또한 같다.

1. 임금 : 임금의 구성항목·계산방법·지급방법

2. 소정 근로시간

3. 휴일 및 연차휴가 관련 사항

4. 근무장소 및 업무 내용 등

→ 위반 시 5백만 원 이하의 벌금

기간제 및 단시간근로자 보호 등에 관한 법률 제17조(근로조건의 명시)

사용자는 기간제근로자 또는 단시간근로자와 근로계약을 체결하는 때에는 다음 각 호의 모든 사항을 서면으로 명시하여야 한다.

1. 근로계약기간에 관한 사항
2. 근로시간 · 휴게에 관한 사항
3. 임금의 구성항목 · 계산방법 및 지불방법에 관한 사항
4. 휴일 · 휴가에 관한 사항
5. 취업의 장소와 종사하여야 할 업무에 관한 사항
6. 근로일 및 근로일별 근로시간(단시간근로자만 해당)
→ 위반 시 5백만 원 이하의 과태료

간혹 회사가 근로계약서를 작성할 때 유의할 사항을 놓쳐서 문제가 되기도 합니다. 중요한 문서인 만큼 아래의 작성절차와 요건을 잘 지켜서 나중에 문제 될 일이 없도록 해야겠습니다.

■ 모든 직원과 작성해야 합니다 : 근로계약서는 근무하고 있는 직원 모두와 빠짐없이 작성해야 합니다. 불법체류 외국인 근로자, 단기 아르바이트, 4대 보험 미가입자, 임금을 현금으로 받는 직원, 친인척 등 그 사람의 상황과 신분, 당사자 간 합의 여부 등과 무관하게 근로계약서는 반드시 작성해야 합니다. 다만 임원이나 프리랜서가 명백한 경우에는 근로계약서가 아닌 계약형태에 맞는 임원계약서 또는 프리랜서계약서를 작성해야 합니다.

■ 근무 시작 전에 작성해야 합니다 : 근로계약서는 근로기준법에 따라 '근로계약을 체결할 때' 작성하도록 하고 있습니다. 따라서 원칙적으로 근무를 시작하기 전에, 최소한 첫 출근일에 작성해야 합니다. 이런 원칙에 따라 사례의 U 사장처럼 아무리 직원의 근무기간

이 짧더라도 입사와 퇴사 사이에 근로계약서를 작성하지 않았다면 처벌될 수 있습니다. 특히 근무기간이 짧은 아르바이트직원이나 일용직 근로자 역시 작성 대상에 해당한다는 점에 주의해야 합니다.

■ 작성된 근로계약서는 직원에게 교부해야 합니다 : 근로계약서를 작성하고 나서 당사자인 직원에게 교부하지 않는 경우가 종종 있는데, 반드시 교부해야 합니다. 또한 아래처럼 근로계약서 교부 사실을 근로계약서에 기재해서 당사자 직원에게 별도 서명을 받거나, 별도의 근로계약서 교부 대장 등에 별도 서명을 받아 보관하는 것도 좋습니다.

상기 본인은 근로계약서를 교부받았음을 확인함.
확인자 :   (서명)

☑ 이 법에 집중
근로기준법 제17조(근로조건의 명시)
② 사용자는 임금의 구성항목·계산방법·지급방법 및 소정 근로시간, 휴일, 연차 유급휴가에 대한 사항이 명시된 서면을 근로자에 교부하여야 한다.
→ 위반 시 500만 원 이하의 벌금

■ 근로계약 내용 변경 시 '재'작성해야 합니다 : 근로계약서의 주요 내용, 특히 임금 및 근무시간, 근무 내용이 변경되면 해당 내용을 반영하여 근로계약서를 재작성해야 합니다. 특히 근로계약서 재작성

없이 임금 변경 사실 등을 구두로 통보받는 데 대해 직원들이 거부 감을 갖는 경우가 많습니다. 이런 현실을 고려하여 사장이 바쁘더라도 직접 직원과 근로계약서를 재작성하는 시간을 낼 필요가 있습니다. 또 이런 시간을 직원들과 그간의 업무를 돌아보고 향후 계획을 공유하는 기회로 활용하는 것도 직원관리 측면에서 도움이 됩니다.

■ 근로계약서 내용은 수시로 점검해야 합니다 : 근로계약서는 일반적으로 회사마다 정형화된 형식을 사용합니다. 하지만 회사의 직원 구성이나 노동법이 수시로 변경되기 때문에 근로계약서 형식을 매년 점검할 필요가 있습니다. 특히 회사에 기존과는 다른 형태로 근무하는 인력이 들어오거나, 부서가 신설되는 등의 변화가 생기면 기존 근로계약서가 아닌 해당 업무형태에 적합하게 근로계약서를 수정·보완해서 근로계약을 체결해야 합니다.

● 다른 회사의 근로계약서를 베껴 써도 될까?
간혹 현재 회사 상황과 전혀 맞지 않는 근로계약서를 사용하는 경우가 있습니다. 대부분 소위 자사 상황과 맞지 않는, '옆집' 근로계약서를 베껴 쓰는 경우죠. 이러면 본의 아니게 필요한 계약조건이 빠지거나 심지어 위법한 조건이 포함될 수 있으므로 주의해서 사용해야 합니다.

회사의 근로계약서를 만들 때는 고용노동부에서 제공하는 표준근로계약서를 활용하면 편리합니다. 이를 기준으로 우리 회사에 적합한 내용을 가

감한 후에 다른 회사 또는 인터넷에서 얻은 계약서 사례와 비교·보완하는 방법이 효율적입니다.

또 시간과 비용이 들더라도 한 번쯤 전문가인 공인노무사에게 근로계약서 작성이나 전반적인 검토를 의뢰해 보기를 추천합니다.

■ 참고 서식_ 표준근로계약서(정규직)

표준근로계약서(기간의 정함이 없는 경우)

___ ○○물산 ___ (이하 '사업주'라 함)과(와) ___ ○○○ ___ (이하 '근로자'라 함)은 다음과 같이 근로계약을 체결한다.

1. 근로개시일 : 20×× 년 3 월 5 일부터
2. 근 무 장 소 : 본사 영업팀
3. 업무의 내용 : 영업 및 마케팅 관리
4. 소정근로시간 : 9 시 00 분부터 18 시 00 분까지 (휴게시간 : 12 시 00 분 ~ 13 시 00 분)
5. 근무일/휴일 : 매주 월~금요 일(또는 매일 단위) 근무, 주휴일 매주 ___ 일 요일
6. 임 금
   - 월 (일, 시간)급 : ___ 2,000,000 ___ 원 (월급제)
   - 상여금 : 있음 (✓) 매 분기마다 500,000 원, 없음 ( )
   - 기타급여(제수당 등) : 있음 (✓), 없음 ( )
     • 식대 ___ 200,000 ___ 원, 가족수당 ___ 100,000 ___ 원
   - 임금지급일 : 매월(매주 또는 매일) 5 일(휴일의 경우는 전일 지급)
   - 지급방법 : 근로자에게 직접 지급( ), 근로자 명의 예금통장에 입금(✓)
7. 연차유급휴가
   - 연차유급휴가는 근로기준법에서 정하는 바에 따라 부여함
8. 사회보험 적용 여부(해당란에 체크)
   ☑ 고용보험   ☑ 산재보험   ☑ 국민연금   ☑ 건강보험
9. 근로계약서 교부
   - 사업주는 근로계약을 체결함과 동시에 본 계약서를 사본하여 근로자의 교부 요구와 관계없이 근로 자에게 교부함(근로기준법 제17조 이행)
10. 근로계약, 취업규칙 등의 성실한 이행의무
    - 사업주와 근로자는 각자가 근로계약, 취업규칙, 단체협약을 지키고 성실하게 이행하여야 함
11. 기 타
    - 이 계약에 정함이 없는 사항은 근로기준법령에 의함

20×× 년 3 월 5 일

(사업주) 사업체명 : ○○물산   (전화 : 02 - 123 - 4567   )
         주 소 : 서울시 중구 ○○대로 ○○○
         대표자 : ○○○   (서명)
(근로자) 주 소 : 서울시 은평구 ○○로 ○○○
         연락처 : 010 - ○○○○ - ○○○○
         성 명 : ○○○   (서명)

출처 : 〈2022년 핵심만 담은 노무관리 가이드북〉, 고용노동부

단시간근로자 표준근로계약서

_____○○물산_____ (이하 '사업주'라 함)과(와) _____○○○_____ (이하 '근로자'라 함)은 다음과 같이 근로계약을 체결한다.

1. 근로개시일 : 20×0 년 3 월 5 일부터 20×1 년 3 월 4 일까지
2. 근 무 장 소 : 본사 영업팀
3. 업무의 내용 : 영업 및 마케팅 관리
4. 근로일 및 근로일별 근로시간

	월요일	화요일	수요일	목요일	금요일	토요일
근로시간	4시간	–	6시간	–	5시간	–
시업	14시 00분	–	10시 00분	–	14시 00분	–
종업	18시 30분	–	17시 00분	–	20시 00분	–
휴게시간	16:00 ~ 16:30	–	13:00 ~ 14:00	–	18:00 ~ 19:00	–

○ 주휴일 : 매주 일 요일

5. 임 금
   - 시간 (일, 월)급 : _____100,000_____ 원 (해당 사항에 ○ 표)
   - 상여금 : 있음 (_____) _____원, 없음 (✓)
   - 기타급여(제수당 등) : 있음 : 식대 1일 7,000 원 (내역별 기재), 없음 ( ),
                                              주휴수당 1주 30,000 원
   - 초과근로에 대한 가산임금률 : 50 %
     ※ 단시간근로자와 사용자 사이에 근로하기로 정한 시간을 초과하여 근로하면 법정 근로시간 내라도 통상임금의 100분의 50% 이상의 가산임금 지급 ('14.9.19 시행)
   - 임금지급일 : 매월 (매주 또는 매일) 5 일(휴일의 경우는 전일 지급)
   - 지급방법 : 근로자에게 직접 지급 ( ), 근로자 명의 예금통장에 입금 (✓)
6. 연차유급휴가 : 통상 근로자의 근로시간에 비례하여 연차유급휴가 부여
   - 연차유급휴가는 근로기준법에서 정하는 바에 따라 부여함
7. 사회보험 적용 여부(해당란에 체크)
   ☑ 고용보험 ☑ 산재보험 ☑ 국민연금 ☑ 건강보험
8. 근로계약서 교부
   - '사업주'는 근로계약을 체결함과 동시에 본 계약서를 사본하여 '근로자'의 교부 요구와 관계없이 근로자에게 교부함(근로기준법 제17조 이행)
9. 근로계약, 취업규칙 등의 성실한 이행의무
   - 사업주와 근로자는 각자가 근로계약, 취업규칙, 단체협약을 지키고 성실하게 이행하여야 함
10. 기 타
    - 이 계약에 정함이 없는 사항은 근로기준법령에 의함

20×0 년 3 월 5 일

(사업주) 사업체명 : ○○물산 (전화 : 02 - 123 - 4567)
         주 소 : 서울시 중구 ○○대로 ○○○
         대표자 : ○○○ (서명)
(근로자) 주 소 : 서울시 은평구 ○○로 ○○○
         연락처 : 010 - ○○○○ - ○○○○
         성 명 : ○○○ (서명)

출처 : 〈2022년 핵심만 담은 노무관리 가이드북〉, 고용노동부

임 원 위 촉 계 약 서

㈜○○○ (이하 '회사'라 함)과 ○○○ (이하 '임원'이라 함)은 다음과 같이 임원 위촉계약을 체결한다.

1. 직위 및 위촉업무 : _____

2. 계약기간 : _____ 년 ___ 월 ___ 일 부터 _____ 년 ___ 월 ___ 일 까지로 하되, 이사회 결정이나 정관
에 따라 연임되거나, 계약기간 중 계약이 해지될 수 있다.

3. 보수

1) 연봉 ₩ _____원, 상기 연봉은 12분할하여 매월 ___일에 지급

2) 퇴직금 : 임원 퇴직금규정에 따라 요건을 갖춘 경우 지급한다.

3) 기타 보수에 관한 사항은 임원 보수규정에 따른다.

4. 계약의 해지

임원이 다음 사유에 해당되는 경우 회사는 본 계약을 해지할 수 있다.

① 경영실적 등이 저조하다고 판단되는 경우

② 법, 정관, 관련 규정을 위반한 경우

③ 회사의 명예나 신용을 훼손한 경우

④ 기타 위촉계약 종료 사유가 발생한 경우

5. 겸업 및 경업 금지

1) 임원은 본 계약기간 중 회사와 경쟁관계에 있는 기업에 취업할 수 없다.

2) 위촉계약 종료 후 1년간 회사와 동종업체이거나 경쟁업체를 설립하거나 취업, 자문 등 회사와 경
쟁하는 일체의 행위를 금지한다.

6. 기타

- 임원은 근로기준법상 근로자가 아니므로 노동법이 적용되지 않는다.

- 본 계약에서 정하지 않은 내용은 정관, 당사의 규정, 이사회의 결정에 따른다.

년   월   일

회 사 명 칭 :

　　주　　소 :

　　대 표 자 :　　　　　　　(인)

임 원 주 소 :

　　생년월일 :

　　성　　명 :　　　　　　　(서명)

프리랜서(업무위탁) 계약서

㈜○○○ (이하 '갑'이라 한다)과 ○○○는(은)(이하 '을'이라 한다) 다음과 같이 프리랜서 계약을 체결하고 상호간에 성실히 이행할 것을 약정한다.

제1조 (계약의 목적)
본 계약은 '을'이 '갑'의 ○○○○ 사업과 관련하여 '갑'에게서 위탁받은 업무를 '을'의 책임하에 관리함에 있어, '을'의 위탁업무 내용과 그 수행방식 및 '갑'의 '을'에 대한 보수지급에 관한 사항을 규정함을 목적으로 한다.

제2조 (을의 지위)
'을'은 근로기준법상의 근로자가 아니며, 자유직업 종사자임을 확인한다.

제3조 (계약기간)
계약기간은 20   년   월   일 부터 20   년   월   일 까지로 하되, 당사자 간의 합의에 의하여 연장 또는 축소할 수 있다.

제4조 (위탁업무)
①

제5조 (보수)
① '갑'은 '을'에게 위탁보수 ₩   을 지급하되, 위탁업무량에 따라 상호합의하에 조정될 수 있다.
② 기타 보수와 관련한 조건 추가 명시 (지급일, 지급방식, 지급조건 등)

제6조 (계약 해지사유)
'갑'은 '을'이 다음 각 호에 해당하는 경우 계약기간 중이라도 계약을 해지할 수 있다.
  1. 정당한 이유 없이 계약기간 중 작업완료가 불가능하다고 판단되는 경우
  2. 신체·정신상의 이유로 위탁업무 수행이 곤란한 경우
  3. (필요한 내용 추가)

제7조 (신고납세의무)
'을'은 자유직업소득종사자로서 위탁보수에 대하여 소득세법에 따라 '갑'은 '을'에게 원천징수하여 신고하고, 보험, 연금, 노동 등의 제반 법적 신고 및 지급의무 일체는 '을'에게 있다.

제8조 (손해배상의무 및 기타)
①

본 계약서에 명시되지 않은 사항은 통상법에 의하며, 상기와 같이 상호 자유의사에 따라 계약을 체결하고 이를 보증하기 위하여 각 1부씩 보관하기로 한다.

20   년   월   일

[갑] 상   호 :
     대   표 :   (인)
[을] 성   명 :   (서명)
     주   소 :

05

수습과 계약직을
구분해야 하는 이유

수습직원은 계약직이 아닙니다.
수습직원이라고 해서 함부로 해고하면
큰코다칩니다.

제가 여러 회사에서 상담하다 보면 '수습직원' 개념을 의외로 잘 못 알고 있는 사장이 많습니다. 수습을 일종의 테스트로 생각해서 수습직원의 근무조건이나 해고 등을 마음대로 결정해도 된다고 오해하는 것이죠. 하지만 실제로 그랬다간 자칫 노동분쟁의 불씨가 될 수도 있습니다.

가전제품 판매대리점을 운영하는 V 사장은 직원을 채용할 때 반드시 3개월의 수습기간을 둡니다. 판매직과 맞지 않는 직원을 채용했다가 몇 차례 골머리를 앓았던 기억이 있기 때문이죠. 실제로 수습기간을 둔 후부터는 인력관리 부담이 한결 줄었습니다. 채용한 직원의 업무 역량이나 근무태도가 만족스럽지 않으면 바로 수습 종료를 통보하면 그만이었기 때문이죠.

그런데 얼마 전 같은 방식으로 수습 종료를 통보받은 수습직원이 '부당해고'라며 고용노동부에 신고하겠다고 반발했습니다. V 사장은 근로계약서에 분명히 수습기간 중 평가를 통해 정규직 여부를 결정한다는 내용이 있는데도 그렇게 주장하는 직원이 도무지 이해되지 않았습니다.

"수습기간이 끝나서 그만두라는 게 해고라고 한다면 회사는 직원을 어떻게 검증하나요?"

제가 노무사 생활 초창기부터 지금까지 사장들에게서 꾸준히 받아 온 질문입니다. 사장들이 수습기간을 잘못 이해해서 생기는 오해죠. 원칙적 의미에서의 수습기간은 회사와 직원 간에 '정식으로 근로계약을 체결'한 후, 업무능력이나 조직 적응을 위해 설정한 근무 적응기간을 말합니다. 근로계약서에는 보통 이런 식으로 기재하죠.

수습 기간은 입사일로부터   년   월   일 까지(3개월, 정상 임금의 90% 지급)로 하며, 근로자의 근무태도, 업무능력 등을 고려하여 계속 근무가 부적격하다고 판단되는 경우 근로계약을 해지할 수 있다.

이렇게 근로계약으로써 수습기간을 정하고 수습평가를 통해 수습 종료를 하더라도 결국 근로기준법상 '해고'가 됩니다. 위의 사례 역시 법적으로는 이미 정규직 계약을 체결한 후 일정 수습기간을 설정한 것으로 해석되기에, 수습 종료 통보는 결국 '해고'가 되는 것입니다. 따라서 이러한 경우에도 정당한 사유가 있어야 부당해고로 인정받지 않습니다. 물론 회사는 나름 정당하다고 생각되는 사유로 수습 종료를 통보하겠지만, 근로기준법상 해고의 정당한 사유나 절차로 인정되는 경우가 많지 않습니다. 그렇다면 어떻게 해야 할까요?

회사가 채용한 직원의 수습기간을 일종의 '테스트기간'으로 생각한다면 '계약직' 또는 '인턴' 계약을 활용해야 합니다. 수습제도가 불완전한 검증제도라면 계약직 근로계약은 '완전한' 검증제도라 할 수 있습니다. 계약직 근로계약이란 아래 예시처럼 계약서상에 '근로계약기간'을 사전에 정함으로써 계약기간 종료로 인한 부당해고 리스크가 발생하지 않는 형식을 말합니다.

근로계약기간은 20 년 월 일 부터 20 년 월 일 까지로 하며, 기간만료 30일 전 근로계약을 갱신하지 아니한 때에는 계약기간 만료일에 근로계약은 자동 종료된다.

만일 계약직 계약이 종료된 후에도 회사가 해당 직원이 계속 근무하기를 원한다면, 당사자 간 협의로 계약기간을 연장하거나 정규직으로 전환하면 됩니다. 이러면 직원 채용 리스크를 줄이면서도 필요한 만큼의 검증기간을 확보할 수 있습니다.

다만 계약직으로 채용공고를 하면 정규직 공고에 비해 '입사지원율'이 떨어질 수 있습니다. 따라서 이러한 단점을 줄일 만한 대책도 필요합니다. 예컨대 계약직 종료 후 정규직으로 전환되면 '축하금'을 주는 방법도 대안이 될 수 있습니다. 또 수습기간 동안 임금을 일부 감액하는 경우와 달리 계약직 직원에게는 정규직과 동일한 임금을 지급하는 방법도 고려할 수 있습니다.

'계약직의 근로계약기간'에 관해서는 법률로 정해진 바가 없습니다. 따라서 해당 기간은 1개월, 3개월, 1년 등 회사 사정에 맞게 정하면 되고, 계약직 계약을 반복하는 형태도 가능합니다. 즉, 3개월 계약 후 정규직 전환, 3개월 계약 후 9개월 계약직 계약 체결 등 다양한 형태가 가능합니다. 앞 사례처럼 수습기간을 대체하는 목적으로 계약직 계약을 한다면 통상 '3개월'의 계약직 채용 후 평가를 통해 정규직으로 전환하면 됩니다.

다만 상시근로자 수 '5인' 이상 사업장이라면 아래 법 조항에 따라 계약직 계약을 무제한으로 반복할 수 없습니다.

☑ 이 법에 집중

기간제 및 단시간근로자 보호 등에 관한 법률 제4조(기간제근로자의 사용)

① 사용자는 2년을 초과하지 아니하는 범위 안에서(기간제 근로계약의 반복갱신 등의 경우에는 그 계속 근로한 총기간이 2년을 초과하지 아니하는 범위 안에서) 기간제근로자를 사용할 수 있다. 다음 각 호의 어느 하나에 해당하는 경우에는 2년을 초과하여 기간제근로자로 사용할 수 있다.

1. 사업의 완료 또는 특정한 업무의 완성에 필요한 기간을 정한 경우
2. 휴직·파견 등으로 결원이 발생하여 당해 근로자가 복귀할 때까지 그 업무를 대신 할 필요가 있는 경우

이 법에 따라 상시근로자 수 5인 이상 사업장에서 채용한 계약직 근로자가 계약직 근로계약 총 기간이 '2년을 넘는 경우' 정규직 근로자로 전환됩니다. 이런 경우 회사는 해당 근로자와 정규직 근로계약을 체결해야 합니다. 또 해당 직원의 계약직 근무기간도 전체 근속기간으로 인정되며, 연차휴가 산정이나 퇴직금 산정을 할 때도 계약직 근무기간을 포함해야 합니다.

다만 계약직 직원이 2년 이상 근무하더라도 정규직 전환이 되지 않는 경우도 있습니다. 위 법 규정에 나와 있듯이, 프로젝트나 건설공사 등이 완료되는 기간이 정해진 경우(2년 이상)이거나, 만 55세 이상의 고령자 또는 전문 분야 박사학위 소지자, 변호사, 회계사 등 자격소지자의 경우 정규직 전환 대상에서 제외됩니다.

● 회사에 어울리는 직원 찾기

성경에 나오는 솔로몬 왕의 일화를 보면, 그가 한 아이를 두고 서로 자기 아이라고 주장하는 두 엄마 중 진짜 엄마를 찾기 위해 칼을 가져오라 하며 이렇게 말했다고 합니다.

"살아있는 아이를 둘로 나누어 각각 두 여인에게 주어라."

아이 목숨을 살리려고 아이를 포기한 여인이 진짜 엄마임을 밝히기 위해 솔로몬 왕이 발휘한 지혜였던 것이죠.

사장도 늘 어떤 사람이 진짜 인재인지 알아내기 위해 고민합니다. 솔로몬 왕의 지혜가 있다면 한눈에 알아보겠지만, 현실적으로 그러기가 쉽지 않습니다. 화려한 스펙이나 누군가의 평판이 아닌, 실제 회사에서 일하는 태도를 지켜보고 판단하는 것이 그나마 가장 정확한 방법이 되겠죠. 그렇다고 덜컥 정직원으로 채용하면 나중에 해고하지도 못하는 곤경에 처할 수 있습니다. 그러니 마음이 급하더라도 인턴이나 계약직 계약을 이용해 최소한의 검증기간을 두고 회사에 어울리는 직원을 검증하는 노력도 해 볼 만합니다.

표준근로계약서(기간의 정함이 있는 경우)

____○○물산____ (이하 '사업주'라 함)과(와) ____○○○____ (이하 '근로자'라 함)은 다음과 같이 근로계약을 체결한다.

1. 근로개시일 : 20×0 년 3 월 5 일부터 20×1 년 3 월 5 일까지
2. 근 무 장 소 : 본사 영업팀
3. 업무의 내용 : 영업 및 마케팅 관리
4. 소정근로시간 : 9 시 00 분부터 18 시 00 분까지 (휴게시간 : 12 시 00 분 ~ 13 시 00 분)
5. 근무일/휴일 : 매주 월~금요 일(또는 매일 단위) 근무, 주휴일 매주 일 요일
6. 임 금
   - 월 (일, 시간)급 : ____2,000,000____ 원 (월급제)
   - 상여금 : 있음 (✓) 매 분기마다 500,000 원, 없음 ( )
   - 기타급여(제수당 등) : 있음 (✓), 없음 ( )
     • 식대 200,000 원, 가족수당 100,000 원
   - 임금지급일 : 매월(매주 또는 매일) 5 일(휴일의 경우는 전일 지급)
   - 지급방법 : 근로자에게 직접 지급( ), 근로자 명의 예금통장에 입금(✓)
7. 연차유급휴가
   - 연차유급휴가는 근로기준법에서 정하는 바에 따라 부여함
8. 사회보험 적용 여부(해당란에 체크)
   ☑ 고용보험 ☑ 산재보험 ☑ 국민연금 ☑ 건강보험
9. 근로계약서 교부
   - 사업주는 근로계약을 체결함과 동시에 본 계약서를 사본하여 근로자의 교부 요구와 관계없이 근로자에게 교부함(근로기준법 제17조 이행)
10. 근로계약, 취업규칙 등의 성실한 이행의무
    - 사업주와 근로자는 각자가 근로계약, 취업규칙, 단체협약을 지키고 성실하게 이행하여야 함
11. 기 타
    - 이 계약에 정함이 없는 사항은 근로기준법령에 의함

20×0 년 3 월 5 일

(사업주) 사업체명 : ○○물산 (전화 : 02 - 123 - 4567)
         주 소 : 서울시 중구 ○○대로 ○○○
         대표자 : ○○○ (서명)
(근로자) 주 소 : 서울시 은평구 ○○로 ○○○
         연락처 : 010 - ○○○○ - ○○○○
         성 명 : ○○○ (서명)

출처 : 〈2022년 핵심만 담은 노무관리 가이드북〉, 고용노동부

퇴사직원이 회사의
경쟁자가 된다면

회사의 기밀은 심하다 싶을 정도로
조심해서 관리해야 합니다.

직원이 회사의 제품기술이나 영업상 비밀을 빼돌리거나, 믿었던 직원이 퇴사 후에 같은 업종으로 창업하는 일만큼 사장에게 당황스러운 일도 없을 것입니다. 이런 우려로 회사 차원에서 여러 방지책을 두기도 하지만, 현실에서는 이런 일이 빈번해서 때로 법적 분쟁이 일어나기도 합니다.

보안프로그램 개발사업을 하는 W 사장은 10년 이상 함께 일한 최 부장을 매우 신뢰했습니다. 그와는 모든 사업비밀을 공유할 정도로 관계가 돈독했습니다. 그런데 어느 날 갑자기 최 부장이 개인 사정으로 퇴사하겠다며 사직서를 냈습니다. W 사장은 극구 만류했지만 그의 퇴사의지가 워낙 강경해 어쩔 수 없이 사직서를 수리했습니다.

W 사장은 그간 애써준 고마운 마음에 최 부장에게 퇴직금 외에 위로금까지 챙겨주며 행운을 빌었습니다.

그런데 얼마 후 W 사장은 최 부장이 자사의 사업모델을 그대로 모방해 창업했다는 사실을 알게 되었습니다. 심지어 자신과 함께 개발하던 제품 아이템을 거의 그대로 모방한 제품을 만들어 판매하기까지 했습니다. 더 큰 문제는 최 부장의 공격적 영업으로 거래처를 빼앗겨 회사 피해가 눈덩이처럼 커지고 있다는 점입니다. W 사장은 심한 배신감과 함께 어떻게 법적 대응을 할지 고심에 빠지게 되었습니다.

현실에서 이런 일이 벌어지면 사장은 경제적 타격은 물론 심한 심리적 상처까지 입게 됩니다. 회사에서야 당연히 이런 일을 막고 싶지만, 퇴사해서 창업한 직원 입장에서는 배운 게 그것뿐이니 어쩔 수 없는 선택으로 이해될 수도 있습니다. 이런 갈등은 대화로 해결하기 어려운 만큼, 회사 차원에서 대비책을 만드는 수밖에 도리가 없습니다.

직원이 회사를 퇴사한 후 경쟁적 성격을 가진 유사·동일업종의 다른 회사에 들어가거나 직접 창업하는 등 종전 회사 재직 중 획득한 지식·기술·기능 등을 이용하여 경쟁적 성격을 갖는 직업활동에 종사하는 것을 '경업(競業)'이라고 합니다. 회사에서는 이를 제한하기 위해 직원과 '경업금지 약정'을 맺기도 합니다. 하지만 법적으로는 이런 약정이 직원 개인의 직업 선택 자유를 과도하게 제한하는 불공정한 조치가 될 수 있어 '제한적'으로 인정하고 있습니다. 이와 관련한 몇 가지 판례를 살펴볼까요?

[상황] A 기업은 디스플레이 관련 제품의 제조·판매업을 영위하는 회사인데, OLED 양산을 위한 전제 기술인 폴리이미드 기판 개발업무를 포함한 모바일형 OLED 개발업무에 종사한 퇴사자가 중국 경쟁업체에 취업함.

[판례] 법원은 경업금지 약정서에 기재된 비밀정보의 중요성과 기술적 가치, 경업금지 기간 2년, 1년 연봉금액 보상 등을 종합적으로 고려하여, 퇴사자에 대한 경업금지 약정 효력을 인정하여 2년간 경쟁업체에 고용되어 근무하거나, 자문 제공 계약 체결하는 등의 방법으로 관련 연구·개발업무에 종사하지 않도록 판결하였음. <수원지방법원 2018카합10106 판결 참고>

[상황] 직원 F는 자동차용 도료, 가전용 도료, 휴대폰용 도료, 화장품용기용 도료 등의 생산판매를 주요 사업으로 하는 G 사의 기술연구소에서 물성시험 연구원으로 근무하면서 자동차용 도료 개발업무를 담당하였고, 재직 중 퇴직 이후 2년간 현재 또는 잠정적인 동종 경쟁사에 취업하지 않으며, 위반 시 연봉 2배의 손해배상을 하기로 하는 경업금지 약정을 체결하였음. 직원 F가 퇴직 이후 자동차용 도료시장에 진출하려는 경쟁업체인 H 사에 취업하자, G 사는 직원 F를 상대로 경쟁업체 H 사에 퇴직 이후 2년간 근무하여서는 아니되는 경업금지 청구를 하였음.

[판례] 법원은 1심에서 직원 F에 대한 2년간의 경업금지 약정이 직업 선택의 자유와 근로권 등을 과도하게 제한하는 것이라며 전부 무효가 되는 것으로 판단하였으나, 2심에서는 직원 F에 대한 1년간의 경업금지는 효력이 일부 있다고 인정하여 직원 F가 퇴직 이후 1년간 경쟁업체 H 사에서 근무하는 것을 금지하도록 판결하였음. <서울고법 2017라20451 판결 참고>

이런 판례들처럼 경업금지 약정은 기본적으로 매우 제한적으로 인정되고 있습니다. 즉, 단순히 경업금지 약정을 체결했다고 해서 그 효력을 인정해 주지는 않으며, 법원에서 제시하는 기준에 충족했는지를 중요한 판단근거로 봅니다. 이와 관련해 대법원에서 제시하는 판단기준은 이렇습니다.

대법원(2010.3.11. 선고 2009다82244)

사용자와 근로자 사이에 경업금지 약정이 존재한다고 하더라도, 그와 같은 약정이 헌법상 보장된 근로자의 직업 선택의 자유와 근로권 등을 과도하게 제한하거나 자유로운 경쟁을 지나치게 제한하는 경우에는 민법 제103조에 정한 선량한 풍속 기타 사회질서에 반하는 법률행위로서 무효라고 보아야 하며, 이와 같은 경업금지 약정의 유효성에 관한 판단은

1. 보호할 가치 있는 사용자의 이익
2. 근로자의 퇴직 전 지위
3. 경업 제한의 기간·지역 및 대상 직종
4. 근로자에 대한 대가의 제공 유무
5. 근로자의 퇴직 경위, 공공의 이익 및 기타 사정

등을 종합적으로 고려하여야 하고, 여기에서 말하는 '보호할 가치 있는 사용자의 이익'
이라 함은 부정경쟁 방지 및 영업비밀 보호에 관한 법률 제2조 제2호에 정한 '영업비
밀'뿐만 아니라 그 정도에 이르지 아니하였더라도 당해 사용자만이 가지고 있는 지식
또는 정보로서 근로자와 이를 제3자에게 누설하지 않기로 약정한 것이거나 고객관계
나 영업상의 신용의 유지도 이에 해당한다.

　　경업금지 약정은 퇴사한 직원에게 불이익이 따르는 계약이므로,
'그에 상응하는 대가'를 제공하는지 여부가 특히 중요한 요소라 볼
수 있습니다. 이런 제약에도 불구하고 회사의 비밀 보호가 중요하
고, 퇴직 후 직원들의 창업 가능성이 큰 경우라면 경업금지 약정 체
결을 생각해 볼 필요가 있습니다.

　　만약 회사의 사업구조상 퇴사직원의 경쟁사 취업이나 창업을
막기가 거의 불가능하다면 오히려 사전에 퇴사 후 상호 협력방안을
협의하는 것도 현명한 조치일 수 있습니다. 예컨대 유통업이라면 퇴
사직원에게 오히려 창업을 권장하여 자사와 지점관계로 설정하는
방식 등을 고려해 보면 어떨까 합니다.

　　우리 헌법에서 직업 선택의 자유를 인정하고 있으므로 퇴사 후
창업은 당연히 누구에게나 인정되는 권리입니다. 이를 100% 막기
는 불가능하죠. 따라서 회사는 업체 사정에 맞춰 할 수 있는 사전 조
치를 하는 것이 최선입니다.

　　만일 퇴사직원이 악의적으로 창업해서 회사에 현실적인 피해를

주고 있다면 어쩔 수 없다는 식으로 순응하기보다는 적극적으로 법적 대응을 할 필요가 있습니다. 사장이 회사에 남아있는 직원들에게 본인이 그 사태를 지켜보고 있음을 인식시키고 단호한 의지를 보여줘야 같은 일이 반복되지 않기 때문입니다.

● 보안 관련 서식을 내려받는 방법

특허청에서 운영하는 영업비밀보호센터(https://www.tradesecret.or.kr/main.do) 내 정보마당 메뉴 중 표준 서식에 들어가면 경업금지 약정서뿐만 아니라 비밀 유지 서약서 등 다양한 문서양식을 내려받을 수 있습니다. 회사의 보안과 관련된 다양한 서식을 활용하여 회사의 소중한 정보를 보호하기 바랍니다.

📕 참고 서식_ 비밀 유지 서약서

비 밀 유 지 서 약 서

_____은/는 _____(이하 '회사'라 한다)의 직원으로서 아래의 내용을 성실히 이행, 준수할 것을 서약합니다.

1. 본인은 회사에 재직 중 직접 또는 간접으로 취득한 다음에 예시된 정보 및 기타 회사의 운영, 관리에 관한 정보로서 회사가 기밀로 유지할 필요가 있는 정보(이하 '기밀정보'라고 함)에 대하여 외부에 공개·누설하지 않으며, 관련 일체의 자료를 허가 없이 복제하거나 외부로 유출 또는 일시 반출하지 않겠습니다.

① 회사가 제공하거나 업무상 취득한 고객 및 거래처에 관한 정보
② 회사 관계자의 신상에 관한 정보 및 재무 · 인사에 관한 정보
③ 협력업체의 종류 및 계약 내용에 관한 정보
④ (기밀로 유지해야 하는 정보를 추가로 기재)
⑤ 상기 이외의 정보로서 회사가 기밀로서 관리하는 정보

2. 본인은 기밀정보를 회사의 업무상 목적 이외의 다른 용도로 사용하지 않을 것이며, 회사에 재직 중 또는 퇴직 후에도 회사의 사전 서면동의 없이는 본인이 사용하거나 제3자에게 직접 또는 간접으로 이를 제공하거나 공개하지 않겠습니다.

3. 본인이 회사를 퇴직할 경우에는 본인이 회사 재직 중에 보관하게 된 회사의 정보 및 보고서, 명세서, 컴퓨터 프로그램, CD 등 매체의 형식에 관계없이 기밀정보와 관련된 일체의 자료를 지체 없이 회사에 반환할 것이며, 이를 반환할 때에는 여하한 방식으로든 복제 및 변조를 하지 않고 손상되지 않은 그대로를 반환하겠습니다.

4. 본인이 상기의 사항에 대하여 고의 또는 과실로 위반하여 회사의 재산에 손해가 발생한 때에는 지체 없이 이를 변상하겠습니다.

5. 본인은 본 서약을 위반할 때에는 민·형사상의 모든 책임은 물론 회사가 정하는 여하한 처벌이나 손해 배상 청구에도 이의 없이 응하겠습니다.

202 년   월   일

본인 서약자   주   소 :
              생년월일 :
              성   명 :   (인)

○○○○ 대표 귀중

경 업 금 지 약 정 서 (퇴사자)

 주식회사 ABC (이하, '회사'라 함)와 ___○○○___ (이하 '퇴사자'라 함)은 퇴사함에 있어서, 회사의 영업비밀 보호 및 경쟁업체에 대한 취업 제한과 관련하여 다음과 같이 계약을 체결합니다.

제1조 (목적)
회사와 퇴사자는 회사의 영업비밀 보호 및 퇴사자의 취업 제한과 관련된 양 당사자의 권리의무를 정하기 위하여 본 약정을 체결한다.

제2조 (영업비밀)
① 퇴사자가 회사에 재직 중 취득한 주요 영업비밀 기타 영업자산(이하 '영업비밀'이라 한다)은 아래 표에 기재한 바와 같다. 다만, 퇴사자가 회사에 재직 중 취득한 영업비밀이 이에 제한되지는 아니 한다.
② 제1항의 영업비밀은 회사의 소유로서 퇴사자는 이에 대해서 일체의 이의를 제기하지 아니하기로 한다.

제3조 (퇴사자의 영업비밀 보호의무)
① 퇴사자는 회사의 영업비밀을 제3자에게 제공하거나 누설해서는 아니 되며, 부정한 목적으로 사용해서는 아니 된다.
② 퇴사자는 회사의 영업비밀 및 그 복사본, 모방품, 기타 회사의 영업비밀의 전부 또는 일부를 포함하는 일체의 자료를 모두 회사에 반납하고, 반납할 수 없는 것은 폐기하여야 한다.

제4조 (퇴사자의 경업금지의무)
① 퇴사자는 회사에서 퇴직한 날로부터 [   ]년의 기간 동안 아래 표에서 기재한 지역 내에서 아래 표에 기재한 업무와 관련하여 회사의 영업비밀, 영업자산을 포함하여 그 밖에 회사의 영업비밀 기타 주요 영업자산이 누설되거나 이용될 가능성이 있는 기업 또는 단체에 취업하거나, 그와 같은 기업 또는 단체를 설립해서는 아니 된다.
[경업금지 지역] _____
[경업금지 업무] _____
② 퇴사자는 취업 또는 설립하고자 하는 기업 또는 단체가 제1항에 따른 경업금지의 대상이 되거나 대상인지 여부가 불분명할 경우, 회사로부터 사전 서면 동의를 받은 이후 해당 기업 또는 단체에 취업하거나 설립하여야 한다.

제5조 (경업금지에 대한 보상)

회사는 퇴사자의 퇴직일로부터 (   )일 이내에 퇴직자에게 제2조 내지 제4조의 대가로 금 _____만원
을 지급한다.

제6조 (위약금)

퇴사자는 제2조 내지 제4조를 위반하는 때에는 회사에게 제5조에서 정한 금원에 금 _____만원
을 더하여 손해배상으로 지급하여야 한다.

제7조 (권리의무의 양도, 계약의 변경)

① 각 당사자는 상대방의 사전 서면동의 없이 본 계약상의 권리의무를 제3자에게 양도하거나 이전할
수 없다.

② 본 계약의 수정이나 변경은 양 당사자의 정당한 대표자가 기명날인 또는 서명한 서면합의로만 이루
어질 수 있다.

제8조 (분쟁의 해결)

① 본 계약에서 분쟁이 발생한 경우 당사자의 상호협의에 의한 해결을 모색하되, 분쟁에 관한 합의가
이루어지지 아니한 경우에는 발명진흥법에 의하여 설치된 산업재산권 분쟁조정위원회에 조정을 신청할
수 있다.

② 제1항의 규정에도 불구하고 분쟁이 해결되지 않은 경우에는 [서울중앙지방법원]을 제1심 관할법원으
로 하여 소송을 통해 분쟁을 해결하기로 한다.

회사와 퇴사자는 본 계약의 성립을 증명하기 위하여 본 계약서 2부를 작성하여 각각 서명(또는 기명날
인)한 후 각자 1부씩 보관한다.

(위 내용을 확인하고 이해하였으며, 이에 서명함)

20 . . .

서약자 : ___ ○ ○ ○ ___ (서명)

주식회사 ABC 귀하

출처 : 특허청 영업비밀보호센터

수박을 공정하게 나누는 문제를 두고 두 형제가 고민하자 판사가
말했습니다.

"너희 중 한 명이 수박을 자르고, 다른 한 명이 먼저 조각을 선택
하도록 하라."

공정함은 단순한 나눔이 아니라, 서로가 만족할 수 있는 방식으로
나누는 것입니다.

- ChatGPT

제5강

사장력 높이기 2
_ 임금/근로시간

01

임금 지급은 0.1%
오차도 없이 정확히

임금을 제때 정확히 주지 못하면
그때부터 직원들에게 사장은 없습니다.

앞서 사장은 '월급을 주는 사람'이라고 했습니다. 그것도 직원이 일한 만큼 정확히 계산된 금액을, 약속된 날짜에 지급해야 합니다. 이것이 이루어지지 않으면 여러 가지 법적 문제가 생길 수 있음을 유의해야 합니다.

자동차부품 제조회사를 운영하는 X 사장은 직원을 대함에 있어 자부심이 있습니다. 늘 직원들을 진정성 있게 대했고, 회사가 어려울 때도 본인 월급은 포기할지언정 직원들 월급은 조금이라도 올려주려 노력했기 때문입니다. 이런 마음을 아는지 직원들도 임금에 대한 불만을 보인 적은 없었습니다.

그러던 중 회사의 일시적인 자금 부족으로 임금을 며칠 늦게 지급하는 일이 있었는데, 그때 일부 직원이 '왜 월급을 제때 안 주느냐'며 심하게 따지고 들었습니다. 이에 X 사장이 서운한 마음에 '회사 사정도 좀 생각해 달라'며 싫은 소리를 좀 하자 그날로 그 직원들이 퇴사해 버렸습니다.

게다가 그들은 회사를 고용노동부에 '임금 체불'로 신고까지 했습니다. X 사장은 월급을 안 준 것도 아닌데 직원들이 고용노동부에 신고까지 했다는 데 너무 당황스러웠습니다. 무엇보다 여태껏 힘들게 직원들을 챙겨온 노력이 물거품이 되는 듯해 억울한 마음이 들었습니다.

직원들이 X 사장의 마음을 어찌 다 알 수 있을까요? 입장이 다른 걸요. 그간 힘든 상황에서도 직원들을 성심껏 챙겨왔기에 X 사장이 서운해하는 것도 충분히 이해됩니다. 오랜 노력이 물거품 되는 느낌이겠죠.

그렇더라도 월급날에 월급이 들어오지 않는 것은 직원들에게 큰 문제입니다. 직원들도 월급날에 맞추어 자금계획을 세우기 때문이죠. 사례처럼 제날짜에 임금이 지급되지 못할 것 같다면 직원들에게 그 사실을 미리 알려 대비하게 해 줘야 하고, 일부라도 제때 지급하는 노력이 필요합니다. 그것이 직원에 대한 예의입니다.

근로기준법에서는 임금 지급일을 어기는 경우도 임금 체불로 봐서 벌칙을 적용합니다. 3년 이하의 징역이나 3천만 원 이하의 벌금이 부과될 수 있죠. 따라서 임금 지급이 늦어지는 상황을 회사 사정상 어쩔 수 없다고 대수롭지 않게 생각하지 말고, 반드시 직원들에게 사정을 설명하고 이해를 구하는 노력이 필요합니다. 그런 후에 필요하다면 직원들에게 '임금 지급 연장동의서'를 받아 두는 것도 좋습니다.

이 외에 중요한 세 가지 임금관리 요소로는 아래처럼 최저임금 준수, 시간외근무수당 지급, 임금 결정 절차가 있습니다.

■최저임금 준수 : 최저임금 준수는 임금관리의 기본 중의 기본이라 할 수 있습니다. 최저임금은 매년 1월 1일부터 12월 31일까지 적용됩니다. 올해 적용되는 최저임금은 직전년도에 미리 결정되므로 해당 최저임금을 확인해서 올해 임금에 적용해야 합니다. 특히 최저임금 준수 여부는 단순히 임금이 많다 적다가 아니라 '실제 근무시간'을 기준으로 판단한다는 데 주의해야 합니다. 즉, 월급이 300만 원이어도 근무시간이 많다면 최저임금 위반이 될 수 있고, 100만 원을 받아도 근무시간이 짧다면 최저임금 이상이 될 수 있습니다.

더불어 최저임금은 임금 총액이 아니라 '최저임금에 포함되는 임금 항목'만으로 준수 여부를 판단한다는 점도 유의해야 합니다. 임금 총액 중 기본급, 직무수당, 직책수당 등 '매월 정기적으로 지급되는 임금(통상임금과 유사)'이 최저임금에 포함되는 항목입니다. 다만 산정기간이 1개월을 초과하는 임금이나, 지급조건이 사전에 정해지지 않고 임시적·불규칙적으로 지급되는 임금은 최저임금에 포함되지 않습니다.

최저임금 이상만 지급한다면, 그해 회사가 직원들에게 지급할 임금 수준은 당사자 간 협의로 자유롭게 정할 수 있습니다. 즉, 협의만 된다면 이전 해 임금수준으로 동결해도 되고, 임금수준을 낮출 수도 있습니다.

■ 시간외근무수당의 정확한 지급 : 시간외근무수당에는 '연장근무수당', '야간근무수당', '휴일근무수당'이 있습니다. 소정 근무시간을 초과한 '연장근무', 야간시간(22:00~06:00)에 근무하는 '야간근무', 주휴일이나 공휴일에 근무하는 '휴일근무'에 대해서는 통상임금(시급)의 50%를 각각 가산하여 지급해야 합니다.

☑ 이 법에 집중

근로기준법 제56조(연장 · 야간 및 휴일근로)

① 사용자는 연장근로(제53조 · 제59조 및 제69조 단서에 따라 연장된 시간의 근로를 말한다)에 대하여는 통상임금의 100분의 50 이상을 가산하여 근로자에게 지급하여야 한다.

② 제1항에도 불구하고 사용자는 휴일근로에 대하여는 다음 각 호의 기준에 따른 금액 이상을 가산하여 근로자에게 지급하여야 한다.

1. 8시간 이내의 휴일근로 : 통상임금의 100분의 50

2. 8시간을 초과한 휴일근로 : 통상임금의 100분의 100

③ 사용자는 야간근로(오후 10시부터 다음 날 오전 6시 사이의 근로를 말한다)에 대하여는 통상임금의 100분의 50 이상을 가산하여 근로자에게 지급하여야 한다.

다만 상시근로자 수 '5인 미만' 사업장은 시간외근무수당을 지급해야 할 의무가 없으므로 통상임금(시급)의 50%를 가산하지 않고 추가로 근무한 시간만큼만 임금을 추가로 지급하면 됩니다.

예를 들어 직원이 20명인 회사의 정상 근무시간이 오전 9시부터 오후

6시까지인데, 시급 2만 원을 받는 직원이 오후 7시부터 11시까지 4시간 추가근무를 했다면 연장근무수당과 야간근무수당은 각각 이렇게 계산됩니다.

· 추가 근무시간에 대한 기본수당 : 20,000원×4시간=80,000원
· 연장근무수당 : 20,000원×4시간×0.5(가산수당)=40,000원
· 야간근무수당* : 20,000원×1시간×0.5(가산수당)=10,000원

* 오후 10~11시 야간근무에 대한 수당

따라서 회사는 해당 직원에게 총 13만 원의 수당을 추가로 지급해야 합니다.

■ 임금 결정 절차 : 저는 사장이 직원들과 '얼굴을 맞대고' 임금을 결정하는 방법을 추천합니다. 이는 앞서 이야기한 사장의 덕목인 '경청하기'와 맥을 같이합니다. 신입사원이 아니라면, 회사에서 직원의 임금을 변경할 때 고려해야 하는 요소들이 많습니다. 매해 바뀌는 최저임금 반영은 기본이고, 회사 사정과 직원의 능력이나 성과 등을 종합적으로 고려해야 하죠. 이렇게 여러 고민이 필요한 결정을 사장 혼자서 또는 윗사람들이 일방적으로 결정하여 통보하면 직원들은 서운하고 불만을 가질 수 있습니다.

물론 임금의 결정권한은 회사에 있습니다. 그렇더라도 임금을 결정하는 과정에서 사장이 직원의 의견을 듣고 설명하는 시간을 갖는다면 그것만으로도 큰 의미가 있습니다. 이런 자리를 활용해 직원의

잘한 점과 못한 점도 피드백하고, 회사에 바라는 사항도 들어보는 소중한 시간을 만들 수 있습니다. 현실적으로 사장이 직원과 이런 시간을 자주 내기는 어려우므로, 서로 얼굴을 맞대고 임금을 논의하는 자리를 가치 있게 활용할 필요가 있습니다.

● 장이 달아야 국이 달다

무엇이든 기초가 좋아야 그 결과도 좋음을 비유하는 속담입니다. 회사의 임금관리도 그렇습니다. 간혹 임금관리의 기본인 연장근무수당을 잘못 계산하거나 연차휴가 미사용수당을 지급하지 않으면서 성과급을 어떻게 설계해야 직원들 동기부여가 될지를 고민하는 경우가 있습니다. 임금관리의 기본이 없는 상태에서 효율성만 따지는 경우죠.

앞서 이야기했듯이 최저임금을 기준으로 산정한 합법적 임금을 정확한 날짜에 지급하는 것, 추가로 근무한 시간의 수당을 정확히 계산해서 지급하는 것은 임금관리의 기본 중 기본입니다. 여기에 임금 결정과정에서 회사가 직원의 의견을 귀담아듣는 태도가 또 하나의 기본이 될 수 있습니다. 이런 기본이 지켜지지 않으면 임금을 많이 준다거나 성과급을 지급한다고 해서 그 효과가 날 리 없습니다. 장이 맛있지 않으면 아무리 좋은 재료를 쏟아 넣어도 국 맛이 좋아지지 않는 것과 같은 이치입니다.

임 금 지 급 연 장 동 의 서

소 속		성 명	
부서 및 직위		생년월일	

상기 본인은 회사 사정을 이해하며 20   년   월분 임금 지급이 늦어지는 것에 동의합니다. 또한, 해당 임금이 정상 지급기일이 아닌 20   .   .   . 에 지급되는 것에 동의합니다.

20   년   월   일

위 동의인 _____ (서명)

(회사명) 대표 귀하

02

임금 설계는
직원관리의 뼈대

임금 설계가 잘못되면
진짜배기 직원은 모두 떠납니다.

　　임금 설계는 사장에게 사업 운영만큼이나 어려운 일입니다. 공평함을 유지하면서도 성과가 뛰어난 직원에 대한 보상도 고려해야 하기 때문이죠. 문제는 사장이 여러 여건을 고려해 임금을 설계하더라도 결국 누군가는 불만을 제기할 수 있다는 것입니다.

　　의료기기 제조업체를 운영하는 Y 사장은 연말이 되면 머리가 아픕니다. 직원들의 내년 연봉을 결정해야 하기 때문이죠. 회사 사정이 좋든 나쁘든 직원들은 연봉이 오르기를 바랍니다. Y 사장은 직원들 마음을 이해하면서도 가끔 서운한 마음이 들기도 합니다. 무엇보다 직원끼리 서로 임금을 비교한다는 사실을 알기에 더욱 신경이 쓰입니다. 지금까지 부작용을 최소화하려고 가능한 한 임금 인상률을 동일하게 적용해 왔습니다. 하지만 Y 사장은 성과가 각기 다른 직원들의 임금을 그렇게 결정해도 되는지 모르겠습니다. 올해는 또 얼마나 직원들 눈치를 봐야 할지 벌써부터 걱정이 됩니다.

직원들에게 연봉은 무엇보다 중요합니다. 생계가 걸린 문제이니 당연히 예민하게 반응할 수밖에 없죠. 그런데도 회사에서 직원들의 임금을 생각보다 단순하게 결정하는 사례가 많습니다. 개인차를 두지 않고 전 직원 5% 인상, 직급별 10만 원 인상 등으로 기준을 통일하는 식입니다. 임금을 세밀하게 설계하기 어렵기도 하고, 개인차를 두었다가 직원들 사이에 뒷말이 나올까 우려되기 때문이겠죠. 하지만 이런 방식은 여러 가지 단점이 있습니다.

■ 평등이라지만 전혀 평등하지 않습니다 : 직원들은 각각 위치와 임금이 다르므로 같은 인상률을 적용하면 결국 상급자 임금이 훨씬 많이 늘어나게 됩니다. 이러면 고임금자와 저임금자의 임금 격차가 계속해서 늘어나서 임금관리가 더 어렵게 됩니다.

■ 총 인건비 관리가 되지 않습니다 : 임금 인상은 4대 보험료 및 퇴직급여 증가와 연결되어 있습니다. 또 통상임금이 증가하면 시간외 근무수당과 연차수당도 늘어납니다. 임금은 전체 인건비 총액을 고려해 결정해야 하는데, 일률적 인상방식을 적용하면 총 인건비를 효율적으로 관리하기 어렵습니다.

■ 열심히 일하는 직원이 이탈합니다 : 열심히 일해 성과를 내는 직원에게는 당연히 합당한 보상이 따라야 합니다. 특히 능력 있고 젊은 직원들은 이러한 성과주의가 당연하다고 인식합니다. 오래 근무했다고 해서 성실하지 않거나 능력이 떨어지는 직원이 자신들과 같은 취급을 받는 현실을 참지 않습니다. 회사에 꼭 필요한 인재일수록 이직 가능성이 높은 이유입니다. 이러면 결국 지금의 회사 임금 시스템에는 순응하지만 회사에는 큰 도움이 안 되는 직원들만 남게 됩니다.

임금 설계는 회사의 자금 운용, 직원의 생계와 동기부여 등이 얽힌 문제인 만큼 어려운 일일 수밖에 없습니다. 그렇더라도 임금은 직원 개개인의 위치 및 성과를 고려하여 합리적으로 결정해야 합니다. 이를 위해서는 기본적인 임금 설계 방향을 잡는 것이 중요합니다.

■ 총액 인건비를 관리해야 합니다 : 개별 직원의 인건비가 모여 총액 인건비가 되는 상향식이 아닌, 총액 인건비를 먼저 결정한 후에 개개인의 인건비를 결정하는 '하향식 임금 설계'가 필요합니다. 즉, 직접 인건비인 임금 이외에 4대 보험료, 퇴직급여, 복리후생비 등을 모두 예상하여 총액 인건비를 산출한 후에 이를 직원에 따라 적절히 분배해야 합니다. 이런 식으로 총액 인건비를 적절히 통제하지 않으면 회사 사정이 어려워졌을 때 직원을 해고해야 하거나, 사업에 꼭 필요한 인력을 충원하기 어려워집니다.

■ 직원 간 임금차이(gap)를 관리해야 합니다 : 임금의 정률 및 정액 인상방식은 임금격차를 심화시킬 수 있습니다. 예를 들어 각각 700만 원과 300만 원의 월급을 받는 직원에게 똑같이 5% 인상률을 적용하면 어떨까요? 이러면 인상액 차이가 각각 35만 원과 15만 원으로 커지고, 매년 이런 차이가 계속 누적되어 향후 필요에 따라 임금을 조정하기가 매우 어려워집니다. 이것이 임금수준에 따라 고임금자보다 저임금자의 인상률을 높게 설계하는 '상박하후(上薄下厚)' 방식의 임금관리를 해야 하는 이유입니다.

■ 임금 구성은 단순할수록 좋습니다 : 임금 구성이 지나치게 복잡하면 관리가 어렵습니다. 기본급 이외에 약정수당(기술수당, 자격수당, 조정수당, 기타수당 등)은 최소화하는 것이 좋습니다. 약정수당이 많아지면 통상임금 등을 산정할 때 분쟁 발생소지가 많아집니다. 또 직원들도 자신에게 어떤 수당이 적용되는지 혼란스러워하거나 불만을 가질 수 있으므로 단순하게 통합할 필요가 있습니다. 따라서 기본급 이외에 직책자에게 부여하는 '직책수당', '비과세수당'(170쪽 참조) 정도로 간단하게 구성하는 방식을 추천합니다.

■ 고정 연장근무가 많으면 '포괄임금제'가 좋습니다 : 식당이나 유통업, 일부 제조업 등에서는 기본 근무시간이 1주 40시간을 초과하는 경우가 많습니다. 이런 경우 그러한 업무특성을 반영하여 임금을 설계할 필요가 있습니다. 즉, 법정 근무시간을 초과한 고정적인 시간외근무에 대한 수당을 미리 임금 총액에 반영하는 임금 설계방식

(포괄임금제)을 사용할 수 있습니다. 예컨대 어떤 근로자가 1주에 5일을 매일 9시간씩 근무한다면 1주 동안 총 근무시간은 45시간이 됩니다. 만일 이 근로자의 총 월급이 484만 원이라면 총 근무시간에 따른 임금 구성을 아래처럼 명확하게 표현할 필요가 있습니다.

구분	금액(원)	계산방법
기본급	4,180,000	통상시급 : 20,000원(기본 근무시간 209시간)
연장근무수당	660,000	20,000원×22시간(연장근로시간)×1.5
합계	4,840,000	

<1주 40시간의 기본 근무시간 및 연장근로시간 산출방법>
· 기본급 산출 : 통상시급×209시간
· 월 기본 근무시간 : 209시간
　　　　　　　　 → [1주 40시간+8시간(주휴수당)]×4.35주/월
· 월평균 주(週) 수 : 4.35주 → 365일/12개월/7일
· 연장근로시간 : 22시간 → 1일 1시간×5일×4.35주

■ 성과급제도 운용 여부를 결정합니다 : 개인별 총 인건비는 고정 연봉으로만 구성할 수도 있고, 성과급을 포함해 구성할 수도 있습니다. 후자의 경우 총액 인건비 중 총 성과급비중을 사전에 정해 둡니다. 예컨대 올해 직접 인건비인 임금이 10억 원이라면, 그중 5%인 5천만 원을 성과급으로 책정해 두는 방식입니다. 이렇게 정한 성과급을 개인의 능력이나 성과에 따라 배분합니다. 또 성과급을 배분

할 때는 임의적으로 나눠주기보다는 성과 측정기준, 즉 영업달성도, 개인별 평가등급에 따라 어떻게 배분할지를 사전에 정해 둘 필요가 있습니다.

성과급제도는 능력과 업무성과가 높은 직원들의 지속적인 동기부여를 위해서도 시행하는 것이 좋습니다. 다만 사업특성, 직원 구성 등을 고려하여 총액 인건비에서 어느 정도 비중을 둘지를 결정하되, 성과급비중과 배분기준은 회사 사정에 따라 수시로 검토하여 조정해 나가야 합니다.

● 다른 회사 임금수준이 궁금하다면

회사의 임금이나 성과급구조를 설계할 때 동일 업종 회사들의 자료를 참조하고 싶을 때가 있습니다. 이런 경우 고용노동부에서 운영하는 '임금직무정보시스템(www.wage.go.kr)'에서 직군별, 직급별, 산업별 등 다양한 특성에 따른 임금구조를 검색해 볼 수 있습니다. 이외에도 잡코리아, 사람인 등 채용 사이트에서 구인 회사들이 제공하는 임금정보를 참고할 수도 있습니다. 그럼 '임금직무정보시스템'에서 임금정보를 조회하는 사례를 살펴볼까요? 검색조건은 아래처럼 설정해 봤습니다.

<검색조건>
·사업체규모 : 5~29명, ·산업(업종) : 1차 금속 제조업,
·경력년수(지급 대상) : 5~10년 미만

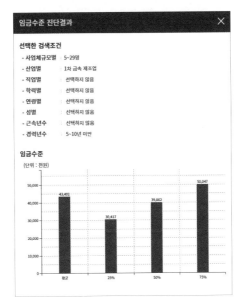

03

임금 설계에 비과세수당을
활용하는 이유

임금에 비과세수당을 포함하면
일거양득의 효과를 볼 수 있습니다.

앞서 임금은 기본급 위주의 단순한 구성이 좋다고 했었죠? 그런
데 몇몇 수당은 임금 설계에 반영할 필요가 있습니다. 바로 비과세
수당과 활용도가 높은 약정수당인데요, 왜 그런지 확인해 볼까요?

직원 30명을 두고 건강식품 제조회사를 운영하는 Z 사장은 동종업계
사장 모임에 갔다가 당황스러운 이야기를 들었습니다. Z 사장이 다른
사장들과 직원 4대 보험료 회사 분담분이 부담된다는 이야기를 나누
고 있을 때였습니다. 평소 꼼꼼하기로 유명한 최 사장이 대화에 끼어
들더니 '비과세수당을 활용하면 4대 보험료를 아낄 수 있다'라고 했
던 것입니다.
다음 날, Z 사장이 출근하자마자 검토해 보니 자사에도 비과세요건

을 갖춘 직원이 몇 명 있었습니다. 해당 직원들에게 비과세수당을 적용했었더라면 4대 보험료를 많이 줄일 수 있었던 것이죠. 담당 직원도 그 내용을 모르고, 담당 세무사도 신경 쓰지 않은 바람에 뒤늦게서야 이 사실을 알게 된 것입니다. Z 사장은 돈도 돈이지만, 그간 사장으로서 회사 일에 세심히 신경 쓰지 못했다는 마음에 속이 상했습니다.

실제로 4대 보험료 회사 분담분을 산정할 때 비과세수당은 제외되기 때문에 그만큼 회사는 총 인건비를 줄이는 효과를 얻을 수 있습니다. 예를 들어 매월 인건비 1억 원을 지출하는 회사의 전체 4대 보험료가 인건비의 약 20% 정도라면(회사와 직원이 각각 절반(10%)씩 분담하고 있다면), 1천만 원을 회사가 부담하게 됩니다. 이런 상황에서 인건비 1억 원 중 비과세수당이 500만 원 포함되어 있다면 회사가 분담하는 4대 보험료가 950만 원이 되어 매달 간접 인건비를 50만 원씩 줄일 수 있습니다.

이러면 해당 직원에게도 이익이 됩니다. 전체 임금에서 비과세수당만큼 근로소득세를 안 내도 되고, 직원이 부담하는 4대 보험료도 줄어서 실수령액이 증가하기 때문이죠.

다만 비과세수당은 그 종류와 요건이 정해져 있다는 데 주의해야 합니다. 욕심이 난다고 해서 함부로 비과세수당을 적용하면 추후 고용보험 및 산재보험을 관리하는 '근로복지공단'이나 건강보험을 관리하는 '국민건강보험공단' 등에서 조사받을 수 있습니다. 또 그 조사 결과에 따라 미납했던 4대 보험료 3년분을 소급하여 추징당할 수 있으니 주의해야 합니다.

그럼 대표적인 비과세수당의 종류 및 요건을 알아보겠습니다.

❶ 식대

회사에서 식사를 제공받지 않는 근로자가 식대로써 지급받는 금액 중 '월 20만 원'까지 비과세됩니다. 다만 사내 식당에서 식사를 제공받거나, 별도의 외부 식당에서 회사 비용으로 식사를 제공받는다면 비과세요건에 해당되지 않습니다. 또 식대를 30만 원을 지급한다고 해도 비과세는 20만 원까지만 인정됩니다.

❷ 자가운전보조금(차량유지비, 차량지원비 등)

직원이 자신의 명의(부부 공동명의 포함)로 등록된 차량을 직접 운전하여 회사업무에 이용하고, 회사에서 실제 여비 대신 차량 소요경비를 받는다면 해당 금액 중 '월 20만 원'까지는 비과세됩니다. 다만 '단순 출·퇴근 용도'의 개인 소유 차량은 인정되지 않습니다.

❸ 출산·보육수당

직원이 사용자에게서 받는 급여 중 만 6세 이하 자녀의 보육과 관련하여 받는 수당은 '월 20만 원'까지 비과세됩니다. 다만 자녀가 많아도 20만 원까지만 인정되며, 맞벌이의 경우 부부가 각각 비과세를 적용(동일 직장에서 근무해도 인정)받을 수 있습니다.

④ 연구보조비 또는 연구활동비

중소기업 또는 벤처기업의 기업부설연구소와 연구개발전담부서에서 연구활동에 직접 종사하는 직원에게 지급하는 연구보조비 또는 연구활동비 명목의 수당은 '월 20만 원'까지 비과세됩니다.

위의 내용을 보면 각 비과세 적용항목별로 한도가 '20만 원'으로 정해져 있음을 알 수 있습니다. 즉, 관련 수당 총액은 30만 원이든 10만 원이든 회사가 임의로 책정하면 되지만, 비과세 적용은 '20만 원까지만' 인정받을 수 있는 것이죠.

이 외에도 세법에 따라 생산직 근로자의 시간외근무수당, 국외 근로소득에 대한 비과세항목 등의 적용사항이 변동되고 있으니 비과세 적용사항을 꼼꼼히 챙겨 보기 바랍니다. 못 챙기면 그만큼 회사나 직원에게나 손해일 테니까요.

임금을 설계할 때는 조건에 따라 지급하는 '약정수당'을 반영할지도 고민할 필요가 있습니다. 임금은 원칙적으로 한 번 정하면 약정기간 동안 반드시 지급해야 합니다. 따라서 회사의 사업환경이 매우 불확실하거나 인력 구성이 불안정하다면 임금의 일부 항목을 상황에 따라 조정할 수 있도록 유연하게 설계하는 방법을 고려할 수 있습니다.

예를 들면 임금 구성에 직책(팀장, 본부장 등)에 따라 지급하는 '직책수당'을 포함하는 방법이 있습니다. 이런 경우 연봉을 정하더라도 중간에 직책을 부여하거나 박탈하는 경우 그 변경사항을 연봉에 적용할 수 있습니다. 즉, 승진이나 인사이동을 통해 새로 팀장으로 발탁된 직원에게는 연봉에 직책수당을 추가하고, 반대로 징계나 사업구조 전환 등으로 직책을 잃은 팀장에게는 직책수당을 더 이상 지급하지 않을 수 있습니다. 또 단기 프로젝트를 수행하는 직원에게 프로젝트수당을 지급하다가 프로젝트 종료 후에는 지급하지 않는 방식도 활용할 수 있습니다.

다만 해당 직원들의 경우 지급받던 수당이 갑자기 없어지면 실질적인 임금 감소로 이어질 수 있으므로 관련 수당금액은 최소한으로 적용해야 합니다. 또 반드시 사전에 직원들에게 아래 예시처럼 명확한 기준을 제시하고 동의를 받아야 합니다.

취업규칙 및 근로계약에 따라 직책수당을 지급하되, 직책이 박탈되는 경우 박탈되는 다음 달부터 직책수당은 지급되지 않는다.
동의자 :　　　　(서명)

● 호랑이 두 마리를 한 번에 잡는 법

호랑이 두 마리가 마을에 나타나 가축들을 잡아가자 동네 사람들이 힘이 장사인 변장자를 불렀다. 이튿날 호랑이 두 마리가 나타나 소를 몰고 달아났다. 그가 활과 칼을 들고 호랑이를 쫓았다. 호랑이 잡는 장면을 보려고 여관의 사동도 뒤를 따랐다. 변장자가 살금살금 호랑이 곁으로 다가가 활을 겨눴다. 순간, 사동이 그의 옷자락을 잡아챘다. "무슨 짓이냐?" 그가 험

악한 표정을 짓자 사동이 목소리를 죽였다.

"지금 호랑이 두 마리가 서로 소를 차지하려고 싸우는데, 한 놈은 결국 죽지 않겠습니까. 이긴 놈도 크게 다칠 테고요. 그때를 기다렸다 한 번에 두 마리를 잡아야지요."

변장자는 무릎을 쳤고, 잠시 후 호랑이 두 마리를 어깨에 걸치고 마을로 내려왔다.

- 《고사성어 읽기(신동열)》

'한 가지 일로 두 가지 이익을 얻는' 일거양득(一擧兩得)의 이야기입니다. 비과세수당이 그렇습니다. 이를 활용하면 회사와 직원에게 '누이 좋고 매부 좋은 일'이 될 수 있습니다. 다만 그만큼 세금이 덜 걷힐 테니 공공기관은 배가 좀 아플 수 있겠네요.

04

같은 돈이라도
돈값을 하게 주려면

법을 온전히 지킨 후에
사장의 배려가 더해져야 돈값을 하게 됩니다.

사장이 아무리 직원들을 배려하고 잘 챙기더라도 직원들은 불만을 가질 수 있습니다. 내 마음이 네 마음 같을 수 없으니 어쩔 수 없는 현실이겠죠. 다만 때로는 사장의 원칙 없는 배려가 직원들의 이유 있는 불만으로 돌아올 수 있습니다.

뛰어난 영업력으로 자수성가한 A 사장은 그 누구보다 직원들의 마음을 이해하고 잘 챙겨준다고 자부합니다. 그 역시 10년간 육류 유통회사의 짠돌이 사장 밑에서 고된 직장생활을 경험했기에 늘 직원들의 고충을 이해하고 진심으로 대했기 때문이죠. 실제로 A 사장은 매해 명절 떡값은 물론 직원 경조사도 잊지 않고 챙겼고, 직원 회식도 웬만하면 근사한 식당에서 하려고 했습니다.

이렇게 회사형편에 비해 나름 직원들을 챙긴다고 챙겼는데도 직원들은 뭔가 불만이 많아 보였습니다. 특히 요즘 들어 수당에 대한 불만이 많습니다. A 사장은 퇴근이 좀 늦어지거나 휴일에 잠깐 나와 일했다고 해서 추가수당을 달라는 직원들에게 서운함이 느껴집니다. 연차휴가 며칠 못 쉬었다고 연차수당을 달라는 말에는 법을 떠나 직원들이 매정해 보이기까지 합니다.

A 사장의 서운한 마음은 충분히 이해합니다. 다만 잘하고 있다고는 못하겠네요. A 사장이 노동법상 '반드시 해야 하는 것'과 '해도 되고 안 해도 되는 것'을 거꾸로 실천하고 있기 때문이죠. 직원이 근무시간을 넘겨 근무하면 반드시 시간외근무수당을 줘야 하고, 연차휴가를 다 못 썼다면 반드시 연차휴가 미사용수당을 지급해야 하는 것이 법적 의무사항입니다. 반면에 명절 떡값이나 멋진 회식 자리 제공은 법적 의무사항이 아니죠. 설사 법정 수당보다 많은 금전적 배려를 하더라도 법을 위배했다는 사실은 바뀌지 않습니다.

사장의 배려가 빛을 발하고, 돈이 돈값을 하려면 우선 법이 정한 것부터 철저히 지켜야 합니다. 사례의 A 사장도 평소 직원들에게 법정 수당 이상으로 금전적 배려를 해 왔다고 생각하겠지만, 노동법상으로 보면 연장근무수당과 연차수당을 지급하지 않은 '못된 사업주'가 될 뿐입니다. 안타까운 일이죠.

좋은 마음으로 돈 쓰면서 욕을 먹고, 심지어 처벌받을 필요는 없습니다. 그러려면 돈이 돈값을 할 수 있도록 임금(돈)마다 정확한 이름표를 붙여야 합니다. 회사에서 직원들에게 정해진 연봉이나 월급

이외에 격려나 성과 달성 등 여러 이유로 금품(현금 등)을 제공할 수 있습니다. 그때마다 똑같은 돈이라도 그 목적에 따라 명확히 이름표를 붙여 관리해야 합니다.

1 격려금

격려금이나 경조금은 회사에서 직원에게 호의를 갖고 부정기적으로 지급하는 금품으로, 노동법상 임금이 아니며 지급 의무가 없습니다. 따라서 퇴직금이나 법정 수당을 산정할 때 반영할 필요가 없으며, 임금대장 등에 포함하지 말고 별도로 처리해야 합니다.

2 상여금

매달, 분기별, 반기별, 명절 등 특정 시기를 정해서 계속적·정기적으로 지급되고, 그 지급액이 확정된 정기상여금은 임금에 해당합니다. 따라서 퇴직금과 법정 수당을 산정할 때 반영해야 하며, 상여금 명칭을 정확히 하여 임금대장에 기록하는 방식 등으로 관리해야 합니다.

3 성과급

성과금은 회사사업이 잘 되거나, 개인성과가 뛰어난 경우에 지급하는 금전입니다. 회사에서는 인센티브, 경영성과급, 보너스 등 다양한 명칭으로 불리고 있죠. 실무상 성과급이 문제가 되는 점은 '지급성격'에 따라 임금 인정 여부가 달라진다는 데 있습니다.

일반적으로는 지급기준이 정해진 성과급은 임금에 해당된다고 보면 됩니다. 즉, 업무목표 달성에 따른 개인 및 팀 성과급 등은 업무목표 달성이라는 정해진 기준에 따라 지급되므로 '임금'에 해당됩니다. 따라서 해당 성과급은 4대 보험료 부과 대상이 될 뿐 아니라, 퇴직금 산정에도 반영됩니다. 이에 비해 명확한 기준 없이 '경영자 선택'에 따라 지급되는, 소위 '부정기적인 경영성과급'은 임금에 해당되지 않습니다. 아래는 성과급과 관련하여 참고할 만한 판례입니다.

서울남부지법 2020나72056 판결 참고

평균임금 산정의 기초가 되는 임금은 사용자가 근로의 대가로 근로자에게 지급하는 금품으로서, 근로자에게 계속적·정기적으로 지급되고 단체협약, 취업규칙, 급여규정, 근로계약, 노동관행 등에 의하여 사용자에게 그 지급 의무가 지워져 있는 것을 말한다.

한편 어떤 금품이 근로의 대상으로 지급된 것이냐를 판단함에 있어서는 그 금품 지급 의무의 발생이 근로 제공과 직접적으로 관련되거나 그것과 밀접하게 관련된 것으로 볼 수 있어야 하고, 그 지급 의무의 발생근거는 단체협약이나 취업규칙, 급여규정, 근로계약에 의한 것이든 그 금품의 지급이 사용자의 방침이나 관행에 따라 계속적으로 이루어져 노사 간에 그 지급이 당연한 것으로 여겨질 정도의 관례가 형성된 경우처럼 노동관행에 의한 것이든 무방하다.

상여금이라 하더라도 계속적·정기적으로 지급되고 지급 대상, 지급조건 등이 확정되어 있다면 이는 근로의 대가로 지급되는 임금의 성질을 가지나, 그 지급사유의 발생이 불확정적이고 지급조건이 경영성과나 노사관계의 안정 등과 같이 근로자 개인의 업무 실적 및 근로의 제공과는 직접적인 관련이 없는 요소에 의하여 결정되도록 되어 있어 그 지급 여부 및 대상자 등이 유동적인 경우에는 이를 임금이라고 볼 수 없고, 또한 그 상여금이 퇴직금 산정의 기초가 되는 평균임금에 산입될 수 있는지의 여부는 특별한 사정이 없는 한 퇴직 당시를 기준으로 판단하여야 한다.

위 판례를 요약하면, 성과급 지급기준이 구체적으로 정해지지 않았고, 관행으로 항상 지급되는 것이 아닌 일시적으로 지급하는 금품이라면 임금으로 인정되지 않아 퇴직금 산정에도 포함되지 않는다는 것입니다. 따라서 회사에서 정해진 급여 외에 금품을 지급할 때는 그것이 상여금인지 성과급인지 명확히 규정해야 하며, 그 지급 대상과 지급 여부, 금액 등의 지급기준을 결정해야 합니다.

종종 직원들의 법정 수당 지급 요구에 대해 사장이 '내가 준 게 많으니 그걸로 되지 않았냐?'라며 소위 '퉁' 치고 넘어가려는 경우가 있습니다. 하지만 그건 주는 사람 생각일 뿐입니다. 법적으로 정당하게 수당을 받아야 하는 사람 입장에서는 '그건 그거고'일 수밖에 없죠. 앞 사례에서 '수시로 격려금도 주고 고기도 사주었으니 금액으로 따지면 수당보다 훨씬 많다'고 서운해한 A 사장도 결과적으로 고용노동부에 출석해 조사받을 가능성이 큽니다. 같은 금품을 주더라도 관리만 제대로 했다면 그럴 일이 없었을 텐데 말이죠.
특히 연말 성과급은 많이 주면서 연차수당을 제대로 지급하지 않는 경우가 가장 안타깝습니다. 회사가 성과급을 지급하는 이유는 직원들이 연차휴가를 다 쓰지 못할 정도로 열심히 일한 데 대한 감사의 의미도 있을 것입니다. 그렇다면 성과금 일부를 연차수당으로 돌려서 지급하면 그 의미도 전달하면서 합법적 사업주도 될 수 있었을 것입니다.

혹여 지급해야 할 연차수당이 성과급 금액보다 많다면 연차수당을 정확히 지급하고 성과급은 지급하지 않아야 합니다. 법적 지급의무가 없는 성과급을 이유로 법적으로 지급해야 할 연차수당을 지급하지 않아서 범법자가 될 필요는 없지 않을까요? 법정 수당은 사장 혼자 더 의미 있다고 생각하여 지급한 금품과 '퉁' 치고 나서 '문제없다'라고 우길 대상이 아닙니다.

● 세상에서 가장 깊은 것

조선 영조가 왕비를 간택할 때의 일화입니다. 영조가 왕비 후보들에게 "세상에서 가장 깊은 것은 무엇이냐?"라고 묻자 후보들은 "산이 깊다", "물이 깊다", "구름이 깊다" 등 다양한 답변을 했습니다. 그런데 한 후보가 "인심(人心)"이라고 하면서 "사람 마음은 측량하기 어려울 정도로 깊다"라고 답했다고 합니다. 바로 이 여인이 왕비로 간택된 '정순황후'였습니다.

사장의 인식도 이래야 합니다. 법을 등한시하고, 헤아리기 어려운 마음에 기대어 직원들을 대하는 태도는 위험합니다. '사장님 최고!' 이런 말에 현혹되어 직원들을 '좋은 게 좋은 거다' 식으로 관리해서는 안 되며, '정확히 법에 맞는 관리'를 우선시해야 합니다.

05

때로는 임금이
전부가 아닐 수 있다

직원들이 서로 임금을 비교하는 순간
많은 임금도 의미가 없어집니다.

회사에서 연봉이나 월급을 많이 받는 게 불만인 직원은 없겠죠. 그런데 인생이 그렇듯 직장생활도 돈이 전부가 아닌 경우가 많습니다. 사장이 이런 사람의 심리를 이해하지 못하고 구성원 불만의 이유를 돈에서만 찾으면 갈등의 골만 깊어질 수 있습니다.

B 사장은 작은 의류 유통회사를 운영하고 있습니다. 그는 젊은 시절 돈이 없어 고생한 경험이 많아서 직원들에게는 큰 유통회사 못지않게 임금을 챙겨주고 있습니다. 간혹 주변 사장들이 회사도 힘든데 뭘 그렇게까지 많이 주냐며 핀잔도 하지만 B 사장은 직원들을 대하는 자신의 태도에 자부심을 느끼고 있습니다.

그런데 B 사장은 요즘 들어 직원들이 어쩐 일인지 자신의 배려를 그다지 고마워하지 않는 듯해서 고민이 많습니다. 이럴 바에야 회사도 힘든데 뭐 하러 임금을 많이 챙겨주나 싶은 생각까지 듭니다. 월급이 많아서 불만일 리는 없을 텐데 B 사장은 도통 직원들 마음을 알 수가 없습니다.

위 사례처럼 회사 사정에 비해 임금수준이 높은 데도 직원 불만이 많다면 그 이유를 다른 데서 찾아볼 필요가 있습니다. 회사와 직원 간에 임금수준에 관한 생각이 다를 수 있고, 때로는 임금이 아니라 '조직문화'의 문제일 수도 있기 때문이죠. 그럼 주로 어떤 이유가 직원들의 불만을 사게 되는 걸까요?

■ 직원끼리 임금을 비교할 수 있습니다 : '사촌이 땅을 사면 배가 아프다'라는 속담이 있을 만큼 우리는 남들과의 비교에 민감합니다. '비교병'이라 불릴 정도죠. 회사라고 다를까요? 임금은 결국 직원에 대한 평가를 돈으로 환산한 것인데, 직원들이 그 평가 결과가 본인 생각과 다르다는 사실을 알게 되면 어떨까요? 자신들과 다른 사장의 판단을 신뢰하거나 받아들이려 하지 않고, 그 판단이 틀린 이유를 계속 찾을 것입니다.

서로의 판단기준이 다를 수밖에 없으니 그런 태도를 비난하기는 어렵겠죠. 그렇기에 직원들은 서로의 임금을 몰라야 합니다. 그것이 유일한 해결책입니다. '왜 김 대리보다 내 임금이 적냐?'라고 불만을 드러내는 직원을 탓할 일이 아닙니다. 이런 경우 우선 회사의 조직문화나 인사 시스템을 점검해서 직원들이 어떤 경위로 그런 사실을 알게 되었는지 파악하고, 그 결과를 토대로 시스템을 개선해야 합니다.

또 '연봉 비밀 유지 서약서' 등으로 직원들의 동의를 받아 임금 관련 정보를 '절대' 공유하지 못하도록 관리해야 합니다. 이를 어기는 직원이 있다면 '해고'까지 불사하겠다는 태도가 필요합니다. 그래야 서로 연봉을 공유·비교하며 속상해하고 불만을 품는 부작용을 없앨 수 있습니다.

■ 임금 이상의 성과로 압박받을 수 있습니다 : 사장들과 상담하다 보면 '사장은 직원에게 너무 큰 기대를 한다'라는 사실을 느끼게 됩니다. 어쩌면 사례의 B 사장도 은연중 직원들에게 '내가 월급을 많이 주니까 직원들도 일을 더 열심히 하겠지'라는 인식을 내비쳤을지 모릅니다. 사장이 수시로 이런 인식을 드러내면 직원들의 부담이 점차 커지고, 많은 임금 지급에 따른 긍정적 효과를 얻기 어렵게 됩니다. 사장은 월급 400만 원을 받는 직원이 500만 원만큼 일하기를 바라겠지만, 직원은 350만 원만큼 일해야 고마워하고 만족해할 것입니다. 이것은 일의 가치에 대한 금전적 판단이 아니라 직원들을 얼마나 편안한 마음으로 일하게 하느냐의 척도로 봐야 합니다.

《명심보감》 존심(存心) 편에 '은혜를 베풀고 나서 보답을 바라지 말고, 다른 사람에게 주고 나서 다시 후회하지 말라'는 말이 있습니다. 이 조언처럼 사장이 '임금을 많이 주었으니 보답해'라는 생각을 버리고 기대를 낮추는 것이 오히려 직원관리에 도움이 됩니다.

■ 임금이 전부가 아닐 수 있습니다 : 때로는 '우리 회사는 임금을 많이 준다'라는 것이 객관적인 사실일 수 있습니다. 하지만 이미 그런 임금을 당연하게 받아들이는 직원들이 그 사실을 새삼 고마워할 것이라 보기는 어렵습니다. 전 세계 최고 연봉을 받는 직원이라도 월급을 받을 때마다 행복해하지는 않을 테니까요. 임금의 많고 적음으로 직원만족도를 예단해서는 안 됩니다. 반면에 매우 당연하게도, 다른 회사보다 적은 임금을 받는 직원들은 회사에 대한 만족도가 낮고 이직이 잦은 것이 사실입니다.

임금이 직원만족도 향상에 미치는 영향이 제한적이라면 추가로 어떤 대안이 필요할까요? 최근에는 '비금전적 보상'이 강조되고 있습니다. 예를 들면 업무 습득기회 제공, 지속적인 관심과 격려, 복리후생 강화 등이 임금 못지않게 중요한 비금전적 보상에 해당합니다.

만족과 불만족을 수치로 보여주는 현실적 기준으로 '이직사유'를 들 수 있습니다. 이 이직사유들을 들여다보면 실제로도 임금 외에 다양한 비금전적 요소들이 직원만족도에 영향을 미치고 있음을 알 수 있습니다. 따라서 사장은 적정한 임금수준을 유지하면서, 임금 외에 직원들이 무엇을 바라는지에 꾸준히 관심을 가져야 할 것입니다.

참고로 다음 표는 한 방송국에서 20~30대 청년층을 대상으로 퇴사 및 회사 선택에 관한 인식을 조사한 결과입니다.

▣ 퇴사의 주요 이유

문항	항목	비율(%)
청년들이 퇴사를 하는 주요 이유	일하는 것에 비해 충분한 보상이 주어지지 않아서	25.5
	다른 세대보다 일과 삶의 균형을 중요시해서	21.0
	근무환경이 만족스럽지 못해서	18.5
	조직 내 불합리함에 대해 받아들이지 못해서	11.0
	시대 변화에 따른 조직의 대응이 미흡해서	6.0
	개인의 커리어 향상을 위해서는 이직이 필수적이라고 생각되기 때문에	5.0
	성과를 내거나 성장할 수 있는 기회가 부족해서	4.0
	다양한 경험을 하기 위해서	4.0
	회사 내 인간관계에 어려움을 느껴서	3.0
	전문성을 쌓을 수 있는 업무가 주어지지 않아서	2.0

출처 : KBS 관련 조사 보고서, 2022.06

▣ 일자리 선택 시 중요 기준

문항	항목	비율(%)
일자리 선택 시 중요 기준	근로소득	59.2
	개인의 발전 가능성	18.4
	자신의 적성 및 흥미	18.4
	근무환경	18.4
	출퇴근 거리	16.3
	복리후생	14.3
	근로시간	12.2

	직장(고용) 안정성	12.2
	업무 내용의 난이도	8.2
일자리 선택 시	직업 자체의 미래 전망	8.2
중요 기준	업무량	6.1
	회사규모	6.1
	인간관계	2.0

출처 : KBS 관련 조사 보고서, 2022.06

위의 조사 결과를 보면 우수 인재 영입과 유지를 위해서는 임금 수준 이상으로, 직원들의 의견 수렴 등 회사가 임금 외에 제공·개선할 수 있는 다양한 요소를 찾아 반영하는 것이 중요하다는 사실을 알 수 있습니다.

● 때로는 돈보다 관심이 중요하다

학생들을 대상으로 실험을 했습니다. 단순한 작업을 하면서 1그룹에는 정해진 돈을 주기로 했고, 두 번째 그룹에는 작업을 시작하기 전 정해진 돈 이외에 추가로 보너스를 주겠다고 했습니다. 세 번째 그룹에는 정해진 돈 이외에 보온병을 주기로 했습니다. 어떤 그룹이 가장 좋은 성과를 냈을까요?

두 번째 그룹은 첫 번째 그룹에 비해 처음에는 열심히 했지만 이내 생산성이 떨어져 최종 결과는 첫 번째 그룹과 큰 차이를 보이지 않았습니다. 보온병을 선물로 받기로 한 세 번째 그룹만이 30% 높은 생산성을 끝까지 지속하는 결과를 보였습니다. 이 실험을 통해서 알 수 있는 것은 두 가지입니다.

- 《착각하는 CEO(유정식)》

위의 책에서 제시한 두 가지 결론과 별개로, 제가 회사의 인재 영입 및 유지와 관련해 생각하는 두 가지 결론은 이렇습니다.

첫째, 금전적 효과가 제한적이라는 사실입니다. 실제 회사에서도 상여금이나 성과급 지급효과가 지속되지 않을 수 있다는 사실을 확인할 수 있습니다.

둘째, '비금전적 보상의 효과가 생각보다 크다'라는 사실입니다. 위의 실험을 기준으로 보면, 사실 보온병이라는 선물보다는 보너스라는 현금의 가치가 더 클 것입니다. 하지만 위의 실험 결과처럼 선물을 하는 사람의 의도를 긍정적으로 인식시킬 수 있다면 선물 지급이 현금 이상의 효과를 낼 수도 있습니다. 즉, 비금전적 보상을 통해 전달되는 존중과 배려를 받고 있다는 인식이 주는 효과를 무시할 수 없다는 점입니다. 다만 이러한 비금전적 보상도 뻔히 예상되는 순간에 제공하면 명절선물이나 정기상여금처럼 '당연'하게 인식되어 효과가 떨어진다는 점에 주의해야 합니다.

회사가 직원의 성과에 지속적으로 관심을 보이고, 작지만 '예상 밖'의 금전적, 비금전적 보상을 제공한다면 단순히 임금을 많이 주고 '땡'치는 것보다 동기부여 측면에서 도움이 될 것입니다. 회사가 관심을 가지는 만큼 직원은 동기부여가 됩니다.

■ 참고 서식_ 연봉 비밀 유지 서약서

연 봉 비 밀 유 지 서 약 서

___○○○___ (이하 '본인'이라 한다)은 ___(주)○○○___ (이하 '회사'라 한다)의 직원으로서 연봉 결정과 관련하여 아래의 내용을 성실히 이행, 준수할 것을 서약합니다.

1. 본인은 회사의 연봉 결정에 동의하며, 단순히 전년도 연봉과의 차이나 타 직원과의 상대적 차이에 근거하여 이의를 제기하지 않겠습니다.

2. 본인의 연봉금액에 대하여 다른 직원에게 절대 누설하지 않겠습니다.

3. 본인은 다른 직원의 연봉을 알려고 하지 않으며, 다른 직원의 연봉을 알아내려고 하는 어떠한 행동도 하지 않겠습니다.

4. 본인은 본 서약을 위반할 경우 회사가 정하는 어떠한 인사상 불이익 조치에도 이의 없이 응하겠습니다.

5. 본인은 본인이 회사의 임금정보(본인 및 다른 직원의 연봉, 부서 전체 임금정보 등 회사의 임금과 관련된 정보 일체)를 내·외부로 누설하여 회사에 손해가 발생한 때에는 모든 민·형사상 책임을 지겠습니다.

6. 연봉과 관련한 정보는 재직 시는 물론 퇴직 후에도 절대 누설하지 않겠습니다.

20   년   월   일

본인 서약자   주   소 :

생년월일 :

성   명 :   (인)

(주)○○○ 대표이사 귀중

06

근무시간 관리는
차별 없이 정해진 대로

사장이 얄팍한 꼼수 없이 공평하게
원칙대로 직원들을 대해야 탈이 없습니다.

한때 프로 스포츠계에 '자율훈련'이 유행한 적이 있었습니다. 경직되고 기계적인 훈련보다는 각 선수의 특성과 컨디션에 맞춰 자율적으로 훈련을 진행하면 효과가 배가된다고 생각했기 때문이죠. 물론 기대만큼 효과를 얻은 팀도 있었습니다. 하지만 많은 팀이 다시 예전 훈련방식으로 돌아가기도 했습니다. 아마도 팀 차원에서 자율 시스템이 정착되기까지 인내하지 못했거나, 팀원들이 자율의 의미를 제대로 이해하지 못한 데 이유가 있을 것입니다. 이런 일은 간혹 회사에서도 벌어지곤 합니다.

IT회사를 운영하는 C 사장은 과거 경직된 조직문화를 가진 회사에서 일한 경험이 있어서 회사를 가능한 한 자율적인 분위기로 이끌고 있습니다. 직원들에게도 IT업계 특성을 반영한 자율적이고 수평적인 문화는 환영할 일입니다. 그런데 C 사장은 요즘 직원들이 자율의 정도를 넘어서는 듯해서 고민입니다. 직원들의 기본적 근무태도까지 엉망이 된 것 같았기 때문입니다.

출근하자마자 직원들이 티타임이나 흡연 등을 이유로 자리를 비우기 일쑤고, 근무시간 중에도 업무에 집중하지 않는 직원들이 늘고 있었습니다. 심지어 출·퇴근시간조차 잘 지켜지지 않는 듯했습니다. C 사장은 사장으로서 몇 번 좋은 말로 지적도 해 봤지만 개선될 기미가 보이지 않습니다. C 사장은 '자율 속에 기본은 지키자'라는 원래의 의도대로 조직 분위기를 바로잡고 싶은데 어찌해야 할지 고민입니다.

2024년에 경총에서 조사한 결과에 따르면, 직원들이 근무시간의 약 17% 정도를 업무가 아닌 사적 활동에 사용한다고 합니다. 8시간 근무라면 1시간 20분 정도를 사적으로 쓴다는 것이죠. 업무에 집중하지 않는 시간이 이 정도라면 좀 과하다 싶겠지만, 제가 직접 경험하거나 상담한 사례를 보면 꽤 현실적인 통계라고 생각합니다. 다만 위의 사례는 '사장 말도 안 먹히는 상황'이니 훨씬 심각한 상황으로 볼 수 있겠죠.

직원들이 그런 태도를 보이는 데는 여러 원인이 있겠지만, '원칙 없는 시간관리'가 주요 원인일 가능성이 큽니다. 그럼 어떤 '원칙'이 필요할까요?

■ **근태를 공평하게 적용해야 합니다** : 사장은 성실하고 일도 잘하는

직원을 신뢰하기 마련입니다. 반대로 일도 미적대고 뺀질뺀질한 직원은 당연히 잘해 주고 싶지 않겠죠. 그렇더라도 근태만은 공평하게 관리해야 합니다. 평소 성실해서 신뢰하는 직원이라도 지각이 빈번하면 그에 합당하게 조치해야 합니다. 신뢰하는 직원이라고 슬쩍 넘어가면 자칫 전체 직원관리 원칙이 무너질 수 있습니다.

■ 사소한 문제가 쌓이면 바로잡을 수 없습니다 : 근무시간 중에 직원끼리 티타임을 갖거나 사적 대화를 나누는 것은 밝은 조직문화를 위해 일정 부분 필요하기도 합니다. 다만 이런 시간이 업무에 지장이 될 정도로 과도해서는 안 됩니다. 그런 태도를 보이는 직원을 보면 '앞으로 잘하겠지'라며 사소히 넘기지 말고 그때그때 바로잡아야 합니다. 성실히 일하는 다른 직원을 위해서라도 그래야 합니다. 수시로 자리를 비우고 일도 건성으로 하는 직원이 경고받지 않는다면 성실히 일하는 직원들도 '나만 바보같이 일하네'라고 생각하며 그런 분위기에 물들 수 있습니다. 자율성이 건전한 조직문화로 정착되기 전까지는 '징계'나 '해고'도 불사하는 마음이 있어야 합니다. 장시간 방치하다가 갑자기 근태관리를 강화하면 반발도 심하고 잘 잡히지도 않습니다.

■ 회사부터 기본을 지켜야 합니다 : 직원과 합의한 근로계약과 근로기준법 기준대로 근무시간을 관리하는 것이 회사가 지켜야 할 기본입니다. 회사가 정해진 약속이나 법을 지키지 않으면서 직원에게 열심히 일하라 하면 누가 따르려 하겠습니까? 또 시간외근무는 1주

12시간(1주 최대 52시간 근무)을 넘지 않도록 관리해야 합니다. 공짜 야근이 빈번한 상태에서 근무시간에 집중하라면 직원들이 쉽사리 받아들이기 어려울 것입니다. 시간외근무에 대해서는 시간외근무 수당도 정확히 계산해서 지급해야 합니다.

☑ 이 법에 집중

근로기준법 제50조(근로시간)
① 1주간의 근로시간은 휴게시간을 제외하고 40시간을 초과할 수 없다.
② 1일의 근로시간은 휴게시간을 제외하고 8시간을 초과할 수 없다.

근로기준법 제53조(연장 근로의 제한)
① 당사자 간에 합의하면 1주간에 12시간을 한도로 제50조의 근로시간을 연장할 수 있다.

■ 휴식시간 관리도 중요합니다 : 휴식시간은 임금이 지급되지 않는, 사용자의 지휘나 명령에서 자유로운 시간입니다. 또 휴식시간은 사용자와 근로자가 합의하더라도 법정 시간보다 단축해서 부여할 수 없습니다. 따라서 당사자 간에 휴식 없이 일한 만큼 임금을 더 지급하기로 약속하더라도 불법으로 처벌될 수 있으니 주의해야 합니다. 최근에는 '근로계약상 1시간이 휴식시간(식사시간)임에도 실제로는 1시간을 쉬지 못하고 일했으니 추가임금을 지급해 달라'는 노동분쟁이 빈번하게 발생하고 있으니 더욱 주의가 필요합니다. 사장이 법으로 정한 휴식시간을 정확히 보장해야 직원에게도 근무시간에 집중하라는 요구를 할 수 있습니다.

근로기준법 제54조(휴게)
① 사용자는 근로시간이 4시간인 경우에는 30분 이상, 8시간인 경우에는 1시간 이상의 휴게시간을 근로시간 도중에 주어야 한다.
② 휴게시간은 근로자가 자유롭게 이용할 수 있다.

그렇다면 앞 사례처럼 이미 근무관리 체계가 엉망이 되었다면 이것을 어떻게 정상화할 수 있을까요?

첫째, '선언'이 필요합니다. 사장이 직접 직원들 앞에서 '앞으로는 정해진 원칙에 따라 정확히 근무시간을 관리하겠다'라고 공언해야 한다는 의미입니다. 뜬금없이 무슨 선언이냐 할 수 있지만, 오랜 기간에 걸쳐 망가진 조직문화를 애초 의도대로 되돌리려면 이 이상의 단호한 조치가 필요합니다.

둘째, 근무관리는 정확한 기준에 따라 시행하고 위반하는 경우 엄격히 제재해야 합니다. 직원이 근무규정을 위반한다면 경위서 제출, 감봉 등의 징계조치를 하고, 위반정도가 심하면 해고까지 해야 합니다. 그 과정에서 직원들이 반발하거나 퇴사할 수도 있고, 나아가 노동분쟁으로 이어질 수도 있지만 감수해야 합니다. 그렇지 않으면 잘못된 문화가 바로잡히지 않습니다.

마지막으로, 모든 근무관리 방침을 하루아침에 갑자기 바꾸기보다는 '점진적인' 방식으로 접근할 필요가 있습니다. 직원들이 적응할 시간을 줘야 한다는 것이죠. 예를 들어 오전에는 근무에 집중하게 하고 오후에 20분 내외의 공식적인 중간 휴식시간을 부여하거나, 점심시간을 1시간에서 1시간 30분으로 늘리는 등의 방안을 고려할 수 있습니다. 이런 보완책을 통해 휴식시간을 강화하고 보장하되, 나머지 시간은 업무에 집중할 수 있도록 제도를 정비하는 것이 좋습니다.

근무시간을 100% 통제하기는 현실적으로 불가능합니다. 원칙을 지키는 선에서 직원들의 의견도 수렴하면서 근무시간을 효율적으로 운용할 방법을 전사적으로 고민해 볼 필요가 있습니다.

● 베는 석 자라도 틀은 틀대로 해야 된다
불과 석 자짜리 베를 짜려고 해도 베틀 차리기는 마찬가지라는 뜻입니다. 사소하고 급하다 하여 기본 원칙을 무시할 수 없음을 비유적으로 이르는 말이죠.

앞서 이야기한 경총 조사에 따르면 회사에서 직원들의 사적 활동을 적극적으로 관리하는 비율이 50%가 안 된다고 합니다. 직원들의 사적 활동을 방치하면 할수록 회사의 생산성과 조직문화에는 악영향을 미칩니다. 따라서 아무리 사소한 문제라도 기본적인 근무시간 관리원칙을 정확히 적용해야 하며, 그 원칙은 모든 직원에게 차별 없이 공정하게 적용해야 합니다.

07

회사에서의 모든 시간이
근무시간은 아니다

근무시간은 분명하게 관리하되,
때로는 유연함이 필요합니다.

근무시간은 회사의 지휘·감독을 받으면서 일하는 시간을 말합니다. 그런데 간혹 직원이 회사에서 일한 시간이 근무시간인지 판단하기 애매한 상황도 있습니다. 직원이 회사의 지시 없이 주말에 나와 일하기도 하고, 때로는 회사에 일이 없어 직원들이 근무시간에 일손을 놓고 있기도 하기 때문이죠.

D 사장이 운영하는 반도체부품회사는 제조공장이 도시 외곽에 있습니다. 그러다 보니 사는 곳이 공장에서 먼 직원들이 교통체증을 피해 일찍 출근하곤 합니다. 공식 출근시간이 9시인데 7시쯤 출근해서 사내 운동시설에서 운동하거나, 가끔 밀린 업무도 하는 것 같습니다. 문제는 해당 직원들이 최근 본인의 성실함을 내세우면서 조기 출근

에 따른 시간외근무수당을 요구하고 있다는 것입니다. D 사장은 회사에서 일찍 출근하라고 한 적도 없는데 그렇게 요구하는 직원들의 태도에 기가 막힐 노릇입니다. 게다가 그는 직원이 일찍 출근한다 해서 회사에 도움이 된다고도 보지 않습니다. D 사장은 분명 직원들 요구가 부당하다 생각하지만 이 문제를 어떻게 현명하게 처리할지 고민입니다.

회사의 공식적인 지시나 근무 강요가 없었는데 직원이 휴일 등에 임의로 회사에 나와 일했다면 해당 시간은 근무시간에 해당하지 않습니다. 따라서 사례의 경우 회사가 조기 출근한 직원들에게 시간외근무수당을 지급해야 할 의무는 없습니다. 다만 형식적으로는 자율이지만, 실제로는 은근히 조기 출근을 강요하거나, 조기 출근을 하지 않으면 임금 감액이나 인사평가에 불이익을 준다면 직원이 조기 출근해서 일한 시간을 근무시간으로 봅니다. 따라서 만일 회사에 그런 직원이 있다면 사전에, 근무시간 전에 일한 시간에 대해서는 임금을 지급하지 않는다는 점을 명확히 안내해야 합니다. 이와 함께 회사가 근무시간 시작 전에 업무 지시를 해서도 안 됩니다.

어떤 경우든 직원이 일한 시간이 근무시간에 해당한다면 회사는 그 시간에 대한 임금을 지급할 의무가 있습니다. 그래서 근무시간 여부의 판단이 중요합니다. 그럼 조기 출근 외에 근무시간 여부를 판단하기 애매한 사례들을 살펴볼까요?

■ 공식 지시 없이 자발적으로 늦게 퇴근하는 경우 : 조기 출근과 마

찬가지로 이 경우에도 퇴근시간 이후 업무가 회사나 상사의 강요나 지시로 이루어졌는지에 따라 결과가 달라집니다. 즉, 해당 직원이 회사의 직·간접적인 지시로 야근할 수밖에 없었다면 근무시간으로 인정되지만, 직원의 자발적 또는 개인적 이유에 의한 야근이라면 근무시간으로 인정되지 않습니다. 다만 통상 직원이 순전히 자발적으로 야근하는 경우는 드물기 때문에, 이런 경우 조기 출근에 비해 근무시간으로 인정되는 사례가 많습니다. 실제로도 이로 인한 분쟁이 많이 발생하는 편입니다.

따라서 퇴근시간 이후 불필요하게 회사에 남아있는 직원이 있다면 해당 시간 근무에 대해서는 임금이 발생하지 않는다는 사실을 명확히 전달해야 하고, 회사도 퇴근시간 이후에는 업무 지시를 하지 말아야 합니다. 다만 직원의 자율적 판단으로 업무에 필요한 야근을 하는 것이라면 '사전에 회사의 승인'을 받도록 조치하고, 그에 상응하는 임금을 지급하면 됩니다.

■ 일이 없어 단순히 대기하고 있는 경우 : 근로기준법에서는 사용자의 지휘·감독 아래에 있어서 자유롭게 쉴 수 없는 경우를 '대기시간'으로 보고, 이를 근무시간으로 인정하고 있습니다. 언제든 업무를 할 수 있는 상태, 즉 업무상태인 시간으로 보는 것이죠. 예를 들어 근무시간 중에 회사 내에서 직원끼리 티타임이나 흡연 등을 위해 사용된 시간은 원칙적으로 대기시간으로 보고 근무시간으로 인정하고 있습니다. 이런 시간은 회사 차원에서의 근무시간 관리 대상이지 근무시간에서 제외된다고 보기는 어렵습니다.

반면에 근무시간 중 회사 밖에서 개인 용무(은행 방문, 병원 진료, 자녀 학교 방문 등)를 보는 시간은 근무시간으로 인정하지 않습니다.

■ **근무시간 외 교육, 워크숍, 회식 등의 경우** : 회사가 의무적으로 실시하는 교육, 예를 들면 직장 내 성희롱 예방교육이나 회사 지시에 의한 업무 관련 세미나 등에 참석하는 시간은 근무시간에 해당합니다. 따라서 해당 교육을 공식 근무시간 전이나 이후에 진행하더라도 해당 시간만큼 임금이 발생합니다.

다만 직원들이 이수 의무가 없는 교육에 참석하거나, 이수 의무가 없고 회사가 불참을 이유로 어떤 불이익도 주지 않는 교육에 참석했다면 그 참석시간은 근로시간으로 보지 않습니다.

또 회사가 공식적으로 진행하는 직무 관련 워크숍에 참석하는 시간은 근무시간으로 인정됩니다. 다만 회식은 회사가 공식적으로 진행하더라도 친목도모 성격이 강하므로 근무시간으로 보기 어렵습니다.

■ **퇴근시간 후 접대나 주말 거래처 골프모임** : 접대행위가 회사의 지시로 이루어졌는지가 중요합니다. 만약 회사가 지시했고, 회사의 공식적인 업무로서 접대가 이루어졌다면 근무시간으로 인정될 여지가 있습니다. 다만 접대행위가 업무와 친목도모 성격이 혼재된 경우

가 많아 일률적으로 판단하기가 어렵습니다. 따라서 회사 차원에서 접대가 빈번한 업무의 경우 접대시간을 어떻게 처리할지를 직원과 협의하여 근무시간 인정 여부를 사전에 정해 두는 것이 바람직합니다. 참고로 거래처와의 휴일 골프모임에 참석한 직원이 제기한 근무시간 인정 요청에 대해 법원이 판결한 사례가 있습니다.

서울중앙지법 2017가단5217727 판결 참고

휴일 골프의 라운딩 대상자들, 라운딩 장소, 시간 등을 피고 회사가 아닌 원고의 상사인 상무 또는 원고 등이 임의로 선정한 점, 또한 이 사건 휴일 골프 관련하여 원고 또는 상무 등 그 누구도 피고에게 별도로 출장복무서와 같은 형식으로 보고하지 않은 점, 원고의 이 사건 휴일 골프 참여 당시의 지위가 부서장으로서 원고 자신의 직무를 원활히 수행하고 좋은 대내외의 평가 등을 위하여도 자발적으로 이에 참여할 동기가 있었던 것으로 보이는 점 등에 비추어 보면, 원고의 이 사건 휴일 골프와 관련하여 피고가 그 업무관련성 등을 인정하여 비용 등을 계산하였고, 이 사건 휴일 골프 중 상당수는 원고의 상사인 상무의 명시적·묵시적 지시에 의하여 참여한 사정만으로는 이 사건 휴일 골프가 사용자의 구체적인 지휘·감독하에 이루어진 것으로 볼 수 없고 결국 근로기준법상 '근로시간'에 해당한다고 단정할 수는 없다.

근무시간 인정 여부는 기본적으로 해당 행사 등이 회사의 지휘·감독 아래 이루어졌는지, 지시나 강요가 있었는지로 판단하는 것은 맞습니다. 하지만 위의 판례처럼 법적으로는 그 외에 여러 사정을 종합적으로 고려해서 판단하게 됩니다. 그렇더라도 회사는 가능한 한 직원들이 근무시간 외 시간에 일하지 않도록 하고, 불필요

하게 일찍 출근하거나 늦게 퇴근하는 직원이 없도록 관리할 필요가 있습니다. 또 근무시간 외 행사도 최소한으로 줄여 나가야 합니다.

근무시간 인정 여부는 임금과 직결되기 때문에 직원들도 예민하게 반응할 수밖에 없습니다. 따라서 회사는 이런 점들을 종합적으로 고려하여 근무시간 내 업무집중도를 높이고, 기존의 비효율적인 업무관행을 개선해 나가는 노력을 기울여야 합니다.

한편, 최근에는 근로시간에 대한 직원들의 불만을 줄이고, 회사 측면에서 업무효율성을 높이기 위해 아래 예시처럼 다양한 방식의 유연근무제도를 운용하고 있습니다. 이 밖에 시차출퇴근제도, 재택근무제도 등을 운용하기도 합니다. 관행적으로 운용해 왔다는 이유로 기존 근무제도를 고집하기보다는 직원들과 협의하여 회사 사정에 맞는 새로운 제도를 도입해 보는 건 어떨까요?

■ 유연근로시간제 사례

유형	내용	적합 직무
탄력적 근로시간제 (근로기준법 제51조)	일이 많은 주(일)의 근로시간을 늘리는 대신 다른 주(일)의 근로시간을 줄여 평균적으로 법정 근로시간(주 40시간) 내로 근로시간을 맞추는 근무제도	계절적 영향을 받거나 시기별(성수기·비수기) 업무량 편차가 많은 업종 등
선택적 근로시간제 (근로기준법 제52조)	일정 기간(1월 이내)의 단위로 정해진 총 근로시간 범위 내에서 업무의 시작 및 종료시각, 1일의 근로시간을 근로자가 자율적으로 결정할 수 있는 제도	근로시간(근로일)에 따라 업무량의 편차가 발생하여 업무조율이 가능한 소프트웨어 개발, 사무관리(금융거래 행정처리 등), 연구, 디자인, 설계 등

사업장 밖 간주 근로시간제 (근로기준법 제58조 제1·2항)	출장 등 사유로 근로시간의 전부 또는 일부를 사업장 밖에서 근로하여 근로시간을 정하기 어려운 경우에 소정 근로시간 또는 업무 수행에 통상 필요한 시간, 근로자대표와 서면합의한 시간을 근로한 것으로 인정하는 근무제도	근로시간 대부분을 사업장 밖에서 근로하는 영업직, A/S 업무, 출장업무 등
재량근로시간제 (근로기준법 제58조 제3항)	업무의 성질에 비추어 업무 수행 방법을 근로자의 재량에 위임할 필요가 있는 업무로서 사용자가 근로자대표와 서면합의로 정한 근로시간을 근로한 것으로 인정하는 제도	근로기준법 시행령 제31조 및 관련 고시에서 정하는 업무에 한함 1. 신상품·신기술·연구개발, 인문사회과학·자연과학 연구 2. 정보처리시스템 설계 또는 분석 3. 신문, 방송 또는 출판사업의 기사 취재, 편성 또는 편집 4. 의복·실내장식·공업제품·광고 등의 디자인 또는 고안 5. 방송 프로그램·영화 등 제작사업에서의 프로듀서나 감독 6. 회계·법률사건·납세·법무·노무관리·특허·감정평가·금융투자분석·투자자산운용 등의 사무에 있어 타인의 위임·위촉을 받아 상담·조언·감정 또는 대행을 하는 업무
보상휴가제 (근로기준법 제57조)	근로자대표와 서면합의를 통해 연장·야간·휴일근로에 대하여 임금을 지급하는 대신 유급휴가로 부여하는 제도	업무를 완료한 이후에는 일정 기간 휴식기간을 가지는 직무, 다른 인력으로 하여금 대체업무 수행이 가능한 연구·교육 등의 직무

출처 : 〈유연근로시간제 가이드〉, 고용노동부

● 유연한 근무시간제도 운용이 대세

9시 출근 6시 퇴근의 시대가 저물고 있습니다. 이제 대기업뿐 아니라 중소기업들도 회사상황과 직원 특성에 맞춰 근무시간제도를 다양한 방식으로 운용하고 있습니다. 아침잠이 많아서 오후에 집중이 잘 되는 직원이 있고, 육아가 필요한 직원도 있습니다. 또 연구직 직원은 실험이 안 끝나 퇴근시간을 넘기기 일쑤죠.

그러니 고정적인 근무시간제도로는 이런 다양한 상황에 효과적으로 대응하기 어렵습니다. 그러면 업무효율성이 떨어지고 직원들 불만도 계속 쌓여가겠죠. 그래서 최근 탄력근무제, 시차출근제, 선택근무제, 재량근로제 등 다양한 방식의 유연근무제도가 확산되고 있습니다. 직원들과 협의해 회사상황에 적합한 유연근무제도 도입을 적극적으로 검토해 보기를 바랍니다.

사 전 시 간 외 근 무 신 청 서

소 속		성 명		(서명)
근무유형	연장근로, 야간근로, 휴일근로			
시간외근로 신청시간	( ) 시간			
신청 이유				
주요 업무내용				
신청일자				

위와 같이 시간외근무를 신청하오니 허가하여 주시기 바랍니다.

승인자		(서명)

08

공짜 휴일근무는 없다

직원이 쉬어야 하는 날에 일했다면
마땅히 대가가 있어야 합니다.

휴일은 말 그대로 쉬어야 하는 날입니다. 하지만 회사가 불가피한 사유로 직원들에게 휴일근무를 요구하기도 하고, 회사특성상 휴일근무가 불가피할 수도 있습니다. 직원이 쉬어야 하는 날에 일해야 한다면 당연히 그에 '적합한' 보상이 필요합니다.

종합건설회사를 운영하는 E 사장은 최근 서운한 일이 있었습니다. 오랜 시간 함께 일해서 자신이 특별히 신뢰하는 김 부장이 뜬금없이 휴일근무수당을 요청했기 때문입니다. E 사장은 건설회사 특성상 가끔 휴일근무가 있게 마련이고, 김 부장이 그런 회사 사정을 충분히 알 만한 위치에 있기에 그간 별도로 휴일수당을 지급하지는 않았었습니다. 무엇보다 1년 중 휴일근무가 몇 번 되지도 않아서 크게 신경 쓰지 않았죠. 게다가 그런 점까지 고려하여 배려 차원에서 김 부장 연봉을 높게 책정하기도 했습니다.

E 사장은 그런 사정들을 들어가며 설득했지만 김 부장은 휴일에 일했으니 당연히 휴일근무수당을 줘야 한다는 주장을 꺾지 않았습니다. E 사장은 괜히 배려한다고 김 부장에게 연봉을 많이 준 것이 후회되기까지 합니다.

휴일에 근무하면 휴일근무수당을 지급하는 것이 원칙입니다. 다만 위 사례처럼 종종 해당 수당을 연봉에 포함하는 방식으로 처리하기도 합니다. 하지만 이런 방식은 '불완전한' 측면이 있습니다. 휴일근무수당이 실제 지급되었다고 해석하기가 애매하기 때문이죠. 위 사례의 경우라면, E 사장은 이미 휴일수당을 연봉에 포함해 지급했다고 생각하고, 김 부장은 휴일근무수당을 받은 적 없다고 하겠죠. 이렇게 서로 생각이 다르면 지급 여부를 명확히 판단할 수 없게됩니다.

따라서 최선의 방식은, 연봉은 연봉대로 지급하고 휴일근무에 대한 수당은 그것대로 따로 지급하는 것입니다. 괜히 E 사장처럼 휴일근무수당까지 배려해서 연봉을 높게 책정하고 나서 나중에 직원과 얼굴 붉힐 필요가 없는 것이죠.

직원이 휴일근무를 했으면 원칙대로 휴일근무수당을 지급하거나, 직원들과 협의하여 그에 상응하는 보상휴가나 휴일대체 제도를 운용할 수 있습니다.

■ 휴일근무에 대해 금전으로 보상한다면 : 직원이 소정 근무일 이외에 휴일근무를 했다면 휴일근무수당을 지급하는 것이 '원칙'입니다. 다만 상시근로자 수 5인 미만 사업장의 경우 휴일근무에 대해 가산수당은 발생하지 않습니다. 예를 들어 상시근로자 수가 4명인 회사에서 직원이 휴일근무를 했다면 근무한 시간만큼만 휴일근무수당을 지급하면 됩니다. 반면에 상시근로자 수가 5명 이상인 사업장이라면 휴일근무수당 외에 가산수당이 추가로 발생합니다. 즉, 휴일에 10시간을 근무했다면 아래 법 조항에 따라 계산한 시간만큼의 휴일근무수당을 지급해야 합니다.

8시간×1.5+2시간×2=16시간

☑ 이 법에 집중

근로기준법 제56조(연장·야간 및 휴일근로)

② 사용자는 휴일근로에 대하여는 다음 각 호의 기준에 따른 금액 이상을 가산하여 근로자에게 지급하여야 한다.

1. 8시간 이내의 휴일근로 : 통상임금의 100분의 50
2. 8시간을 초과한 휴일근로 : 통상임금의 100분의 100

다만 월별로 휴일근무가 일정하게 발생하거나 충분히 예상되는 경우, 고정 근무시간이 1주 40시간을 초과하는 경우에는 예상되는 고정 휴일근무에 대한 가산수당을 연봉에 포함하는 '포괄임금제'로 임금구조를 설계할 수 있습니다. 즉, 어차피 매월 1회 휴일근무가 발생하니 연봉에 이를 미리 반영하고, 근로계약서에 해당 내용을 명확하

게 표기하여 처리하는 방식입니다.

■ 휴일근무에 대해 휴가로 보상한다면 : 직원의 휴일근무에 대해 수당 대신 보상휴가를 부여하려면 우선 해당 직원과의 합의가 아닌 '근로자대표와의 서면합의'가 필요합니다. 즉, 노사 간 합의를 통해 회사 내에 '정식 보상휴가제도'를 도입해야 휴일수당을 보상휴가로 대체할 수 있다는 의미로 이해하면 됩니다. 이때 보상휴가는 휴일근무수당을 계산하는 방식과 마찬가지로, 일한 시간에 더불어 일한 시간의 0.5를 가산한 시간을 합산해서 부여해야 한다는 데 주의해야 합니다. 예를 들어 상시근로자 수 5인 이상 사업장에서 직원이 휴일에 8시간을 근무했다면, 총 12시간(8시간×1.5)의 보상휴가를 부여해야 합니다.

> ☑ 이 법에 집중
> **근로기준법 제57조(보상휴가제)**
> 사용자는 근로자대표와의 서면합의에 따라 연장근로·야간근로 및 휴일근로 등에 대하여 임금을 지급하는 것을 갈음하여 휴가를 줄 수 있다.

■ 휴일근무를 다른 휴일과 1:1로 대체한다면 : 휴일근무를 다른 휴일과 '1:1로 대체'하는 방식도 있습니다. 즉, 직원이 선거일, 공휴일, 주휴일 등 휴일에 근무한 경우 특정 근무일을 그에 상응하는 휴일로 부여하는 방식입니다. 다만 이 방식은 휴일근무수당이나 보상휴가에 비해 직원들에게 불리한 측면이 있어서 반드시 '근로자대표와

의 서면합의'를 통해 운용해야 합니다. 만약 근로자대표와의 서면합의 없이 휴일대체제도를 운용했다면 1:1 대체가 정상적으로 이루어지지 않은 것이므로 차이 나는 일 수만큼을 금전으로 추가 보상해야 합니다. 즉, 1일의 휴일근무에 1일의 대체휴일만 부여했다면 그 차일인 0.5일에 대해서는 금전으로 추가 보상해야 합니다.

> **☑ 이 법에 집중**
> **근로기준법 제55조(휴일)**
> ② 사용자는 근로자에게 대통령령으로 정하는 휴일을 유급으로 보장하여야 한다. 다만, 근로자대표와 서면으로 합의한 경우 특정한 근로일로 대체할 수 있다.

수당 대신 대체휴일을 부여할 때는 주의할 점이 두 가지 더 있습니다. 첫째 직원에게 대체할 휴일을 특정하여 '24시간 전'에 알려야 하고, 둘째 휴일대체를 하더라도 실제 휴일근무를 시행하는 주에 총 근무시간이 52시간을 넘어서는 안 됩니다.

지금까지 직원 휴일에 관해 이야기했지만, 사실 사장도 휴일이 필요합니다. 직원들의 휴일은 잘 챙기면서 정작 자신의 건강은 돌보지 않고 일에 몰입하는 사장들이 수없이 많습니다. 사장이니 당연하지 않냐고 할 수 있지만, 사장이 쓰러지면 가정은 물론 회사도 엉망이 되고 심지어 폐업에 이르기도 합니다. 20세기의 지성이라 불리는 존 러벅(John Lubbock)은 휴식의 의미를 이렇게 이야기합니다.

'쉰다는 것은 게으름을 의미하는 것이 아니다. 때때로 여름날에 나무 밑 잔디에 누워서 물의 속삭임을 듣거나 하늘에 흘러가는 구름을 보는 것이 시간을 낭비하는 것이 아니라는 얘기다.'

그러니 쉬는 시간이 아깝다 생각하지 말고 가족을, 직원을, 회사를 위해 사장도 의무적으로 쉬어야 합니다.

● 근로자대표 선정방법

앞서 보상휴가제도나 휴일대체제도를 도입하려면 근로자대표와의 서면합의가 필요하다고 했습니다. 그러려면 먼저 근로자대표를 뽑아야겠죠. 근로자대표는 '근로자 과반수를 대표하는 자'를 의미합니다. 따라서 실무적으로 직원 과반수 동의로 근로자대표자를 선출하고 '근로자대표 선정서'를 작성하면 됩니다. 정리하면, 회사가 어떤 제도를 도입하는지 직원들에게 알린 다음, 회사의 개입 없이 직원들이 직접 근로자대표를 선출하게 하면 되는 것이죠.

근로자대표를 선출하는 방식은 별도로 정해져 있지 않으므로 거수, 투표 등 자유로운 방식으로 정하면 됩니다. 다만 근로자대표는 말 그대로 근로자를 대표하는 사람이므로 임원이나 인사담당자 등이 맡는 것은 바람직하지 않습니다.

근 로 자 대 표 선 정 서

1. 근로자대표 인적사항

성명	
생년월일	
입사일	

2. 내용

근로기준법 제○○조에 의거 ○○○○제도 운영과 관련하여 상기인 _____ 을/를 근로자 대표로 선정하여 사용자와 서면 합의하는 것에 대하여 아래의 근로자들은 동의함.

3. 선정일자

20   년   월   일

4. 동의인 목록

순번	성명	서명·날인	순번	성명	서명·날인
1			11		
2			12		
3			13		
4			14		
5			15		
6			16		
7			17		
8			18		
9			19		
10			20		

휴일대체 운영 관련 노사 합의서

 주식회사 ○○○○ 와 근로자대표 ○○○ 는/은 근로기준법 제55조에 따른 휴일대체 운영과 관련하여 다음과 같이 합의한다.

- 다   음 -

1. 적용 대상 : 전체 사원

2. 적용휴(무)일 : 일요일, 공휴일(대체공휴일, 임시공휴일 포함)

3. 실시 절차 : ① 사용자 : 해당 휴일 24시간 이전 해당 근로자에게 휴일 변경 통보한다.
            ② 근로자 : 대체휴일을 지정하여 사용자에게 통보하거나 사용자와 협의하여
                대체휴일을 지정한다.
            ③ 당초 휴일에 근무하고 지정 대체휴일에 휴무한다.

4. 유효기간 : 본 합의서의 유효기간은 체결일로부터 2년간으로 하되, 유효기간에 만료되기 전 특별히
          변경을 요구하지 않는 경우 같은 내용으로 자동 갱신되는 것으로 한다.

5. 합의서 변경 : 본 합의서의 시행과 관련하여 어느 일방의 이견이 있는 경우 개정을 요구할 수 있고
            이 경우 노사는 지체 없이 협의하여 개정하여야 한다.

위 사항은 주식회사 ○○○○ 와 근로자대표의 자유로운 의사에 따라
합의하였음을 확인한다.

20   년   월   일

사 용 자 : 주식회사 ○○○○   대표자   (인)

근로자대표 :   (서명)

보 상 휴 가 제 노 사 합 의 서

　주식회사 ○○○○ 대표이사 　와 　근로자대표 　는 근로기준법 제57조에 따른 보상휴가에 대하여 다음과 같이 합의한다.

제1조 보상휴가의 기준이 되는 연장 · 야간 · 휴일근로의 기준일은 매월 1일부터 말일까지로 하고 보상휴가는 익월에 실시함을 원칙으로 하되, 그 시기는 근로자의 자유의사에 따른다. 단, 근로자가 지정한 시기가 사업운영에 막대한 지장을 줄 경우 사용자는 그 시기를 변경할 수 있다.

제2조 가산수당 외에 모든 연장 · 야간 · 휴일근로분에 대해서도 적용함을 원칙으로 하고, 개별근로자가 명시적으로 청구하는 경우 휴가 대신 임금으로 지급할 수 있다.

제3조 만약 근로자가 익월에 보상휴가를 일부라도 사용치 않을 경우에는 미사용분에 대해 금전보상을 실시해야 한다.

제4조(유효기간) 이 합의서의 유효기간은 　　년　　월　　일부터 1년간으로 한다.

20 . . .

주식회사 ○○○○ 대표이사 　　　　　　(인)
근 로 자 대 표 　　　　　　(인)

출처 : 〈유연근로시간제 가이드 서식〉, 고용노동부

09

연차휴가는 이미
근무한 기간에 대한 대가

연차휴가는 회사가 주는 혜택이 아니라
직원이 당연히 받아야 할 법적 권리입니다.

요즘 젊은 직원들은 연봉만큼이나 여가와 휴식을 중요하게 생각합니다. 그러다 보니 직원 휴가에 대한 회사의 인식도 많이 바뀌어 가고 있습니다. 하지만 여전히 직원의 정당한 휴가를 회사가 주는 혜택이라 생각하며 연차휴가를 제대로 관리하지 않는 회사가 많은 듯합니다.

의류도매회사를 운영하는 F 사장은 총 10명의 직원을 두고 있습니다. 그런데 최근 직원 한 명이 퇴사하는 과정에서 이상한 보고를 받았습니다. 퇴직처리 업무를 담당하는 관리부장이 해당 퇴사직원에게 퇴직금 외에 미사용 연차휴가에 대한 수당을 지급해야 한다고 한 것입니다. 그것도 수당을 줘야 하는 미사용 연차휴가 일수가 무려 15일이나 된다고 합니다. F 사장은 고작 1년 1개월밖에 근무하지 않은 직원이 중도 퇴사하는데 1년 치 연차휴가 15일 전부에 대해 미사용수당을 지급해야 한다는 게 도무지 이해가 가지 않습니다.

관리부장의 말이 맞습니다. 연차휴가는 상시근로자 5인 이상 사업장이라면 직원들에게 의무적으로 부여해야 하고, 이 연차휴가는 해당 직원이 근무한 지 1년이 넘는 시점에 15일이 발생하는 것입니다. 위 사례의 직원은 1년 근속에 따라 발생한 15일의 연차휴가를 사용하지 않고 퇴사했으므로, 회사는 해당 미사용 연차휴가에 대해 금전으로 보상(연차휴가 미사용수당)해야 합니다. F 사장 생각처럼 고작 1년 1개월이 아니라, 1년이 지나 '단 하루'라도 더 근무하면 15일의 연차휴가가 발생하는 것입니다. 아래처럼 대법원 판례에서도 이 사실을 명확히 하고 있습니다.

대법원 2003다48556 판결 참고

유급(연차휴가수당)으로 연차휴가를 사용할 권리는 근로자가 1년간 소정의 근로를 마친 대가로 확정적으로 취득하는 것이므로, 근로자가 일단 연차유급휴가권을 취득한 후에 연차유급휴가를 사용하기 전에 퇴직 등의 사유로 근로관계가 종료된 경우, 근로관계의 존속을 전제로 하는 연차휴가를 사용할 권리는 소멸한다 할지라도 근로관계의 존속을 전제로 하지 않는 연차휴가수당을 청구할 권리는 그대로 잔존하는 것이어서, 근로자는 근로관계 종료 시까지 사용하지 못한 연차휴가일수 전부에 상응하는 연차휴가수당을 사용자에게 청구할 수 있는 것이다.

■ 연차구슬 관리에 비유하면 이해가 쉽습니다 : 연차휴가는 미래를 위한 보상이 아니라, '이미 근무한 것에 대한 대가'임을 이해해야 합니다. 사례의 F 사장은 이 점을 혼란스러워한 것이죠. 이해를 돕기 위해 회사가 직원에게 주는 연차휴가를 '구슬'에 비유해 보겠습니다. 즉, 직원이 입사하여 첫 1개월을 만근하면 회사는 해당 직원에게 1일의 연차휴가를 부여해야 하는데, 이를 1개의 '연차구슬'을 준다고 비유하는 것입니다. 반대로 직원이 1일의 연차휴가를 쓴다면 회사에서 받은 연차구슬 1개를 반납해야 한다고 비유해 보겠습니다.

만일 직원이 1년을 근무했다면 1년의 근로를 마친 다음 날, 즉 1년 하고 하루가 지난 시점에 회사는 해당 직원에게 15개의 연차구슬을 줘야 합니다. 그리고 직원은 연차휴가를 사용할 때마다 휴가일수만큼 회사에 연차구슬을 반납해야 합니다. 그렇다면 직원이 1년간 다 쓰지 못하고 남은 연차구슬이 있다면 어떻게 될까요?

이런 경우 회사는 그 남은 연차구슬을 다시 직원에게서 돈을 주고 사 와야 합니다. 이 남은 구슬에 대한 금전적 대가가 바로 '연차휴가 미사용수당'입니다. 앞 사례에서도 퇴사직원이 지난해 1년간 일해서 얻은 15개의 연차구슬을 하나도 쓰지 않았으니, 회사는 그 전부를 다시 돈(미사용수당)을 주고 사 와야 하는 것입니다.

한편, 연차휴가 일수는 다음 표처럼 직원의 근무연차가 쌓일수록 늘어나게 됩니다. 표를 보면 2년에 1개씩 가산되고, 최대 25개를 넘지는 않음을 알 수 있습니다.

근무기간	1년 미만	1년	2년	3년	5년	10년	21년 ~
휴가일수	11일	15일	15일	16일	17일	19일	25일

■ 연차휴가 관리 시 여러 유의할 점이 있습니다 :

1 연차휴가 관리기준은 입사일? 회계연도?

연차휴가는 원칙적으로 '입사일'을 기준으로 관리합니다. 직원 개인별 입사일을 기준으로 연차휴가를 관리해야 직원들이 이해하기 편하기 때문이죠.

다만 직원 수가 많은 회사에서는 연차휴가를 회계연도 기준으로 관리하기도 합니다. 직원 개인별 입사일과 관계없이 매년 1월 1일부터 12월 31일까지를 기준으로 통일하여 관리하는 방식이죠. 연차휴가 계산이 다소 복잡해지기는 하지만, 직원이 많으면 현실적으로 이 방식이 가장 효율적입니다. 직원이 20명만 넘어도 담당자가 각 직원 입사일을 일일이 따져가며 연차휴가를 관리하기가 어렵기 때문이죠. 이렇게 회계연도 기준으로 직원들의 연차휴가를 관리하다가 개별 직원이 퇴사할 때 해당 직원의 입사일을 기준으로 남거나 더 사용한 연차휴가 일수를 계산해 '퇴직 정산'을 하는 것이 일반적입니다.

2 연차휴가는 아무 때나 사용할 수 있을까?

연차휴가는 직원이 자유롭게 사용하는 것이 원칙입니다. 다만 연차휴가 사용으로 회사업무에 막대한 지장을 준다면 회사가 휴가시기를 변경할 수 있게 되어 있습니다. 즉, 특별한 경우를 제외하면, 회사가 직원의 연차휴가를 일방적으로 사용하지 못하게 하거나, 반대로 휴가 시기를 일방적으로 정해서 사용하게 하면 안 됩니다.

실무적으로는, 직원이 연차휴가 사용 3~5일 전에 휴가신청서를 내도록 규정함으로써 회사가 직원의 휴가 사용을 사전에 인지할 수 있도록 관리하는 것이 좋습니다. 참고로 휴일과 휴일 사이에 근무일이 있는 경우, 소위 '샌드위치 데이'에는 직원들 의사를 반영하여 일괄 연차휴가를 사용하도록 하는 방식도 활용할 수 있습니다.

③ 연차휴가를 공휴일로 대체할 수 있을까?

공휴일을 의무적으로 휴일로 부여하지 않아도 되었던 때에는 이 방식이 가능했습니다. 하지만 법 개정으로 2022년 이후에는 공휴일을 연차휴가로 대체할 수 없게 되었습니다. 따라서 상시 근로자 수 5인 이상 사업장이라면 연차휴가를 공휴일과 별도로 부여해야 합니다.

④ 연차휴가 미사용수당 지급시기는?

연차휴가 사용기간 동안 직원이 사용하지 못한 잔여 휴가일수에 대해서는 연차휴가 미사용수당을 지급해야 합니다. 일반적으로는 입사일 기준과 회계연도 관리기준에 따라 사용시기가 종료된 다음 달에 임금과 함께 지급하고 있습니다. 즉, 회계연도 기준으로 관리한다면 1월 임금과 함께 연차휴가 미사용수당을 지급하면 됩니다.

예외적으로, 직원들이 연차수당보다는 잔여 연차휴가를 이월해서 사용하기를 원한다면 그 방식으로 처리할 수도 있습니다. 예를 들어 직원이 지난해에 사용하지 못한 연차휴가 일수가 3일이라면, 올해 발생하는 15일의 휴가에 그 3일을 더해 1년 간 총 18일의 연차휴가를 사용할 수 있도록 하는 방식입니다. 다만 이때는 '연차휴가 이월 동의서'를 작성해야 합니다.

■ 경조사휴가는 연차휴가와 별도로 부여해야 할까? : 현행 노동법상 경조사휴가는 의무적으로 부여하지 않아도 됩니다. 다만 제가 여러 회사를 상담한 바로는 경조사휴가를 연차휴가로 대체하는 사례를 거의 본 적이 없고, 또 추천하기도 곤란합니다. 경조사를 중시하는 우리나라 고유의 문화특성상 너무 야박한 제도로 보이기 때문이죠. 따라서 가능한 한 경조사휴가는 연차휴가와 별도로 부여하는 게 바람직하며, 특히 가족 사망 등의 조사(弔事)에는 별도의 유급휴가를 부여하는 것이 좋습니다. 이런 경우 사전에 사업장환경에 맞게 각 경조사별 휴가일수를 규정해 두는 방식을 추천합니다. 그리고 직원이 정해진 경조사휴가일수 이상을 사용한다면 추가된 일수만큼만 연차휴가로 처리하면 됩니다.

● 연차수당 사용 촉진 제도

'연차휴가 사용 촉진 제도'는 회사의 연차휴가 사용 촉진을 위한 여러 조치에도 불구하고 직원들이 연차휴가를 사용하지 않았을 때 미사용수당을 지급하지 않아도 되는 제도입니다. 다만 이 제도는 근로기준법에 따른 까다로운 절차를 거쳐야 인정됩니다. 만일 회사가 해당 절차를 정확히 이행하지 않았다고 판단되면 연차휴가 미사용수당을 별도로 지급해야 합니다. 그런데 실제 점검해 보면, 이 제도를 운용하는 회사 대부분이 법정 절차를 정확히 준수하지 못하고 있습니다. 이런 상황에서 단지 '직원들에게 연차휴가를 편하게 사용하라고 했는데도 직원들이 쉬지 않는다'라는 이유로 미사용수당을 지급하지 않으면 근로기준법에 위반됩니다. 현실적으로도 이 문제가 노동분쟁의 상당수를 차지하고 있기도 합니다.

쉬기 싫어서 안 쉬는 직장인이 몇이나 될까요? 대부분 일이 너무 바빠서 휴가를 못 낸 것일 텐데 연차수당마저 지급하지 않는다면 직원 사기에 당연히 악영향을 미칠 수밖에 없습니다. 그래서 저도 연차휴가 사용 촉진 제도를 추천하지 않습니다.

연차휴가 이월사용 동의서

근로자 본인 _____ 는/은 연차휴가의 이월사용과 관련하여 다음과 같이 동의합니다.

- 다 음 -

1. 이월사용하는 연차휴가일수와 이월사용기간

■ 이월 연차휴가 : 20   년 중 미사용 연차휴가 : 총 (   )일

■ 이월 연차휴가 사용기간 : 20   .01.01. ~ 20   .12.31

2. 연차휴가 미사용수당의 지급

(1) 근로자는 이월사용기간까지 연차휴가를 모두 사용하도록 한다.

(2) 이월사용기간까지 사용하지 못한 휴가에 대해서는 수당으로 지급한다.

(3) 휴가를 사용한 경우 먼저 발생한 휴가부터 순차적으로 사용한 것으로 처리한다.

3. 위 내용은 본인의 자유로운 의사에 의한 것으로, 이후 어떠한 이의도 제기하지 않겠습니다.

20   .   .   .

근로자 _____(서명)

(주)○○○○ 대표 귀중

단순함은 무지함으로 착각하기 쉬운 반면,
복잡함은 상황을 잘 통제하고 있다는 느낌을 준다.
《불변의법칙》, 모건 하우절

제6강

사장력 높이기 3
_ 평가/승진/규정/징계

01

정교한 평가제도가
좋지만은 않은 이유

기계적이고 형식적인 인사평가제도는
시행하지 않는 편이 낫습니다.

회사가 성장하면 자연스럽게 직원도 늡니다. 그러면 그만큼 직원들 처우에 대한 사장의 고민도 늘게 마련이죠. 직원이 적을 때는 임금이나 승진 등의 직원관리를 사장이 주먹구구식으로 처리해도 큰 문제가 없을지 모릅니다. 하지만 직원이 늘면 회사에 적합한, 합리적인 직원관리 시스템을 도입해 직원들을 공정하게 평가해야 합니다. 그렇지 않으면 언제든 회사 내에 불만과 갈등의 폭탄이 터질 수 있기 때문이죠.

수입가전 유통회사를 운영하는 G 사장은 요즘 직원들 처우에 고민이 많습니다. 회사가 크지 않을 때는 본인과 직원들이 서로 사정을 잘 알고 인간적인 관계가 돈독해서 대화로 많은 문제를 해결할 수 있었습니다. 하지만 사업 확장으로 직원 수가 늘다 보니 모든 문제를 대화로 해결하는 데 한계가 있었습니다.

그러다 보니 직원들 불만이 계속 쌓였고, 특히 임금과 승진에 관한 공정성에 많은 불만이 제기되었습니다. G 사장은 이런 공정성 문제를 해결하려고 인사평가 시스템을 도입했지만, 이것이 오히려 문제를 더 악화시킨 듯했습니다. 직원들이 그 평가 결과를 공정하다고 생각하지 않았기 때문이죠. G 사장은 나름 큰돈을 들여 대기업에서 사용한다는 합리적 평가 시스템을 도입했는데 직원들이 왜 불만인지 도통 모르겠습니다. 이럴 거면 회사에 굳이 인사평가 시스템이 필요한지조차 헷갈릴 지경입니다.

저는 사장이 모든 직원을 동등하게 처우하는 것을 공정한 평가라고 생각하지 않습니다. 직원이 회사에 공헌한 만큼, 열심히 노력한 만큼 대우하는 것이 공정한 평가가 되겠죠. 이를 위해서는 공정한 평가제도가 필요합니다. 이런 측면에서 사례의 G 사장이 회사에 인사평가 시스템을 도입한 것은 올바른 결정입니다. 그렇다면 무엇이 문제였을까요?

간혹 작은 회사에서 지나치게 정교하고 복잡하게 설계된 인사평가 시스템을 운용하는 경우가 있습니다. 주로 회사의 사장이나 임원 또는 인사담당자가 대기업 출신일 때 그렇죠. 하지만 중소기업에서 그런 시스템을 운용해서 좋은 결과를 얻기 어렵습니다. 일단 중소기업에는 그런 복잡한 시스템을 통합적으로 운용할 만한 인사평가 전문가가 없는 경우가 많습니다. 설사 전문가가 있더라도, 중소기업 직원 대부분이 직원 간 상호평가, 자기 평가 등 대기업 인사평가 시스템에 적응하기 어려워하기 때문에 회사가 원하는 평가 결과를 얻기 어렵습니다. 아무리 멋진 옷도 시간과 장소, 상황에 맞아야 가치가 빛나듯이, 회사의 인사평가 시스템 또한 회사 사정과 조직문화에 어울려야 원하는 결과를 얻을 수 있습니다.

그렇다면 인사평가 시스템을 어떻게 만들고 운용해야 회사와 직원들이 모두 만족할 수 있을까요?

■ 평가항목은 단순하지만 명확해야 합니다 : 인사평가 시스템의 궁극적인 목적은 직원 성장을 독려함으로써 회사 발전에 기여하게 하는 데 있습니다. 즉, 평가 시스템을 통해 직원이 회사 비전에 맞게 활동하도록 유도함으로써 업무성과를 내게 해야 합니다. 단순히 평가를 위한 평가가 되면 안 된다는 것이죠.

이런 목표를 이루려면 평가 시스템을 단순 명확하게 설계해 운용할 필요가 있습니다. 즉, 평가 시스템 운용에 필요한 인프라가 충분치 않다면, 근무태도 등 기본적인 항목 이외에 업무성과 평가항목은 최대 세 개를 넘지 않는 것이 좋습니다. 업무목표가 많으면 직원들이 부담스러워할 뿐 아니라 실행의지도 떨어뜨리기 때문이죠. 또 직원들이 수많은 평가항목을 일일이 인지하며 일하기는 어렵기 때문에, 시간이 지나면 '어차피 다 지키기도 어려운데 될 대로 되라지!'라고 생각할 수 있습니다. 따라서 평가항목은 직원이 '꾸준히 노력하면 달성할 수 있는 목표'를 '최소한'으로 명확하게 제시하는 것이 중요합니다. 예를 들면 이런 식이죠.

'1년 동안 신규 거래처를 10개 늘리고, 이를 통해 매출 1억 원 달성하기'

'전년 대비 불량률 1% 낮추기'

'전년 대비 고객 불만 건수 3% 줄이기'

'회사가 실제 실행할 수 있는 개선사항 1건 제안해 적용하기'

이렇게 개별 직원의 업무특성에 따라 1~3개의 명확한 목표를 제시하여 그 달성도를 평가하는 방식이, 지키기 힘든 형식적 목표를 여러 개 제시하는 방식보다 훨씬 유용합니다.

■ 직원 의견이 반영되어야 합니다 : 인사평가 시스템에 대한 직원들의 불만이 높은 이유는 대부분 회사가 일방적으로 평가항목을 정하기 때문입니다. 즉, 직원들의 의견을 반영하지 않고 회사가 일방적으로 현실성 없는 목표를 제시하다 보니 직원들이 평가 결과를 수용하지 못하는 것이죠. 따라서 평가항목을 결정할 때는 직원들과 현재 회사 상황을 공유하고 현실적이고 꼭 필요한 목표를 결정하는 것이 중요합니다.

평가목표에 따른 '평가등급'도 사전에 직원과 상의하여 정해 두어야 합니다. 예를 들어 '1년 동안 신규 거래처를 10개 늘리고, 이를 통해 매출 1억 원 달성하기'라는 목표라면, 1억 원 이상은 'A', 9천만 원 이상은 'B' 하는 식으로 사전에 구체적인 평가등급을 정해 두어야 합니다.

'평가 결과 반영방식'도 직원과 상의해 사전에 정해 두어야 합니다.

예를 들면 평가 결과를 성과급이나 연봉에 연동할지, 연동한다면 어떻게 반영할지 등을 미리 결정해야 합니다.

그리고 그렇게 정한 내용들을 '평가규정'이나 '평가지침'으로 만들어 직원들에게 공지하는 것이 중요합니다.

■ 주기적으로 관리해야 합니다 : 평가항목은 매년 검토하여 수정해야 합니다. 작년의 평가 결과를 바탕으로 기준을 변경하거나, 회사나 직원의 상황 변화에 따라 목표 자체를 변경할 수도 있습니다. 큰 방향은 사장이 정하고, 구체적인 변경사항은 부서장 등 관리자가 직원들과 일대일 면담을 통해 결정합니다.

직원들에 대한 평가목표를 관리할 때는 특히 '중간 피드백'이 중요합니다. 평가목표만 정해놓고 1년간 방치하다가 연말에 결과만 산출하면 원하는 결과를 얻지 못할 뿐 아니라, 직원들 성장에도 도움이 되지 않습니다. 따라서 반드시 분기, 반기 등 구체적 시기를 정해서 해당 시기에 평가목표에 대한 성과를 점검하여 직원들에게 피드백하는 식의 관리가 필요합니다.

평가를 위한 평가, 단순히 평가 결과를 임금이나 승진에 기계적으로 반영하기 위한 평가 시스템은 운용하지 않는 편이 낫습니다. 평가 시스템이 복잡하고 화려할 필요는 없습니다. 단순한 평가 시스템으로도 얼마든지 직원들의 성장을 돕고, 이를 통해 회사가 발전하는 선순환 구조를 만들 수 있습니다. 때로는 직원과 협의하여 결정한 하나의 평가항목만으로도 그 목표를 이룰 수 있습니다.

● 일꾼을 평가하는 기준

여러 일꾼을 고용하여 포도밭을 운영하는 농장주가 있었습니다. 어느 날 포도농장에 나가 보니 한 일꾼이 아주 능력이 뛰어나서 같은 시간에 남보다 훨씬 많은 일을 하는 것이었습니다. 농장주는 그에게 산책을 가자고 제안하였고 오후 내내 그와 함께 산책하며 많은 이야기를 나누었습니다. 그날 일을 마치고 일꾼들에게 품삯을 나눠 주는데 농장주는 모든 일꾼에게 동일한 품삯을 나눠주었습니다.

일꾼들이 이를 보고 "이것은 불공평하다. 저 사람은 반나절밖에 일하지 않았는데 왜 동일한 돈을 주느냐?"고 항의하였습니다. 그러자 농장주가 말했습니다.

"얼마나 오랫동안 일한 것이 중요한 것이 아니오. 얼마나 많이 일했느냐가 중요하오. 저 사람은 당신들이 하루 종일 한 일보다 반나절 만에 더 많은 일을 했소."

- 《탈무드》

02

승진자 결정에도
전략이 필요하다

승진은 사장의 강력한 의사표시로서의
의미가 있어야 합니다.

심리학자인 허즈버그(Herzberg)는 직원의 동기부여 요인 중 하나
로 '승진'을 제시했습니다. 임금수준이나 근무환경 개선은 불만족을
제거할 뿐 직원 동기부여 요인은 되지 못하는 데 반해, 승진은 직원
에게 조직에서 인정받았다는 성취감을 줌으로써 회사에 더욱 기여
하게 하는 동기부여 요인이 된다는 것이죠. 이처럼 직원들에게 중요
한 의미가 있는 승진이 현실에서는 의미 있게 관리되지 않는 경우
가 많습니다.

식품제조회사를 운영하는 H 사장은 매년 승진자를 결정할 때마다 골
치가 아픕니다. 매번 승진에 탈락한 직원들이 결과를 인정하지 않고
자신들이 탈락한 이유를 명확히 설명해 달라고 따지고 들기 때문입

니다. 또 승진자도 승진만 하면 뭐하냐며 그에 합당한 대우를 해달라고 요구합니다. 더 큰 문제는 작은 회사이다 보니 장기 근속자들을 모두 승진시켜 줄 만한 자리가 턱없이 부족하다는 것입니다. 무작정 승진시켰다가는 직원 모두가 부장이 될 판이라 H 사장은 골치가 아플 수밖에 없습니다.

대기업은 일반적으로 정해진 시스템을 통해 승진이 결정됩니다. 이에 비해 중소기업은 특별한 경우를 제외하고는 사장이 혼자서 승진자를 결정하거나, 일정 근무 기간이 지난 직원을 자동으로 승진시키는 경우가 많습니다. 그런데 전자의 경우 직원들이 승진자 결정에 불만을 품기 쉽고, 후자의 경우 승진의 의미가 떨어져 동기부여 요인으로 작용하지 않을 수 있습니다. 그럼 어떻게 하면 승진을 직원의 동기부여 요인으로 만들 수 있을까요?

■ 최소한의 승진기준이 있어야 합니다 : 승진자 결정은 인사권자의 고유권한입니다. 따라서 직원들의 의견을 참고는 하되, 사장이 그 의견을 따를 의무는 없습니다. 다만 직원들 입장에서는 내가 얼마나 일하거나 어떤 조건을 충족해야 승진 대상이 되는지를 알아야 목표를 갖고 일할 수 있습니다. 이런 측면에서 회사는 사전에 최소한의 승진기준을 정해 두고, 이를 직원들과 공유할 필요가 있습니다. 예를 들면 직급별로 승진연한을 정해 두는 방식(사원 4년, 대리 4년, 과장 4년 등)이나, 평가제도를 통해 승진 포인트를 쌓아 일정 점수가 되면 승진 대상자가 되는 방식 등 회사 사정에 맞게 기준을 정하면

됩니다. 중요한 것은 사전에 기준을 정해야 한다는 점과 그 기준을 직원들과 공유해야 한다는 점입니다.

승진제도와 관련하여 조직진단을 하다 보면 '승진기준 모호'나 '승진기준 알지 못함'이 불만사항이 되는 경우가 매우 많습니다. 따라서 승진 관련 사항은 취업규칙 등을 통해 사규로 정하거나, 별도의 승진지침을 만들어 직원들과 공유하기를 권합니다.

다만 승진 대상 기준은 사전에 정해 두되, 해당 기준에 따라 승진자가 자동으로 결정되는 방식도 바람직하지 않습니다. 앞선 H 사장의 고민처럼 자칫 전 직원이 부장이 되는 상황이 생길 수도 있기 때문이죠. 결국 승진은 사장이 직원들의 의견을 고려하여 홀로 고독하게 결단해야 하는 중요한 의사결정입니다.

■ 승진에 따른 합당한 대우가 있어야 합니다 : '승진해도 크게 달라지는 것이 없다.' 승진자들의 공통된 불만 중 하나입니다. 이러면 승진에 큰 의미를 두기 어렵습니다. 오히려 괜히 승진해서 책임만 늘었다는 불만이 쌓일 수 있습니다. 승진을 했다면 무엇인가 가시적으로 달라지는 대우가 따라야 합니다. 그래야 직원들이 승진하기 위해 노력할 이유가 생기기 때문이죠.

특히 '직급수당'을 신설해 임금으로 보상하는 방법을 고려할 수 있습니다. 연봉제를 운용한다면, 승진자에게 정해진 연봉 외에 승진에 따른 직급수당을 별도로 지급하는 것입니다. 이때 직급수당 지급이 일상적인 연봉 인상에 비해 '티가 나야' 한다는 점에 주의해야 합니다. 해당 직원이 임금이 실질적으로 늘었음을 체감할 수 있어야 한다는 것이죠. 만일 직급수당이 연봉 인상부분을 돌려서 지급하는 꼼수처럼 보인다면 오히려 역효과가 날 수 있습니다. 또 이렇게 승진이 실질적인 임금 보상으로 이어져야 사장도 승진을 신중히 결정하게 됩니다.

■ 성과 보상으로서의 승진은 위험합니다 : 직원들이 아무리 열심히 일해도 매번 성과를 내기는 어렵습니다. 따라서 일시적 성과를 승진으로 보상하는 것은 위험합니다. 승진은 당사자뿐 아니라 주변 동료에게도 영향을 주는 일이고, 그로 인한 부정적 효과가 장기적으로 이어질 수 있기 때문입니다.

또 업무성과가 승진에 긍정적인 영향을 미칠 수는 있지만, 그것이 승진기준의 전부여서는 안 됩니다. 업무성과가 뛰어난 직원이 뛰어난 리더는 아닌 경우가 많기 때문이죠. 만약 성과에 대해 보상해야 한다면 승진이 아닌 성과급을 지급하는 편이 낫습니다.

■ 승진은 리더를 뽑는 일입니다 : 과장 이상부터는 대부분 부하직원을 두게 됩니다. 이때부터는 본인 일뿐 아니라 직원관리도 중요한 임무가 됩니다. 이것이 관리자 리더십을 평가제도의 중요한 평가기준으로 두는 이유입니다. 따라서 승진자를 결정할 때도 리더십 역량을 반드시 평가기준에 반영해야 합니다. 일은 잘하지만 이기적인 행동을 하는 직원, 직원에게 업무 노하우를 전혀 공유하지 않는 등 회사나 직원 성장에 관심이 없는 직원, 커뮤니케이션 능력이 떨어져 직원들을 이끌 만한 역량이 부족한 직원이라면 승진에 대해 다시

고민해 봐야 합니다. 리더로서의 자질이 없기 때문이죠. 사장은 승진 대상자뿐 아니라 그 밑에서 일해야 하는, 많은 선량한 직원들도 생각해야 합니다.

■ 승진 이후의 관리도 필요합니다 : 승진자를 결정하는 것만큼이나 그 이후 관리도 중요합니다. 승진에 탈락한 직원에게는 대화를 통해 탈락한 이유를 설명해야 하고, 승진자에게도 승진이 된 이유와 역할을 명확히 제시해야 합니다. 또 승진과 관련한 직원들의 의견을 수렴해 승진규정을 주기적으로 점검함으로써 향후 승진평가에 문제가 없도록 대비할 필요가 있습니다.

만일 앞 사례처럼 직원들을 승진시킬 자리가 부족하다면 직급체계를 단순화하는 방법을 검토해 볼 수 있습니다. 사원에서 부장까지 5~6단계의 일반적 직급체계를 팀장과 팀원 체계로 단순화하거나, 직급체계를 3~4단계로 통폐합하여 운용하는 방법도 고려할 만합니다.

● 뱀의 머리와 꼬리

한 마리의 뱀이 있었습니다. 뱀의 꼬리는 머리를 항상 따라다녀야만 해서 항상 불만이 많았습니다. 그러자 뱀의 머리가 "나에게는 눈과 귀가 있어 너와 나를 안전하게 인도하고 있다"고 말했습니다. 그래도 꼬리가 이를 인정하지 않자 머리는 앞으로 꼬리를 따라다니기로 했습니다. 앞을 보지도 소리를 듣지도 못하는 꼬리는 가시덤불에 들어가고, 도랑에 빠지는 등 어려움을 겪었지만 포기하지 않다가 결국 불에 들어가고 말았습니다. 뱀의 머리는 불에서 탈출하려 몸을 움직였으나 이미 온몸에 불이 옮겨붙어 그만 타 죽고 말았습니다.

- 《탈무드》

03

인사이동에도 정당한
이유가 있어야 한다

한 직원의 인사이동이 때로
회사 전체에 영향을 미치기도 합니다.

　　회사를 운영하다 보면 사업환경 변화, 업무 필요성에 따라 직원들의 직무 내용이나 근무장소를 변경해야 할 때가 있습니다. 때론 계열사 설립으로 직원들이 일하는 회사 자체를 바꿔야 할 때(전적)도 있죠. 이러한 인사이동 조치는 직원들의 일상에도 큰 영향을 미치는 만큼 사장도 그 대상을 정하는 데 고심할 수밖에 없습니다.

　　수도권에서 건설자재 유통사업을 하는 I 사장은 최근 사업 확장을 위해 전라도와 경상도에 각각 지사를 내기로 했습니다. 지사 직원은 해당 지역에서 채용하기로 했는데, I 사장은 각 지사를 책임질 지사장 선임이 걱정입니다. 지사장만큼은 업무경험이 풍부한 본사 관리자 중에서 뽑아야 하는데, 대상자들이 벌써부터 자신이 뽑힐까 봐 불안해

했기 때문입니다.

I 사장도 그들이 가족과 떨어져 객지생활을 해야 한다는 데 충분히 거부감을 가질 수 있다고 생각합니다. 하지만 회사에 꼭 필요한 일이니 사장으로서 누구든 선택할 수밖에 없습니다. I 사장은 이럴 때 직원이 거부해도 강제로 인사이동을 할 수 있는지, 그러려면 어떤 절차가 필요한지 몰라서 여러 가지로 걱정이 큽니다.

근로기준법 제23조에서는 인사이동에 대해 이렇게 규정하고 있습니다.

'사용자는 근로자에게 정당한 이유 없이 전직을 하지 못한다.'

여기서 전직은 전직, 배치전환 등 여러 유형의 인사이동을 통칭한다고 이해하면 됩니다. 이와 관련한 판례를 하나 볼까요?

대법원 2007두20157 판결 참고

근로자에 대한 전직이나 전보 처분은 근로자가 제공하여야 할 근로의 종류·내용·장소 등에 변경을 가져온다는 점에서 근로자에게 불이익한 처분이 될 수도 있으나, 원칙적으로 인사권자인 사용자의 권한에 속하므로 업무상 필요한 범위 안에서는 상당한 재량을 인정하여야 하고, 그것이 근로자에 대하여 정당한 이유 없이 해고·휴직·정직·감봉 기타 징벌을 하지 못하도록 하는 근로기준법에 위배되거나 권리남용에 해당하는 등 특별한 사정이 없는 한 무효라고는 할 수 없고, 전직 처분 등이 정당한 인사권의 범위 내에 속하는지의 여부는 당해 전직 처분 등의 업무상의 필요성과 전직에 따른 근로자의 생활상의 불이익을 비교·교량하고, 근로자가 속하는 노동조합(노동조합이 없으면 근로자 본인)과의 협의 등 그 전직 처분을 하는 과정에서 신의칙상 요구되는 절차를 거쳤는지 여부를 종합적으로 고려하여 결정하여야 한다.

인사이동은 원칙적으로 인사권자의 권한이므로 실행에 있어서 특별한 제약은 없습니다. 그런데 위의 판례에서는 인사이동의 정당성을 위해서는 최소한 '① 업무상 필요성, ② 직원의 생활상 불이익 고려, ③ 직원과 성실한 협의'라는 세 가지 조건을 준수하도록 요구하고 있습니다. 그럼 I 사장의 사례가 이 세 가지 기준을 충족하는지 확인해 볼까요?

첫째, I 사장의 회사는 사업 확장을 위해 지사를 설치하는 것이므로 '업무상 필요성'은 있다고 볼 수 있습니다. 이와 달리 지방 발령 등 인사이동의 목적이 직원 징계성이라면 업무상 필요성이 없을 뿐 아니라, 직장 내 괴롭힘(304쪽 참조)에 해당될 수 있음을 주의해야 합니다.

둘째, 수도권에 사는 직원이 전라도나 경상도로 출·퇴근할 수는 없고 거주지 변경이 필요할 테니 생활상 불이익은 발생한다고 볼 수 있습니다. 다만 생활상 불이익이 발생한다고 하여 인사이동이 불가능하지는 않습니다. 그 불이익이 직원이 통상 감수해야 할 수준을 현저히 벗어나지 않는다면 정당한 인사이동으로 인정됩니다. 사례의 경우 근무시간 변경, 거주지 제공, 거주비 지원 등의 보완 조치를 하면 생활상 불이익을 일부 완화할 수 있습니다.

셋째, 신의성실의 원칙에 따라 I 사장은 인사이동에 대해 대상 직원과 협의를 거쳐야 합니다. 다만 이것이 직원의 동의를 받는 절차는 아니고, 지방 발령의 필요성이나 보직기간, 거주공간 지원 등 전반적인 사항을 협의하는 단계라고 생각하면 됩니다.

따라서 I 사장이 지방 발령 당사자에게 지사장으로 발탁하는 이유와 절차를 설명하고, 당사자와 지원대책 등을 협의하는 과정을 거친다면 인사이동 결정의 정당성이 인정된다고 볼 수 있습니다.

다만 한 가지 주의할 점이 있습니다. 회사가 직원을 채용했을 때 근로계약 등으로 근무 내용이나 근무장소를 '특정'했다면 해당 직원의 인사이동을 회사가 일방적으로 결정할 수 없습니다. 이런 경우 직원의 '동의'가 필요합니다. 실무상으로는 근로계약서나 취업규칙 등에 아래처럼 관련 내용을 추가하는 경우가 많습니다.

사용자는 업무의 필요에 따라 근로자의 의견을 들어 취업장소 및 담당 업무를 변경할 수 있으며, 근로자는 이에 동의한다.

동의자 성명 :   (서명)

사장이 인사이동 결정과 관련하여 직원의 특성을 고려하는 것도 중요합니다. 아무리 업무상 필요성이 있다고 해도 직원 특성을 무시하면 대가가 클 수 있습니다. 혼자 집중해서 하는 일을 잘하는 직원을 내·외부 교류가 빈번한 부서로 배치하거나, 반대로 외향적인 직원을 혼자 근무하는 부서나 지방으로 발령하면 업무성과 저하는 물론, 퇴사로 이어질 수도 있습니다. 사장은 당연히 그런 점까지 고려한다고 생각하겠지만, 현실에서는 아래처럼 의외로 여러 사정을 고려하지 않고 인사이동을 했다가 회사에 피해가 발생하는 사례가 많습니다.

- 직원이 지방근무를 원해서 지사를 설치하고, 업무차량과 방도 얻어 주었는데 해당 직원이 한 달 만에 갑자기 퇴사하여 결국 지사를 폐쇄한 사례
- 홀로 연구업무를 하던 핵심 연구원을 업무역량 향상을 명분으로 다수 연구원이 협업하는 연구팀에 합류시켰다가 해당 연구원이 즉시 경쟁사로 이직한 사례
- 우수 영업직원을 관리부서로 이동시키자 업무성과가 떨어져 그렇고 그런 직원으로 전락한 사례

인사이동으로 인한 회사의 피해를 줄이고 성과를 내게 하는 데는 역시 사장의 역할이 중요합니다. 사장은 업무 필요성만으로 인사이동을 결정하지 말고, 평소 직원들을 관찰하고 이야기를 경청하여 적재적소에 배치할 수 있도록 노력해야 합니다. 그런 노력을 통해 인사이동 결정이 좋은 결과로 이어진 사례도 있습니다.

- 물류팀 배송직원을 본사로 인사이동시켰는데 해당 직원이 현장경험을 바탕으로 상품개발, 업무 프로세스 개선 등에서 탁월한 성과를 낸 사례

- 연구직이 적성에 맞지 않아 고민하던 연구원이 사장 권유로 영업직으로 전환하여 영업왕을 차지한 사례

끝으로, 대기업이나 공공기관에서 업무상 손실을 감수하면서까지 주기적으로 '순환보직'을 실시하는 이유를 생각해 볼 필요가 있습니다. 그 이유는 한 명의 직원이 하나의 프로세스 전체를 독점하면 금전사고, 핵심 기술 유출 등 회사 운명을 좌우할 문제가 발생할 위험이 크기 때문입니다. 이런 위험을 최소화하려면 회사의 업무 프로세스를 '실무자-관리자-사장' 식으로 연결되는 체계로 관리해야 합니다. 이런 체계를 갖출 만한 인원이 충분치 않다면 사장이 실무에 관심을 두고 직접 챙겨야 합니다.

이것은 사장이 직원을 믿고 못 믿고의 문제가 아닙니다. 이처럼 회사의 업무 시스템을 점검하고, 중대사고 예방을 위해 주기적으로 업무 조정이나 인사이동을 검토하는 것이 사장의 중요한 역할입니다.

● 링겔만 효과

'링겔만 효과(Ringelmann Effect)'는 한 집단의 구성원 증가와 집단의 역량이 비례하지 않는 현상을 말합니다. 줄다리기 실험에 따르면 1대1 게임에서 1명이 내는 힘을 100으로 가정할 때, 2명이 참가하면 93, 3명일 때는 85, 8명일 때는 49로 떨어지는 것으로 나타났습니다. 조직 속에서 개인의 가치를 발견하지 못할 때 여러 명 중 단지 한 명에 지나지 않는다는 생각

이 링겔만 효과로 나타난다고 추측됩니다.

– <네이버 시사경제용어사전>

인사이동도 마찬가지로, 한 사람의 인사이동이 팀이나 회사 전체에 영향
을 미칠 수 있음을 인식해야 합니다. 따라서 인사이동을 결정할 때는 개별
직원의 고유 특성, 구성원과의 조화, 업무 프로세스 개선 등을 종합적으로
고려해야 합니다.

04

규정은 단순할수록
강력하다

규정은 필요할 때 필요한 만큼 만들되,
만든 규정은 반드시 지켜야 합니다.

　　'읍참마속'이라는 사자성어가 있습니다. 제갈량이 조직의 규율을
지키기 위해, 울면서 아끼는 장수 마속의 목을 베었다는 데서 유래
한 말이죠. 그만큼 조직에 있어서 규율은 중요합니다. 규율이 무너
지면 자칫 조직 전체가 무너질 수 있기 때문이죠. 회사도 마찬가지
입니다. 직원과 근로계약을 맺었으면 됐지, 작은 회사에 무슨 규율
까지 필요하냐고 가볍게 생각했다간 자칫 회사에 큰 분란이 일어날
수도 있습니다.

　　포장용기 제조회사를 운영하는 J 사장은 생산량을 대폭 늘리기 위해
동종제품 제조회사를 인수했습니다. 원활한 사업 진행을 위해 인수
기업 직원들의 고용을 승계했고, 영업 강화를 위해 경력직원들도 새

로 충원했습니다. 그런데 이후 새로 합류한 직원들과 기존 직원들 간에 잦은 충돌이 발생하고 있습니다. 서로가 경험한 조직문화나 위계질서가 다르다 보니 사사건건 갈등이 빚어진 것이죠.

J 사장이 주변 사장들에게 이 문제를 얘기해 보니 다들 회사규정을 만들라고 합니다. 하지만 J 사장은 직원이 늘었다고 해도 채 20명이 안 되는 회사에 근로계약 외에 규정까지 만들어야 하는지 의문입니다. 또 규정을 어떻게 만들어야 할지도 막막할 뿐입니다.

개별 직원과 맺는 근로계약만으로는 회사와 전체 구성원이 지켜야 할 모든 규정을 열거할 수 없습니다. 그래서 별도의 회사규정이 필요한 것이죠. 회사의 규정을 만드는 방법은 원칙적으로 '자유'입니다.

다만 회사규정은 근로기준법 등 관련 법을 준수하는 범위 내에서 작성해야 합니다. 예를 들어 법적으로 연장근무수당은 통상임금의 1.5배를 지급해야 하는데 회사규정으로 1.3배만 지급한다고 할 수는 없습니다. 이를 '상위법 우선의 원칙(109쪽 참조)'이라고 합니다. 반면에 '유리한 조건 우선의 원칙(111쪽 참조)'에 따라 회사규정으로 연장근무수당을 통상임금의 2배로 지급하는 것은 인정됩니다.

이런 규정을 회사마다 복무규칙, 내규, 지침 등 다양한 이름으로 부르고 있는데, 법적으로는 '취업규칙'이라고 통칭합니다. 여기서도 가급적 '취업규칙'으로 통일해 표현하겠습니다.

근로기준법 제93조(취업규칙의 작성·신고)

상시 10명 이상의 근로자를 사용하는 사용자는 다음 각호의 사항에 관한 취업규칙을 작성하여 고용노동부장관에게 신고하여야 한다. 이를 변경하는 경우에도 또한 같다.

1. 업무의 시작과 종료 시각, 휴게시간, 휴일, 휴가 및 교대 근로에 관한 사항

2. 임금의 결정·계산·지급 방법, 임금의 산정기간·지급시기 및 승급(昇給)에 관한 사항

(중략)

11. 직장 내 괴롭힘의 예방 및 발생 시 조치 등에 관한 사항

12. 표창과 제재에 관한 사항

위 법 규정으로 보면, J 사장 회사는 직원 수가 20명 가까이 되므로 법적으로도 취업규칙을 작성하여 신고할 의무가 있습니다. 또 취업규칙에 근로기준법에서 정한 필수 기재사항을 반드시 포함해야 합니다.

취업규칙은 가능한 한 전문가에게 의뢰해 작성하는 게 좋습니다. 만일 여러 사정상 직접 작성해야 한다면, 고용노동부에서 제공하는 '표준 취업규칙'을 활용하는 방법이 도움이 됩니다. 표준 취업규칙의 필수 기재사항은 반드시 포함하되, 그 외 사항은 회사 상황에 맞춰 과감히 삭제하거나 변경하는 등 최소한으로 압축해 작성하기를 권합니다. 예를 들어 표준 취업규칙에 있는 '인사위원회 운영' 규정의 경우 직원 수가 많지 않은 회사에는 오히려 부적절할 수 있습니다. 직원규모상 현실적으로 인사위원회 구성 자체가 어렵고, 운영하는 절차도 까다롭기 때문입니다.

이 밖에 제가 여러 중소기업의 취업규칙(회사규정)을 검토하는 과정에서 파악한 문제점은 이렇습니다.

- 직원들이 취업규칙 존재 자체나 규정된 내용을 알지 못함
- 잦은 담당자 교체로 취업규칙 신고·변경 여부를 파악하지 못함
- 직원 수가 10인 이상인데도 취업규칙이 없음
- 회사규모나 운영 상황에 맞지 않게 규정이 지나치게 많거나 복잡함
- 취업규칙이 오래전에 만들어져서 현행법과 맞지 않아 의미가 없음

그렇다면 취업규칙을 회사에 적합하게 만들고 관리하려면 어떻게 해야 할까요?

■ 직원 의견을 수렴해야 합니다 : 취업규칙을 작성·변경할 때는 직원들의 의견을 수렴하거나 동의를 받아야 합니다. 이는 법으로 정해진 사항으로 생략할 수 없는 절차입니다. 취업규칙을 만들어 운용하는 이유는 직원들이 이를 준수하게 하여 직장질서를 유지하고 회사를 발전시키기 위해서입니다. 그런데 직원들이 취업규칙 존재 자체를 모르거나, 직원들의 의견을 전혀 반영하지 않으면 있으나 마나한 것이 됩니다. 더 심하게 말하면, 그런 취업규칙은 오히려 조직에 해악을 끼칠 수 있으므로 폐지하는 편이 낫습니다.

☑ 이 법에 집중

근로기준법 제94조(규칙의 작성, 변경절차)

① 사용자는 취업규칙의 작성 또는 변경에 관하여 해당 사업 또는 사업장에 근로자의 과반수로 조직된 노동조합이 있는 경우에는 그 노동조합, 근로자의 과반수로 조직된 노동조합이 없는 경우에는 근로자의 과반수의 의견을 들어야 한다. 다만, 취업규칙을 근로자에게 불리하게 변경하는 경우에는 그 동의를 받아야 한다.

■ **단순할수록 강력합니다** : 취업규칙은 '필요한 때 필요한 만큼만 강력하게 규정'해 시행해야 효과가 있습니다. 예를 들어 앞 사례처럼 기존 직원과 인수기업 직원, 신규 경력직원들이 뒤섞여 근무하게 된다면 이들을 통합할 규정이 필요합니다. 따라서 이런 경우 현재 상황으로 인해 혼란스러워진 부분을 파악하여, 그 부분에 한정한 규정을 별도로 만들면 됩니다. 특히 그 과정에서 직원들의 의견 수렴은 필수입니다.

취업규칙의 형식을 갖추는 것은 중요치 않습니다. 규정이 백화점식으로 많고 복잡하고 세세하다고 해서 취업규칙의 효과가 생기는 것도 절대 아닙니다. 취업규칙의 목적은 핵심 규정만 작성함으로써 혼란을 줄이고 통일된 관리지침을 만드는 것이어야 합니다. 즉, 직원들이 지킬 수 있고 지켜야 하는 단순 메시지를 담는 것이 중요합니다.

■ **취업규칙은 계속해서 관리해야 합니다** : 회사의 구성원도 노동법도 계속해서 바뀝니다. 그러니 취업규칙도 계속해서 상황에 맞게 바꾸어야 합니다. 불필요한 규정은 과감히 폐지하고, 추가로 필요한 사항은 단순하게 규정하여 시행해야 합니다. 실무상으로는, 매년 초

근로계약 변경시기에 맞춰 취업규칙도 전반적으로 점검하는 방식
이 좋습니다.

취업규칙은 직원들이 수시로 열람할 수 있게 하고, 새로운 직원이
입사할 때도 근로계약서를 작성하면서 취업규칙을 열람하게 해야
합니다. 특히 담당자들이 취업규칙 관리에 신경 쓰지 못하는 경우가
많으므로 사장이 지속적으로 관심을 갖는 것이 중요합니다.

> **☑ 이 법에 집중**
> **근로기준법 제14조(법령 요지 등의 게시)**
> ① 사용자는 취업규칙을 근로자가 자유롭게 열람할 수 있는 장소에 항상 게시하거
> 나 갖추어 두어 근로자에게 널리 알려야 한다.

> **● Simple is the Best**
> 집중과 단순함. 단순함은 복잡함보다 어렵습니다. 자신의 생각을 말끔히
> 해서 단순하게 하려면 굉장히 노력해야 합니다. 하지만 결국 그럴 가치가
> 있습니다. 일단 단순함에 이르게 되면 산을 움직일 수 있기 때문입니다.
> - 스티브 잡스

05

징계는 계단을 오르듯
단계적으로

직원 징계도 급하게 가려다 보면
탈이 나게 마련입니다.

　　어떤 사장이든 직원을 징계하는 일이 마음 편하지는 않을 것입니다. 특히 작은 회사 사장에게는 이것이 더욱 어려운 일일 수 있습니다. 소수의 직원과 오랜 기간 가까이서 함께 일하다 보면 그들을 객관적으로 대하기가 어렵기 때문이죠. 하지만 사장이 공사를 구분 못해 잘못한 직원을 명확히 징계하지 않으면 회사에 여러 가지 문제가 생길 수 있습니다.

　　온라인게임 제작회사를 운영하는 K 사장은 유독 영업부서의 최 과장을 아낍니다. 업무추진력이 뛰어나고 주변 평판도 좋아서 회사에 없으면 안 될 인재라고 생각하기 때문이죠. 그런데 한 가지 마음에 걸리는 부분이 있습니다. 업무상 거래처 접대가 많은 건 알지만, 최 과장 자신이 술을 워낙 좋아해 다음 날 지각하는 일이 너무 잦았던 것입니다. K 사장은 이번에 취업규칙을 개정하면서 앞으로 직원 근태를 더 엄격히 관리하려고 하는데, 최 과장을 어찌 처리할지 고민입니다. 솔직히 회사 기여도를 생각하면 지각 정도는 눈감아 주고 싶지만, 사장으로서 다른 직원과의 형평성을 무시할 수도 없는 노릇입니다. K 사장은 조직기강과 아끼는 직원 사이에서 결론 내기가 쉽지 않습니다.

징계권은 인사권의 핵심으로, 회사 재량으로 결정하면 됩니다. 즉, 직원을 징계할지 말지, 징계한다면 어떤 징계를 할지는 원칙적으로 회사가 정할 수 있습니다. 다만 근로기준법에서는 징계는 '정당한 이유'가 있어야 한다고 규정하고 있습니다. 법적인 징계의 정당성은 아래처럼 징계의 사유와 수준(양정), 절차가 모두 정당한지로 판단합니다.

첫째, 징계사유의 정당성을 판단하려면 일단 징계사유가 존재해야 합니다. 징계사유는 회사가 정할 수 있는데, 원칙적으로 회사가 정한 사유가 아니면 징계할 수 없습니다. 통상 근태 불량, 업무명령위반, 직장질서 파괴행위 등을 징계사유로 정하고 취업규칙으로써 규정하게 됩니다. 다만 모든 징계사유를 나열하기 어렵기 때문에, 주요 징계사유를 예시적으로 규정한 후 '기타 이에 준하는 사유로 직장질서를 문란하게 하는 경우' 등의 문구를 추가하는 경우가 많습니다.

둘째, 징계의 수준이 적정해야 합니다. 징계사유와 징계수준 간에 '균형'이 필요하다는 의미입니다. 즉, 가벼운 징계사유에 가혹한 징계를 하면 정당성이 인정되지 않습니다. 또 동일한 사유를 두고 누구는 징계하고 누구는 징계하지 않거나, 동일한 사유인데 누구는 감봉이고 누구는 정직이라면 공평하다고 할 수 없어 그 징계 결정은 정당성을 인정받지 못합니다. 따라서 사례의 K 사장이 취업규칙에 따라 지각한 직원을 징계하기로 했다면 최 과장 역시 징계할 수밖에 없는 것입니다.

《사기》에 '평범한 군주는 총애하는 자에게 상을 내리고 미워하는 자에게 벌을 주지만, 현명한 군주는 상은 공 있는 자에게 주고 형벌은 죄 있는 자에게 내린다'는 말이 있습니다. 이 말처럼 업무성과는 업무성과대로 연봉이나 승진으로 보상하고, 잘못은 잘못대로 엄격히 징계하는 것이 전체 직원관리 측면에서 합당한 조치입니다.

회사에서 규정하는 일반적인 징계의 종류는 이렇습니다.

- 견책 : 직원의 잘못된 행동이나 업무에 관해 경위를 파악하고, 장래에 같은 상황이 반복되지 않도록 경고하는 조치
- 감봉 : 직원의 임금 일정액을 일정 기간 공제(예 : 월 5만 원씩 3개월간 감봉)하는 조치. 다만 감봉액수는 무제한 허용되지 않고, 근로기준법에서 정한 일정 기준을 초과할 수 없음
- 정직 : 직원의 신분은 유지하되 일정 기간 출근을 정지시키는 조치. 정직기간 동안에는 임금이 지급되지 않기 때문에 중징계에 해당. 통상 1개월에서 3개월 사이로 정함

・해고 : 직원의 행위가 중대하여 더 이상 근무관계를 유지하기 어렵다고 판단될 때 결정하는 인사조치

이 중에서 '감봉'에 대한 오해가 많습니다. 법적 기준이 있는데 회사가 임의로 감봉(감급)액수를 임금의 10%, 20% 식으로 정하는 경우가 많기 때문이죠. 하지만 근로기준법에서는 아래처럼 감봉의 한도를 명확히 규정하고 있습니다.

✅ 이 법에 집중
근로기준법 제95조(제재 규정의 제한)
취업규칙에서 근로자에 대하여 감급(減給)의 제재를 정할 경우에 그 감액은 1회의 금액이 평균임금의 1일분의 2분의 1을, 총액이 1임금지급기의 임금 총액의 10분의 1을 초과하지 못한다.

예를 들어 감봉 대상 직원의 월급이 600만 원이고 1일 평균임금이 20만 원이라면, 감봉할 수 있는 월 1회 한도금액은 20만 원의 50%인 10만 원까지입니다. 또 1회의 징계로써 감봉할 수 있는 최대금액은 600만 원의 10%인 60만 원입니다. 즉, 매달 10만 원씩 최대 6개월 감봉이 최대 한도입니다.

이렇게 감봉액수의 법적 기준이 생각보다 적다 보니 징계효과를 의심하는 사장이 많습니다. 하지만 감봉 조치는 두 가지 측면에서 충분한 징계의미가 있습니다. 먼저 감봉 대상 직원의 잘못된 행동에 대한 재발 방지효과가 있습니다. 또 향후 해당 직원이 동일하거나 다른 형태의 잘못을 다시 저질렀을 때 더 무거운 징계나 정당

한 해고를 할 수 있는 근거로 삼을 수 있습니다.

셋째, 징계절차의 준수입니다. 징계절차에 관해 법으로 정한 규정은 없으므로 회사가 자율적으로 정하면 됩니다. 다만 징계사유가 충분한 데도 회사가 징계절차를 준수하지 않아서 부당징계로 인정받는 사례가 많다는 데 주의해야 합니다. 따라서 취업규칙 등 징계규정으로 정한 징계절차가 있다면 반드시 준수해야 하며, 정해진 징계절차가 없더라도 최소한 징계 대상자에게 '소명기회'는 부여해야 합니다.

징계절차는 가급적 단순하게 규정하는 것이 좋습니다. 실제로 기업규모나 회사 상황에 맞지 않게 징계위원회를 설치해 운용하거나, 징계절차를 지나치게 복잡하게 규정해서 애를 먹는 경우가 있습니다. 참고로 징계와 관련한 판례를 보겠습니다.

징계절차가 없는 경우의 판단기준(대법 85다375, 85다카1591)
취업규칙 등에 징계에 관한 절차가 정하여져 있으면 반증이 없는 한 그 절차는 정의가 요구하는 것으로서 징계의 유효조건이라고 할 것이나, 취업규칙 등의 징계에 관한 규정에 징계혐의자의 출석 및 진술의 기회부여 등에 관한 절차가 규정되어 있지 아니하다면 그와 같은 절차를 밟지 아니하고 해고하였다 하여 이를 들어 그 징계를 무효라고는 할 수 없다.

징계 결정 시 소명기회 부여(대법 91다14406)
근로자를 징계함에 있어서는 사전에 징계 대상자에게 이를 통지하여 변명할 기회를 주어야 하는 것이 원칙이다.

징계의 정당성과는 별도로 징계에 대해 기억해야 할 사항들이 있습니다.

■ 징계는 공평해야 합니다 : 만일 사례의 K 사장이 최 과장에 대해서만 지각행위를 징계사유에서 배제한다면 경영자로서 최악의 선택이 될 것입니다. 법적인 문제를 떠나, 징계가 공평하지 않으면 조직 운영에 심각한 악영향을 끼치기 때문입니다. 나아가 경영자로서의 신뢰와 리더십을 모두 잃을 수도 있습니다. 만일 어떻게든 최 과장을 징계하는 일을 피하고 싶다면, 공식적으로 유연근무제(201쪽 참조)를 도입하여 늦게 출근한 시간만큼 늦게 퇴근하도록 근무제도를 개편할 수 있습니다. 이것도 어렵다면 다른 직원도 최 과장처럼 지각에 대해서는 징계하면 안 됩니다.

■ 징계는 순차적 단계를 거쳐야 합니다 : 징계의 근본 목적은 처벌보다는 재발 방지에 있습니다. 따라서 직원이 잘못을 반복하지 않도록 하는 데 목적을 두고 징계수위를 단계적으로 높여 나가야 합니다. 가벼운 잘못에 바로 정직이나 해고 조치를 하면 징계수위의 정당성을 인정받을 수 없습니다. 예를 들어 지각을 처음 한 직원에게는 구두로만 경고함으로써 앞으로 잘못을 바로잡을 기회를 부여해야 합니다. 그런데도 또 지각을 한다면 경위서를 제출받고, 이후에도 지각이 이어진다면 감봉이나 정직을 하고, 최종적으로는 해고 조치를 하는 식으로 징계수위를 높여 나갈 필요가 있습니다.
물론 무제한적으로 기회를 부여해야 한다는 의미는 아닙니다. 징계사유나 상황을 종합적으로 고려하여 판단하되, 형평성을 잃은 과도한 보복성 징계를 해서는 안 된다는 것이죠.

● 최선의 방위책
땅을 기어 다니는 뱀이 사람들에게 계속 밟히자 불만을 갖고 신에게 따졌습니다. 신이 말했습니다. "너를 밟은 첫 번째 사람을 물었다면, 다음번 사람은 널 밟지 않았을 것이다."
– 《이솝 우화》

직장질서도 마찬가지입니다. 처음 문제행동이 있었을 때 규정에 따라 적절한 징계를 했다면 그런 행동이 줄었겠지만, 방치하면 그런 행동이 계속 확대되고 악화될 수밖에 없습니다. 문제행동을 바로잡고 싶다면 문제행동을 정확히 정의하여 규정화하고 이에 따라 공평하면서도 단계적으로 징계해야 합니다. 그래야 건전한 직장문화를 만들어 갈 수 있습니다. 다만 징계가 능사는 아니므로 근무시간제도 개편, 조직문화 개선을 함께 검토하는 것이 중요합니다.

징 계 처 분 통 지 서

징계대상	성 명			
	소 속		직 위	
	주 소			
징계내용	감봉 1개월			
징계사유	취업규칙 제○○조 제○항에 의거 징계대상자 ○○○의 ○○○○ 행위에 대한 징계처분			
유의사항	감봉 조치는 20 년 월 급여에 반영됨			

취업규칙 제○○조에 의거하여 위와 같이 징계처분을 통지합니다.

년   월   일

(주)○○○○ 대표이사   (인)

06

직원과 원수지간으로
헤어지지 않으려면

직원과의 아름다운 이별을 위해
노력하는 것도 사장의 중요한 역할입니다.

대기업과 달리 중소기업은 필요한 직원을 적기에 채용하거나, 직원을 오래도록 근무하게 하기가 쉽지 않습니다. 회사가 지방에 있거나, 우수한 직원을 구하기 어려운 업종이라면 더욱 그렇죠. 그러다 보니 회사 차원에서 어렵게 뽑은 우수 인재들이 오래 일하도록 여러 유인책을 내기도 하지만 뜻대로 되지 않는 경우가 많습니다.

L 사장은 충청지역에서 직원 100명의 화장품 제조회사를 10년째 운영하고 있습니다. 사업특성상 지속 성장을 위해서는 꾸준한 연구가 필수라 L 사장은 우수 연구원 영입을 위해 다양한 노력을 기울이고 있습니다. 연봉도 대기업 못지않게 지급하고 있으며, 복지혜택도 풍부하게 제공하고 있습니다. 그래서인지 채용공고를 내면 지원자가

적지 않아 사람 뽑기가 그리 어렵지는 않은 편입니다.

정작 문제는 그렇게 들어온 연구원들이 불과 입사 1~2년 안에 퇴사해 버린다는 것입니다. L 사장은 회사가 지방에 있어서인지, 복지혜택이 여전히 부족해서인지, 그들이 회사를 떠나는 이유가 무엇인지 알 수 없어 고민이 큽니다.

열 길 물속은 알아도 한 길 사람 속은 모른다고 했습니다. 그러니 L 사장이 퇴사하려는 직원들의 속마음을 알기가 쉽지 않겠죠. L 사장은 비록 회사가 지방에 있어 직원 출·퇴근이나 거주에 불편함이 있지만, 그 이상의 복지혜택을 주고 있다고 생각합니다. 그런데도 채용한 직원이 단기간에 줄줄이 퇴사한다면 다른 이유를 생각해 볼 필요가 있습니다. 이런 경우에 추측해 볼 수 있는 몇 가지 퇴사사유는 이렇습니다.

- 내 능력이나 업무성과에 비해 여전히 임금이 적다.
- 다른 직원에 비해 업무량이 많아 힘들다.
- 출·퇴근거리가 멀고, 작업장 내 소음이나 먼지 등이 많아 근무 환경이 열악하다.
- 회사 자체 비전이나 전망이 불투명해서 오래 근무하기 어렵다.
- 다른 회사에 비해 개인의 발전이나 성장 가능성이 낮다.
- 조직 내 불합리한 대우가 있다.
- 직원과의 관계, 특히 상사와의 관계가 좋지 않다.
- 수직적 조직문화와 과도한 회식이 불만족스럽다.

· 복지혜택이 많다지만 내가 받을 수 있는 게 없다.

· 사장이 괴팍하다.

· 애초에 회사에 어울리지 않는 사람을 뽑았다.

이 밖에도 많은 이유가 있을 수 있고, 때로는 여러 이유가 복합적으로 퇴사 동기로 작용할 수 있습니다. 중소회사라면 이런 이유 중 '어쩔 수 없이 받아들일 부분'과 '관리가 가능한 부분'을 나누어 접근하는 것이 중요합니다. 예를 들어 현실적으로 작은 회사에서 임금이나 복지수준, 미래 비전 등을 단기간에 개선하기는 힘들기 때문이죠. 따라서 회사가 관리 또는 대응할 수 있는 이유에 집중해 개선하는 노력이 필요합니다.

개선할 수 있는 이유를 파악하는 데는 퇴사예정자 대상의 '실질적인 퇴직면담'이 중요합니다. 보통 퇴사예정자는 솔직하게 답변하지 않거나 성의 없이 답하는 경우가 많습니다. 따라서 실질적인 퇴직면담이 이루어질 수 있도록 경험 있는 관리자를 투입하거나, 가능하다면 외부 전문가 또는 사장이 직접 진행하는 방식을 추천합니다.

퇴직면담을 위한 질문이나 내용도 사전에 마련해 둘 필요가 있습니다. 퇴직면담이 향후 퇴사자를 줄이기 위한 과정임을 인식하고 사업특성에 맞게 질문지를 작성하되, 퇴직 예정자의 업무나 상황에 맞게 질문을 추가 · 수정하는 것이 좋습니다.

퇴직면담은 퇴사직원에게 회사에 대한 긍정적 이미지를 부여하는 '최신효과'도 있습니다. 최신효과(Recency Effect)란 사람이나 사물 등을 평가할 때 맨 마지막, 즉 가장 최근에 들어온 정보를 제일 잘 기억하게 되는 현상을 말합니다. 퇴직면담을 통해 퇴사직원이 겪은 그간의 고충을 이해해 주고 퇴직과정에 협조함으로써 해당 직원에게 회사에 대한 긍정적인 이미지를 줄 수 있다는 것이죠. 이는 향후 퇴사직원과의 불필요한 분쟁을 예방하거나, 퇴사직원에게서 직원 추천을 받는 등의 호의적인 반응을 끌어낼 수도 있습니다. 또 퇴사직원이 채용 사이트 등에 회사에 관한 안 좋은 평판을 올려서 직원 채용을 방해하는 행위(76쪽 참조)를 방지하는 효과도 얻을 수 있습니다.

이 밖에도 직원이 퇴사할 때 회사가 꼭 챙겨야 할 사항들이 있습니다.

■ 사직서를 받아야 합니다 : 직원이 입사하면 근로계약서를 쓰듯 퇴사자에게서는 사직서를 받는 것이 좋습니다. 사직서를 통해 사직날짜를 미리 협의해 결정함으로써 최소한의 인수인계 기간을 확보할 수 있으며, 향후 사직이유와 관련하여 불필요한 분쟁을 예방할 수 있습니다. 만약 직원이 급하게 퇴사하여 사직서를 받지 못한다면 문자나 이메일 등을 통해서라도 퇴사자의 '사직의사'를 명확히 받아 둘 필요가 있습니다.

■ 퇴직 관련 체크 리스트를 만듭니다 : 컴퓨터, 유니폼 등 반납물품 항목과 업무용 이메일 주소나 컴퓨터 비밀번호, 문서 파일 등의 정

보를 기록할 체크 리스트를 미리 만들어서 실제 직원 퇴사 시 누락되는 사항 없이 업무 인수인계가 원활히 진행되도록 해야 합니다.

■ 퇴직절차를 사전에 협의합니다 : 퇴직예정자가 퇴사하기 최소 일주일 전에는 관련 사항이나 절차를 사전에 협의하는 것이 좋습니다. 즉, 잔여 연차휴가 처리방법, 퇴직금 또는 퇴직연금 처리절차, 실업급여 수급절차 등을 퇴직예정자에게 미리 알려주고, 기타 필요한 사항을 협의합니다.

직원이 갑자기 퇴사하겠다고 하면 회사는 당연히 당황스럽고, 직원의 행태가 불만스러울 수 있습니다. 하지만 현실적으로 회사가 직원의 퇴사를 강제로 막을 법적 수단은 거의 없습니다. 이럴 때 회사가 '손해배상청구를 하겠다'라는 식으로 협박하기보다는 최소한의 인수인계 기간을 확보할 방안을 협의하는 것이 중요합니다. 예를 들면 퇴사직원에게 퇴사 전 추가근무나 퇴사 후 주말근무 등을 제안하는 방안을 고려할 수 있습니다.

■ 정년 퇴직자의 재고용을 검토합니다 : 때로 회사의 필요로 정년퇴직자를 재고용하기도 합니다. 이런 경우도 해당 정년퇴직자에 대해 일단 퇴직 처리를 한 후에, 계약직 계약을 이용해 신규고용 형태로 관리하는 것이 좋습니다. 즉, 우선 퇴직 처리를 통해 퇴직금을 모두 지급하고 4대 보험 상실 처리도 한 이후에, 다시 계약직(촉탁직) 근로계약을 체결하고 4대 보험에 재가입하는 형태를 취하는 게 좋습니다. 연차휴가 일수 계산과 퇴직금 산정도 신규 입사자와 마찬가지

로 재계약한 시점을 기준으로 처리하면 됩니다.

　　마지막으로, 신규 채용예정자에게서 조기 퇴사 조짐을 점검해 볼 필요도 있습니다. '애초 우리 회사에 맞는 사람을 뽑았나'라는 근본 문제를 미리 점검해 보는 것이죠. 능력 있고 우수한 직원이라도 오래 근무해야 의미가 있습니다. 학벌이나 경력도 중요하지만, 채용 단계에서 예비직원이 회사의 조직문화에 잘 적응하고 직원들과 잘 어울릴 수 있는지를 깊이 점검해 보는 것이 퇴사를 줄이는 근본 대책이 될 수 있습니다.

● 아름다운 이별은 쉽지 않습니다

'기억의 동기화'는 인류가 오랜 기간 생존하기 위해 선택한 진화의 방법입니다. 인간의 뇌는 모든 것을 기억할 수 없어서 생존에 꼭 필요한 정보만을 우선적으로 기억하는데, 위기와 두려움을 가장 중요한 정보로 여긴다고 합니다. 그래서 기억의 동기화를 통해 좋지 않은 기억을 길고 강하게 남긴다는 것이죠.

직원의 퇴사이유에 대체로 회사에 대한 불만이 많은 까닭도 이런 인간의 본능이 작용하지 않나 싶습니다. 이유야 어쨌든 직원이 불만을 품은 채로 퇴사하는 것은 어느 쪽에도 도움이 되지 않습니다. 저는 여러 회사를 컨설팅하면서, 사장이 서운한 마음에 갑자기 그만두는 직원을 매몰차게 대하는 사례를 자주 봅니다. 물론 사장에게 '그동안 내가 얼마나 잘해 줬는데!'

라는 마음이 드는 것은 인간적으로 충분히 이해됩니다. 하지만 그러한 행동은 그동안 회사에 대해 고마움을 가졌던 직원들의 마음을 차갑게 만들거나, 쌓였던 불만을 폭발하게 하는 기폭제가 될 수 있습니다. 따라서 회사는 퇴사하는 직원에게 서운한 마음이 들더라도 그동안 일해준 데 대해 고마움을 전하고, 불편한 마음을 최대한 풀어주는 노력이 필요합니다. 내키지 않더라도 직원과 최대한 아름다운 이별을 하는 것도 사장의 역할입니다.

퇴 직 예 정 자 의 견 조 사 서

Part 1. 재입사 및 주변 지인에 대한 추천 의사

Part 2. 퇴직사유

Part 3. 근무조건 전반에 대한 생각

항목	매우 불만	약간 불만	보통 이다	약간 만족	매우 만족
1) 임금수준	①	②	③	④	⑤
2) 복지수준 및 다양성	①	②	③	④	⑤
3) 승진기회 내지 전망	①	②	③	④	⑤
4) 인사평가의 공정성	①	②	③	④	⑤
5) 업무의 강도(근무강도)	①	②	③	④	⑤
6) 근로시간의 길이(장시간근로 등)	①	②	③	④	⑤
7) 업무의 자율성과 재량권	①	②	③	④	⑤
8) 인력배치의 적절성	①	②	③	④	⑤
9) 고용안정성	①	②	③	④	⑤
10) 상사와의 관계	①	②	③	④	⑤
11) 교육훈련을 받을 기회	①	②	③	④	⑤
12) 가정을 돌볼 시간과 여유(일과 가정의 양립)	①	②	③	④	⑤
13) 경영진의 경영전략 및 경영능력	①	②	③	④	⑤

Part 4. 마지막으로 회사가 개선해야 할 점

뜻밖에 아주 야비하고 어이없는 일을 당하더라도 그것 때문에
괴로워하거나 짜증 내지 마라. 그냥 지식이 하나 늘었다고 생각
하라. 인간의 성격을 공부해 가던 중에 고려해야 할 요소가 새로
하나 나타난 것뿐이다. 우연히 아주 특이한 광물표본을 손에 넣은
광물학자와 같은 태도를 취하라.

- 쇼펜하우어

제7강

사장력 높이기 4
_분쟁 해결/갈등관리

01

노동분쟁을 대하는
사장의 태도

노동분쟁 또한 일어날 일이
일어난 것일 뿐, 다 지나갑니다.

저는 여러 회사에서 상담하는 과정에서 인격적인 존경심이 드는 진짜 사장들을 많이 봅니다. 하지만 이런 사장들도 직원과의 분쟁을 피할 수 없을 때가 많습니다. 문제는 직원을 진심으로 대하는 사장일수록 직원과의 분쟁을 너무 힘들어한다는 점입니다.

맨주먹으로 건설사업을 일으킨 M 사장은 평소 직원들에게 잘해 주기로 유명합니다. M 사장은 주변 사장들에게서 '직원들에게 그렇게까지 안 해도 된다'라는 충고를 들을 정도로 직원들을 진심으로 대했습니다. 심지어 회사가 번 돈은 내 돈이 아니라며 연봉 인상, 성과급 지급, 복지혜택 확대 등을 통해 수익의 상당 부분을 직원들에게 돌려주기도 했습니다. 직원들도 그런 M 사장을 존경하며 대부분 오래 근무하며 열심히 일했기 때문에 회사가 안정적으로 성장할 수 있었습니다. 그런데 어느 날 M 사장을 당황하게 만든 사건이 터졌습니다. 한 직원이 퇴사하면서 고용노동부에 회사를 상대로 진정을 접수한 것입니다. 그것도 무려 회사가 임금을 체불하고, 사장에게서 지속적으로 직장 내 괴롭힘을 당했다는 사유였습니다. M 사장은 모든 노력이 한순간에 무너지는 듯한 배신감을 느꼈습니다. 한편으론 내가 인생을 잘못 살았나 하는 자책이 들기도 했습니다. 명백한 거짓 진정을 낸 직원에게 어떻게 대응해야 할지도 고민입니다.

사안이 크든 작든 직원과의 분쟁을 대하는 사장의 마음은 편치 않습니다. 법적인 대응도 문제지만, 그로 인한 다른 직원들의 동요도 살펴야 하기 때문이죠. 저는 사업현장에서 분쟁의 시작과 끝을 수없이 지켜보고 경험했기에 그 마음을 충분히 이해합니다. 그리고 그 경험을 바탕으로 직원과의 분쟁을 대하는 사장의 태도에 대해 몇 가지 조언을 드립니다.

■ 어쩌다 맞는 새똥은 내 책임이 아닙니다 : 길을 걷다 보면 누구나 새똥을 맞을 수 있습니다. 새 차에 새똥이 묻을 수도 있고요. 이런 경험이 기분 좋을 리 없습니다. 하지만 그것이 내 책임은 아니죠. 그저 '운이 없었을 뿐' 새를 원망할 이유도 없습니다. 간혹 생기는 직원과의 분쟁도 마찬가지입니다. 사례의 M 사장처럼 평소 직원을 진심으로 대했다면 그런 일을 겪을 때 감정적으로 더 서운하고 힘들지 모릅니다. 하지만 그건 운이 없어 일어난 일일 뿐 사장의 책임은 아

닙니다. 새똥이 떨어졌다면 닦아내면 그뿐이듯, 직원과의 분쟁도 의연히 대처하면 그뿐입니다. 그냥 일어날 일이 일어났을 뿐이니 괜히 자책할 필요는 없습니다.

■ 유독 새똥을 자주 맞는다면 우연이 아닐 수 있습니다 : 유독 나만 새똥을 자주 맞는다면 뭔가 이유가 있지 않을까요? 직원과의 분쟁도 그렇지 않을까요? 사장은 주변에서 인정할 정도로 직원을 진심으로 대한다지만, 직원들이 자꾸 불만을 품고 퇴사하고, 심지어 고용노동부에 자주 불려간다면 그저 우연으로 보기는 어렵지 않을까요? 이런 경우 회사나 사장이 문제일 확률이 높습니다. 물론 평균적으로 분쟁이 많이 생기는 업종이나 사업유형도 있긴 하지만, 회사에 같은 유형의 분쟁이 지속된다면 근본 원인을 찾아봐야 합니다. '직원 탓'만 하고 넘어갈 일이 아닙니다.

문제의 원인이 사장의 고압적인 태도에 있다면 스스로 고치려고 노력해야 합니다. 정 고치기 어렵다면 회사 운영의 많은 부분을 임원이나 관리자에게 맡겨서 사장이 직접 직원들과 접촉하는 상황을 줄이는 방법도 고려해야 합니다.

만일 원인이 특정 임원이나 관리자의 업무능력이나 직원들을 대하는 태도에 있다면 사장이 직접 나서서 해결해야 합니다. 앞서 강조했듯이 사장이 구성원 간에 해결하지 못하는 문제가 있음을 알고도 '나 몰라라'하는 것은 심각한 사장의 직무유기에 해당합니다.

또 분쟁 발생원인에 법적인 문제에 끼어있다면 전문가를 고용해 해결해야 합니다.

■ 원만한 합의가 최선입니다 : 오랜 기간 여러 회사의 분쟁을 지켜보다 제가 얻은 한가지 결론이 있습니다. 바로 '협의 및 조정을 통한 원만한 합의'가 최선이라는 점입니다. 분쟁의 결과가 어느 한쪽이 100% 만족하는 상황으로 끝나면 법적으로나 심리적으로 끝이 좋지 않습니다. 오히려 조정을 통해 서로가 뭔가 불만족한 상태로 분쟁이 마무리되어야 뒤끝이 없습니다. 협상은 비겁하거나 두려워서 임하는 것이 아닙니다. 분쟁이 생겼을 때는 '협상이 최선'이라는 마음을 갖고 대응하는 것이 중요합니다.

물론 분쟁의 이유가 '사장이 도저히 심정적으로 받아들일 수 없는 문제'라서 법적으로 정당하게 다투어야 할 때도 있습니다. 이와 관련해 제가 겪은 사례가 있습니다. 저는 한 회사에서 일어난 분쟁 해결을 의뢰받고 당사자 간 '합의'를 중재하려 했습니다. 당시 해당 회사의 사장은 어떻게든 법의 판단을 받고 싶어 했지만 제가 보기에 결과가 너무 뻔했습니다. 그래서 끝까지 사장을 설득해 합의로써 분쟁을 마무리했는데, 나중에 그 사장이 저를 크게 원망했습니다. 합의 결과와 무관하게 분쟁을 일으킨 직원을 향한 아쉬움과 분노가 그만큼 컸던 것이죠. 이 경험 때문에 저도 이제는 분쟁 결과가 눈에 보여도 끝까지 설득하진 않습니다.

'하고 싶으면 해봐야' 합니다. 그래야 후회가 남지 않을 테니까요. 그래도 끝까지는 가지 않아야 합니다. 고용노동부 판단이든 법원 소송이든 한 번 정도는 해보는 것도 좋습니다. 다만 1회 정도에 그쳐야 합니다. 결국 분쟁에서 진다면 시간과 비용의 낭비뿐 아니라 분노가 더 커지게 됩니다. 설사 이긴다 해도 시간과 비용만 들고 상처뿐인

영광인 경우가 대부분입니다.

무엇보다 큰 손실은 긴 시간 동안 사건에서 헤어 나오지 못하는 '심리적 소모'입니다. 또 분쟁에서 진 직원이 순순히 물러나지 않고 다시 다른 분쟁거리를 문제 삼을 수도 있습니다. 《명심보감》에 '모든일에 인정을 남겨 두어라. 훗날 만났을 때 좋은 얼굴로 보게 된다'라는 가르침이 있습니다. 이 가르침은 직원과의 분쟁 해결에도 적용됩니다.

■ 이 또한 지나갑니다 : 싸워서 이기든 협상하든 직원과의 분쟁은 결국 끝이 난다는 점이 중요합니다. 아주 특별한 경우가 아니라면 그로 인해 회사가 망할 일도 없습니다. 결국 지나갑니다. 사장도 사람이니 직원에 대한 배신감이나 상실감 등으로 고통받을 수는 있습니다. 하지만 '어차피 일어날 일이 일어난 거다', '이 또한 결국 지나갈 거다'라는 마음으로 조금은 문제를 가볍게 바라보는 것이 좋습니다. 벼락이면 모를까 새똥 한 번 맞는다고 죽는 일은 없을 테니까요.

직원과의 분쟁과 관련하여 제게 "오랜 세월 회사를 운영하면서 이런 일이 한 번도 없었는데 너무 속상하다"라고 하소연하는 사장이 많습니다. 그럼 저는 이렇게 이야기합니다.

"사장님, 그동안 참 직원관리를 잘하셨습니다. 다른 사장님들은 알게 모르게 많은 분쟁을 겪었는데 사장님은 그렇지 않았다는 것만으로도 대단하십니다. 오랜 기간 분쟁이 없었던 건 그만큼 사장님이 직원들을 진심으로 대했기에 가능했다고 생각합니다. 한참 전에 맞아야 했던 새똥을 이제야 맞은 것이니 잘 닦아내면 그뿐입니다. 지나가는 새를 원망해 봐야 무슨 소용이겠습니까! 절대 사장님 책임은 아닙니다. 자책하지 마세요. 다만 혹시나 또 새똥을 맞을 상황이 있을지 점검해 볼 필요는 있습니다."

● 끝까지 싸우면 좋을까?

더운 여름날 사자와 멧돼지가 물을 마시러 동시에 조그만 샘 가로 왔습니다. 서로 물을 먼저 마시려고 싸우기 시작하였습니다. 계속 싸우다가 숨을 돌려 주변을 둘러보니 누가 되건 죽는 쪽을 먹어 치우려고 독수리들과 까마귀들이 기다리고 있는 것을 보게 되었습니다. 이들은 싸움을 멈추고 말했습니다. "독수리와 까마귀 밥이 되느니 친구가 되는 것이 낫겠군."

- 《이솝우화》

분쟁 발생은 어쩔 수 없더라도 해결방법은 선택할 수 있습니다. 변호사나 노무사 좋을 일만 시키는 건 아닌지 생각해 보고, 더 현명한 방법이 무엇인지 찾아봐야 합니다.

02

고용노동부에서
출석요구서를 받는다면

어떤 분쟁이든 책임이 있다면
책임을 지면 그뿐입니다.

어떤 일이든 처음 겪을 땐 당황스럽기 마련입니다. 더구나 그 일에 법적인 문제가 끼어있다면 더욱 그럴 수밖에 없겠죠. 직원과의 분쟁을 넘어 고용노동부에서 처음 출석요구서를 받은 사장의 마음도 그렇지 않을까요?

N 사장은 10년간 사무기기 렌털회사를 운영하며 직원들과 무난하게 지내고 있습니다. 그런데 어느 날 난데없이 고용노동부에서 '출석요구서'가 날라왔습니다. N 사장이 놀란 마음에 고용노동부에 알아보니 퇴사한 직원이 근무했을 때 발생한 연장근무수당과 연차수당을 정확히 지급받지 못했다면서 진정을 접수했다고 합니다. 고용노동부에서는 사건이 접수되었으니 사실 조사를 위해 출석을 요구한 것이

고요.

N 사장은 5년이나 함께했던 직원이 퇴사한 지 3개월이나 지나서야 왜 이런 진정을 냈는지 도무지 알 길이 없습니다. 해당 직원에게 연락해 보니 전화도 받지 않습니다. N 사장은 '진작 나한테 말했으면 좋았을 텐데, 왜 이제야 이런 방법으로…'라는 생각에 답답하기도 하고 화가 나기도 했습니다. 어쨌거나 출석요구서를 받았으니 나가긴 나가야 할 텐데, N 사장은 처음 겪는 일에 조금 두렵기도 하고 어떻게 대응할지도 걱정입니다.

처음 고용노동부 출석요구를 받아 본 사장은 여러 감정이 교차합니다. 왜 나한테 이런 일이 일어났는지 당황해하며 분노, 짜증, 배신감 등을 느끼게 되죠. 하지만 회사를 운영하다 보면 사장의 의지와 무관하게 언제든 일어날 수 있는 일입니다. 출석 조사를 통해 이번 기회에 잘못된 것이 있다면 바로잡겠다고 생각하면 됩니다.

다만 위와 같은 임금 체불에 관한 진정과 고소절차를 미리 알아 놓으면 대처하는 데 도움이 되겠죠? 그래서 그 절차와 각 절차별로 사장이 할 수 있는 대응방법을 알아보겠습니다.

■ 1단계_ 진정 접수 인지 : 직원이 회사를 상대로 고용노동부에 진정을 접수하면 해당 사실이 우선 회사의 대표자에게 문자로 통보됩니다. 그 이후 고용노동부에서 '출석요구서'를 받게 되죠. 이 단계에서는 다음 내용들을 점검해야 합니다.

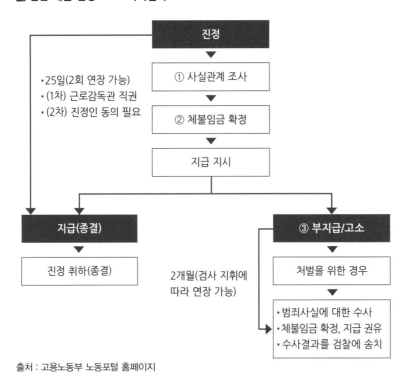

■ 임금 체불 진정·고소 처리절차

진정

• 25일(2회 연장 가능)
• (1차) 근로감독관 직권
• (2차) 진정인 동의 필요

① 사실관계 조사

② 체불임금 확정

지급 지시

지급(종결)

진정 취하(종결)

2개월(검사 지휘에
따라 연장 가능)

③ 부지급/고소

처벌을 위한 경우

• 범죄사실에 대한 수사
• 체불임금 확정, 지급 권유
• 수사결과를 검찰에 송치

출처 : 고용노동부 노동포털 홈페이지

1 출석요구서에는 구체적 진정 내용이 없으므로 사건 담당 근로감독관에게 직접 전화를 걸어 파악해야 합니다. 참고로 담당 근로감독관의 연락처는 문자통지문이나 출석요구서에 기재되어 있습니다.

2 진정 내용을 파악한 다음에는 대응방안을 세워야 하는데, 직접 대응하기 어렵다면 전문가인 노무사와 계약하여 도움을 받는 것이 좋습니다. 그 이후에는 계약한 노무사가 사건을 대

리하여 진행하게 됩니다.

3 진정을 접수한 직원과 연락이 되고 관계가 나쁘지 않다면 고용노동부 조사 전에 합의하는 방법을 고려할 수 있습니다. 회사가 조금 손해 같더라도 전문가의 조언을 바탕으로 해결책을 찾아 이 단계에서 사건을 종결하는 것이 제일 좋습니다. 다만 앞의 사례처럼 직원과 연락이 안 된다면 의도적으로 피하는 것이므로 굳이 억지로 연락을 취하려고 노력할 필요는 없습니다.

4 개인 사정으로 출석요구일에 출석이 어렵다면 일정을 조정할 수 있으니, 담당 근로감독관과 출석일을 협의하면 됩니다.

■ 2단계_ 고용노동부 출석 및 조사 : 고용노동부에 출석하면 일단 감정은 접어 두고 소명 자료를 바탕으로 차분하게 조사에 대응하는 것이 좋습니다.

1 근로감독관을 속이려 하거나 자료를 거짓으로 만들지 말아야 합니다. 조사경험이 풍부한 공무원을 속일 수도 없고, 이후에 발각되면 사업장 조사 등으로 문제가 커질 수 있으니 사실대로 조사받는 것이 좋습니다. 특히 관련 자료를 조작하는 행위는 추후 법적 문제가 될 수도 있으니 절대 하지 않기를 권합니다.

② 관련 자료는 가급적 고용노동부 출석 전에 준비하는 것이 좋습니다. 다만 준비할 시간이 없다면 추후 제출해도 됩니다. 주장을 꼼꼼히 뒷받침할 자료를 준비하는 것이 중요합니다.

③ 일반적으로는 진정을 접수한 직원과의 대면 조사를 받습니다. 다만 직접 당사자를 대면하기 힘들거나 일정이 맞지 않으면 단독 조사를 요청할 수 있습니다.

■ 3단계_ 조사 후 결정 : 조사가 완료되면 고용노동부에서 면책이나 시정 등의 결정을 받게 됩니다. 이것으로 마무리되면 좋겠지만 때로는 재진정이나 소송으로 이어질 수 있으므로 가급적 한 번에 종결되도록 노력할 필요가 있습니다.

① 조사 후 고용노동부에서 미지급 임금이 없다고 결정되면 사건은 종결됩니다. 다만 진정을 넣은 직원이 결과를 받아들이지 않고 '재진정'할 수도 있습니다.

② 임금 체불이 인정되면 고용노동부에서 언제까지 얼마를 지급하라는 '시정 지시'를 하게 되고, 회사가 그것을 이행하면 사건은 종결됩니다. 통상적인 임금 체불사건의 경우 회사가 시정 지시를 이행하면 직원이 진정을 취하하고, 이에 따라 형사처벌이 되지 않습니다.

3 임금 체불이 인정되어 고용노동부에서 시정 지시를 했는데도 회사가 이를 따르지 않으면 근로감독관은 검사에게 사건을 송치합니다. 즉, 그때부터는 형사사건이 됩니다. 더불어 고용노동부에서는 진정을 넣은 직원(진정인)에게 임금 체불 확인서를 발급해 주고, 해당 직원은 이를 근거로 민사소송을 통해 미지급 임금을 지급받게 됩니다.

참고로 앞선 사례와 같은 연장근무수당이나 연차수당 미지급 사건의 경우 사안이 복잡하지 않습니다. 지급 의무 여부를 파악하거나 구체적인 미지급 금액을 산출하기가 어렵지 않으므로 회사에서는 신속한 의사결정으로 사건을 마무리하는 방법이 최선입니다.

만약 지급 의무가 있음이 명백하다면 근로감독관에게 지급의사를 미리 알리고 조사 전이라도 지급하는 것이 좋습니다. 그렇지 않고 산출금액 등에 이견이 있다면 고용노동부 조사단계에서 이견을 줄여 합의하는 것이 효과적인 대응책입니다.

감정적으로 대응해 봐야 시간과 비용 낭비는 물론 무엇보다 불필요한 감정소비만 지속될 뿐입니다. 또 사건이 종결된 후에는 회사 내 분쟁원인이 될 만한 문제를 파악하여 동일한 분쟁이 반복되지 않도록 개선해야 합니다.

● 목계지덕(木鷄之德), 나무로 만든 닭처럼 흔들림이 없다

닭싸움을 위해 닭을 훈련시키는 사람이 주나라 선왕의 부탁으로 닭을 한 마리 훈련시키게 되었습니다. 열흘쯤 지나 왕은 "그 닭이 싸움을 할 만큼 훈련이 되었는가?"라고 물었습니다. 훈련사는 닭이 쓸데없이 허세를 부리고 자기 힘만 믿는다며 조금 더 있어야 한다고 대답했습니다. 다시 한 열흘이 지나 왕이 또 물었는데, 훈련사는 다른 닭의 소리나 모습만 보아도 덤벼든다며 조금 더 시간이 필요하다고 말했습니다. 다시 열흘이 지나 왕이 또 묻자, 훈련사는 상대방을 노려보고, 혈기가 지나치게 왕성하다며 아직 부족하다고 말했습니다. 그 뒤 다시 열흘이 지나 왕이 묻자, 훈련사는 그제서야 이렇게 대답했습니다. "이제 됐습니다. 상대가 울음소리를 내어도 아무 변화가 없습니다. 멀리서 보면 마치 나무로 깎아 놓은 닭 같습니다. 그 덕이 온전해진 것입니다. 다른 닭이 감히 상대하지 못하고 돌아서 달아나 버립니다."

-《장자》, 달생 편

직원의 진정이나 고소로 고용노동부 조사를 받는 것은 당연히 사장에게 유쾌한 일이 아닙니다. 그렇더라도 감정적으로 대응하거나 이기려고 하기보다는 냉정하고 차분하게 '내가 책임질 일이 있다면 책임지겠다'라는 자세로 임하는 것이 중요합니다.

제   호

출 석 요 구

　　귀하에 대한 　　　　　　　　　　　사건(진정인　　　　　　　)에 관하여
문의할 일이 있으니 　.　.　오전(후)　시에 ○○지방고용노동청(○○지청) ○○○○과
로 출석하여 주시기 바랍니다.

　　출석하실 때에 반드시 이 출석요구서와 주민등록증(또는 운전면허증) 및 도장, 그리고
아래 증거자료와 기타 귀하가 필요하다고 생각하는 자료를 가지고 나와 주시기 바랍니다.
(대리인 출석 시 위임장 지참)

> 신체적 또는 정신적 장애로 인해 의사소통이나 의사표현 등에 어려움이 있을 경우 담당
> 근로감독관에게 사전에 알려 주시면 진술 조력, 편의 제공 등 형사사법 절차에서 도움을
> 받으실 수 있습니다.

지참서류 1.
　　　　2.
　　　　3.

　　지정된 일시에 출석할 수 없는 부득이한 사정이 있거나 이 출석요구서와 관련하여 궁금
한 점이 있으면, ○○○○과(전화　　-　　)에 연락하여 출석일시를 조정하시거나 궁금
한 사항을 문의하시기 바랍니다.

※ 사건처리 과정은 고용노동부 노동포털(labor.moel.go.kr)에서 확인할 수 있습니다.

　　　　　　　　　　　　　　　20　.　.　.
　　　　　　　　　　　　　　○○지방고용노동청(○○지청)
　　　　　　　　　　　　　　특별사법경찰관
　　　　　　　　　　　　　　근 로 감 독 관　　　　　　(인)

03

문제직원을
해고하고 싶다면

썩은 사과 하나가
상자 속 모든 사과를 썩게 합니다.

  사장이 회사의 필요에 따라 사람을 뽑다 보면 처음 생각과 달리
마음에 안 드는 직원이 있게 마련입니다. 능력과는 별개로 성격에
문제가 있을 수 있고, 직원이 오래 일해도 조직에 융화되지 않는 사
례도 많습니다. 이럴 때 마음 같아서는 당장이라도 내보내고 싶겠지
만, '직원을 들이는 건 사장 마음이지만 내보내는 건 마음대로 안 된
다'라는 게 현실입니다.

  의류 수출업을 운영하는 P 사장은 최근 유럽지역 수출물량을 늘리기
  위해 해외 영업팀장을 새로 뽑았습니다. 외부 추천까지 받아 유럽지
  역에 특화된 능력을 검증한 만큼 해당 직원의 업무 수행능력에는 별
  문제가 없었습니다. 그런데 P 사장은 그 직원의 다른 문제 때문에

요즘 우울증에 걸릴 정도로 힘든 나날을 보내고 있습니다. 처음에는 P 사장도 그 팀장의 당당하고 자신만만한 태도가 맘에 들었지만, 날이 갈수록 이것이 너무 과해졌습니다.

그 팀장은 자기 마음에 안 차는 팀원들을 인격적으로 무시할 뿐 아니라 다른 팀장들까지 업무능력이 없다면서 공개적으로 비난하기 일쑤였습니다. 심지어 최근에는 P 사장의 업무 지시를 부당하고 비합리적이라며 거부하기까지 했습니다. 그러다 보니 영업팀장의 횡포를 견디다 못한 직원이 퇴사하기도 하고, 다른 팀원들도 팀장을 해고하지 않으면 회사를 떠나겠다고 합니다. 주변에 알아보니 마땅한 이유 없이 해고하기도 어렵다는데, P 사장은 이 사태를 어찌 해결해야 할지 몰라 눈앞이 깜깜합니다.

해고와 관련해서 사장이 분명히 알아 두어야 할 것이 있습니다. 현재 노동법 체계에서 해고는 '굉장히 어렵다'는 점입니다. 즉, 근로기준법에 따르면 '정당한 이유'가 있어야 해고할 수 있는데, 이 정당한 이유를 법적으로 인정받기가 매우 어렵습니다.

회사나 사장 생각으로는 정당한 이유가 많겠지만, 노동법에서 인정하는 '정당한 이유'는 매우 제한적입니다. 단순히 일을 좀 못한다거나, 직원들과 분란이 있다거나, 업무상 실수를 여러 차례 했다는 정도로는 정당한 이유로 인정받지 못합니다.

판례에서는 '사회통념상 도저히 근로관계를 유지하기 어려울 정도'가 되어야 정당하다고 보고 있습니다. '도저히 근로관계를 유지하기 어려울 정도'는 객관적으로 '이건 아니다' 싶은 행동에 대해 회사가 개선기회를 충분히 주었고, 그런데도 전혀 개선 가능성이 없는 경우로 이해하면 됩니다.

그럼, 법률적 해고가 이리도 어려우니 P 사장은 기고만장한 영업팀장을 잘라내지 못하는 걸까요? 그렇다면 고통받는 팀원은 어찌할 것이며, 우울증에 걸릴 것 같은 P 사장은 누가 구원해 줄까요?

■ **해결할 사람은 결국 사장뿐입니다** : 근태 불량이나 업무상 실수 등 직원의 행위가 명백한 징계사유에 해당하면 회사 시스템으로 해결할 수 있습니다. 하지만 앞 사례와 같은 문제직원의 경우 '사장'이 직접 해결해야 합니다. 특히 사례처럼 문제직원으로 인해 다른 직원이 지속적으로 어려움을 호소하거나, 나아가 퇴사까지 하게 된다면 회사 차원에서 이를 굉장한 위기신호로 인식해야 합니다.

상황이 이 정도라면 인사담당자나 관리자 선에서 문제를 해결하기 어렵습니다. 오히려 악화하기 일쑤죠. 따라서 이런 경우 최종 의사결정자인 사장이 직접 나서서 문제를 해결해야 합니다. 본인도 해결방법을 모르겠고 관여하기 귀찮다고 해서 미루거나 외면하지 말고, 사장이 직접 적극적으로 나서서 해결해야 합니다.

■ 순리대로 정해진 해고절차를 따라야 합니다 : '해고는 살인이다'라는 말이 있을 정도로 해고는 직원에게 정신적·경제적으로 심각한 피해를 주는 일입니다. 따라서 회사도 해고를 최후의 징계수단으로 인식해야 하며, 해고사유가 분명하더라도 절차를 정확히 거쳐서 시행해야 합니다. 특히 징계해고는 법률적 분쟁소지가 있으므로 반드시 회사의 정해진 해고절차를 거쳐야 합니다.

앞의 사례는 영업팀장의 업무능력이 아닌 팀원과의 관계에서의 문제이므로 직장 내 괴롭힘에 관한 사안이 됩니다. 사안에 따라 다르겠지만, 이런 행위가 일회성이라면 해고까지는 어려워도 징계는 충분히 가능합니다. 절차적으로는 이렇게 진행할 수 있습니다.

우선 해당 영업팀장에게 팀원을 무시하거나 괴롭히는 행위를 하지 말 것을 강력히 경고합니다. 그런데도 개선되지 않거나, 직원들이 어려움을 호소한다면 징계절차를 거쳐 징계합니다. 이때 징계수위를 단계적으로 높이는 것이 중요합니다(249쪽 참조). 즉, 영업팀장의 문제행동이 개선되지 않고 같은 사안이 반복될 때마다 '감봉-정직-해고' 순으로 징계수위를 점차 높여 나가야 합니다.

만약 징계의 마지막 단계인 해고까지 이어진다면 이후 '부당해고' 사건으로 이어질 수 있으니 초기 상황부터 전문가 조언을 얻어 진행하는 것이 좋습니다.

■ 의사결정이 빨라야 합니다 : 직원의 문제행동이 개선되지 않고 이어지면 주변 직원들이 계속해서 고통받게 됩니다. 그렇다면 회사 차원에서 어떤 직원이 더 소중한지 생각해 보고 신속하게 해당 사건

을 해결해야 합니다. 사장에게는 선량한 직원을 보호할 의무가 있음을 잊어서는 안 됩니다.

■ 때로는 극단적인 조치도 필요합니다 : 아무리 해고의 정당성을 인정받기 어려워도 때로는 빠른 결단이 필요합니다. 해고의 정당성을 갖추기 위한 순차적 징계절차가 너무 오래 걸리면 직원들의 인내심이 바닥나고 핵심 인재의 집단퇴사로 이어질 수 있습니다. 이런 위기가 임박하거나 특별한 사정이 생긴다면 부당해고 위험을 감수하고라도 과감히 해고조치를 해야 합니다. 어쩌면 나중에 부당해고로 판단되어 경제적 피해가 발생할 수도 있고, 법적 판단 결과에 따라 해고직원의 복직위험이 생길 수도 있습니다. 그럼에도 불구하고 이것이 직원들과 회사를 위해 사장만이 할 수 있는 결정이며, 때로 법률적 리스크까지 감수해야 하는 사장의 역할입니다.

다만 이런 모든 결정을 내리기 전에 징계 대상 직원이 진짜 문제직원인지도 반드시 확인해 봐야 합니다. 문제가 부풀려지지는 않았는지, 오히려 직원들이 팀장을 음해하고 있지는 않은지도 다시 한번 확인해 봐야 선의의 피해자가 생기지 않습니다.

■ 협상이 최선입니다 : 문제직원에게 경제적 보상 등을 제시하여, 해고가 아닌 권고사직으로 처리하는 방법이 좋은 대안이 될 수 있습니다. '왜 이런 직원을 내보내는 데 돈까지 쥐여줘야 하냐?'라고 항변할 수 있지만 '사람을 잘못 뽑은 대가'라고 생각해야 합니다. '직원들을 지키는 대가'라고 생각해도 좋습니다. 불필요한 분쟁에 소모되

는 경제적·심리적 에너지를 고려하면 이것이 가치 있는 결정입니다. 감정을 내려놓고 차가운 이성으로 판단해서 가능하다면 협상을 통해 문제직원을 내보내는 것이 최선입니다.

■ 해고는 '서면'으로 해야 합니다 : 문제직원과의 협상이나 설득이 실패하고 다른 대안도 없다면 해고할 수밖에 없습니다. 직원을 해고할 때는 정해진 징계해고 절차를 정확히 거치는 것만큼 해고통지를 '서면'으로 정확히 해야 한다는 것도 중요합니다.

또 근로기준법에 따라 해고통지 서면에는 해고의 '이유'와 '시기'가 명확히 적혀야 합니다. 특히 구두로 해고를 통지하거나, 문자 메시지 등 부정확한 방식으로 해고의사를 전달하면 해고사유가 아무리 정당해도 절차 위반으로 무조건 '부당해고'로 인정됩니다. 따라서 해고통지는 반드시 '서면'으로 당사자에게 직접 전달해야 합니다.

☑ 이 법에 집중
근로기준법 제27조(해고사유 등의 서면통지)
① 사용자는 근로자를 해고하려면 해고사유와 해고시기를 서면으로 통지하여야 한다.
② 근로자에 대한 해고는 제1항에 따라 서면으로 통지하여야 효력이 있다.

● 썩은 사과의 법칙

썩은 사과의 법칙(The Law of the Bad Apple)은 썩은 사과 하나가 상자 속 모든 사과를 썩게 하듯 조직이나 회사에 고약한 사람 하나가 조직 전체를 망친다는 이론입니다.

실제로도 회사가 문제직원 한 명을 방치하면 나중에 큰 대가를 치르게 됩니다. 저 역시 사업현장에서 문제사원 한 명으로 인해 회사가 망하기 일보 직전까지 가는 사례를 자주 목격했습니다. 사장은 열심히 일하는 나머지 직원을 위해, 소중한 회사를 지키기 위해 이런 문제를 직접 신속하게 해결해야 합니다. 특히 문제직원임이 분명하고 그의 행동으로 인해 퇴사자가 발생하고 있거나 그런 일이 발생할 가능성이 크다면 긴급 상황으로 인식해야 합니다.

해 고 통 지 서

부서명		직위	
성명		생년월일	
해고일자	20 년 월 일		
해고사유	취업규칙 제○○조 제○항 의거 (예시) 직접적으로 회사의 명예 또는 신용을 손상시킨 행위 ~		
내용	위 사유에 의해 명시된 일자에 귀하와 당사와의 근로관계가 종료 되기에 해고를 통보하오니 본 해고통지 수령과 동시에 회사의 지급 품 반납 및 인수인계에 만전을 기해주시기 바랍니다.		

취업규칙 제○○조에 따라 위와 같이 해고를 서면 통지 합니다.

년   월   일

(주)○○○○ 대표이사   (인)

04

산재보험을 둘러싼
여러 오해에 관해

직원이 산업재해를 당했을 때
산재 처리를 꺼릴 이유가 없습니다.

보통 우리는 한두 개 이상의 보험은 듭니다. 매달 나가는 보험료가 아깝지만 언제든 나에게도 사고가 생길 수 있다고 생각하기 때문이겠죠. 회사도 마찬가지입니다. 대표적으로 산재보험이 있고, 때론 별도의 화재보험을 들기도 하죠. 그런데 제가 사업현장에서 상담하다 보면 사장들이 여러 오해로 인해 산재보험을 상당히 부정적으로 인식하는 듯합니다. 그러다 보니 막상 직원이 다쳐도 산재로 처리하기를 꺼리기도 합니다.

유통단지에서 직원 10명을 두고 공구상을 운영하는 Q 사장은 최근 당황스러운 일을 겪었습니다. 직원 한 명이 공구를 납품하다 지게차와 충돌해서 크게 다치는 사고가 일어난 것입니다. 다친 직원은 현재 병원에서 치료 중인데 두 달은 더 입원해야 한다고 합니다.

Q 사장은 회사 일이 대부분 단순 납품업무라 그간 사고에 대해 크게 신경 써보지 않았는데, 막상 그런 일을 겪으니 어떻게 대처해야 할지 난감했습니다. 산재보험은 당연히 가입되어 있는데 주변에서 산재로 처리하면 산재보험료가 올라가느니 회사에 불이익이 생기느니 하며 말이 많습니다. 산재로 처리하지 않는다면 치료비를 회사비용으로 처리해야 하는지, 입원 중인 직원의 월급은 어떻게 해야 하는지 Q 사장은 답을 찾을 수 없어 고민입니다.

위 사례에서 Q 사장이 해야 할 행동은 명확합니다. 직원의 사고에 대해 '반드시' 산재 처리를 해야 합니다. 왜 그래야 하는지 알아볼까요?

■ 산재보험료율은 무조건 올라가지 않습니다 : 4대 보험 중 산재보험은 사업주가 전액 부담하는 사회보험입니다. 산재보험은 업종마다 적용되는 보험요율이 다릅니다. 산재 발생위험이 큰 업종에 상대적으로 높은 보험요율이 책정되는 식이죠.

산재보험료는 사고 여부에 따라 할증이나 할인되는 경우가 있긴 합니다. 하지만 '상시근로자 수 30인 미만 사업장'은 산재 처리를 많이 하더라도 산재보험료가 인상되지 않습니다. 그러니 Q 사장은 직원의 사고를 산재로 처리하더라도 산재보험료 인상을 걱정할 필요가 없습니다.

또 상시근로자 30인 이상 사업장이라도 '업무상 질병에 의한 산업재해'나 '출·퇴근 중에 발생한 사고'는 산재보험료율 인상에 영향을 주지 않으니 안심해도 됩니다.

■ 산재 처리를 해야 깔끔합니다 : 직원의 사고를 산재 처리하지 않고, 당사자 간 합의를 통해 회사가 치료비나 임금을 부담하는 소위 '공상 처리'를 하기도 하는데, 저는 특별한 경우가 아니라면 이 방법을 추천하지 않습니다. 그 이유는 이렇습니다.

1 당사자 간 분쟁의 씨앗이 남습니다. 산재 처리를 하면 근로복지공단에서 치료비 산정과 치료과정에 관한 업무를 주관하게 됩니다. 따라서 회사가 관여하지 않아도 치료기간의 연장, 휴업기간 처리 등의 여러 문제를 '공적으로' 처리할 수 있습니다. 자동차보험에 가입하면 사고가 났을 때 보험회사가 알아서 처리해 주는 것과 유사합니다.

이에 비해 공상 처리를 하면 다친 직원의 1차 치료 이후에도 회사가 추가 치료비를 언제까지 제공할지, 재발위험에 대한 보상은 얼마로 할지 등의 문제에 지속적으로 직접 대응해야 합니다. 실제로 직원과 상호 협의로 공상처리를 하고도 해당 직원이 치료비와 노동력 손실에 대한 금전적 대가를 계속 요구해서 곤란을 겪는 사업장이 종종 있습니다.

2 임금도 문제가 됩니다. 앞 사례의 경우 산재 처리를 하면 다친 직원이 입원 치료를 받는 두 달 동안 근로복지공단에서 평

균임금의 70%를 휴업급여로 지급합니다. 이로써 회사는 임금 지급 의무를 면제받게 되죠.

이에 비해 산재 처리하지 않으면 회사가 직접 당사자와 치료기간 중 임금을 지급할지, 또 지급한다면 얼마를 언제까지 줄지를 협의해야 합니다. 그 과정에서 서로 불만이 생길 수도 있습니다. 사업주가 산재보험료를 전액 부담하는 이유가 이러한 부분을 보장받기 위함이니 임금부담을 줄이고 분쟁을 없애기 위해서라도 산재로 처리할 필요가 있습니다.

■ 산재 처리하지 않으면 오히려 불이익이 생길 수 있습니다 : 산재 처리의 필요성은 법적 의무 이행과도 관련되어 있습니다.

1 산업재해가 발생하면 '산업재해조사표'를 작성하여 관할 지방고용노동관서에 제출해야 합니다. 사망사고는 즉시, 3일 이상의 휴업재해는 재해 발생일로부터 1개월 내에 제출해야 하며, 제출하지 않으면 과태료가 부과됩니다. 1차 미제출에 대해서는 700만 원의 과태료가, 2차 미제출에 대해서는 1,000만 원의 과태료가 부과됩니다.

2 의도치 않게 회사가 '산재 은폐'를 시도했다고 해석되는 경우가 있습니다. 회사가 직원과 합의해 산재 처리를 하지 않았는데, 고용노동부 등 관련기관으로부터 산재 미보고 사실을 적발당할 수 있기 때문이죠. 또 직원이 애초 회사와의 합의와 달

리 나중에 산재 은폐를 주장할 수도 있으니 주의해야 합니다.

■ 산재 처리로 모두 마무리되지는 않습니다 : 직원에게는 직장에서 일하다가 병을 얻거나 다치는 것이 큰 불행일 수밖에 없습니다. 그러니 사장이 '산재 처리해 주면 되는 것 아니야?' 하는 식으로 대응하면 안 됩니다. 사장으로서 무거운 책임감을 갖고 산재를 당한 직원을 위로하고 챙겨야 합니다.

1 산재를 당한 직원이나 가족을 '즉시' 찾아가 심정적으로 위로하고 이후 절차를 소상히 알리는 성의 있는 자세가 필요합니다. 산재 인정을 위해 적극적으로 협조하는 자세를 보이는 것도 중요합니다. 그러지 않으면 산재 처리를 하고도 회사와 직원 간에 분쟁이 발생할 수 있습니다. 즉, 산재 처리 이후 회사의 무관심과 불성실한 대처가 직원에게 서운한 마음을 갖게 하고, 이것이 분쟁의 시발점이 되는 경우가 많습니다.

2 산재 처리가 100%의 피해 보장을 의미하지는 않습니다. 치료비만 해도 산재보험에서 제외되는 '비급여항목'은 직원이 부담해야 합니다. 임금도 70%만 보장됩니다. 직원 입장에서는 일하다가 다쳤는데 임금도 다 못 받고 치료비까지 부담해야 한다는 게 억울할 수 있습니다. 따라서 산재보험에서 제외되는 치료비나 임금에 대해서도 회사가 할 수 있는 부분까지 추가로 부담하는 것이 좋습니다.

그러지 않으면 이것이 분쟁의 원인이 될 수 있습니다. 사고당한 직원이 산재보상에서 제외되는 피해에 대해 회사를 상대로 민사소송을 제기하거나, 산업안전 의무 위반을 이유로 형사고소를 할 수도 있기 때문입니다. 따라서 이런 불필요한 분쟁을 줄이기 위해서라도 회사가 직원의 피해를 적극적으로 구제하는 노력이 중요합니다.

3 무엇보다 사고원인을 분석하여 재발 방지대책을 수립하여 산업재해를 예방하는 노력이 중요합니다. 현재 상시근로자수 5인 이상 사업장에는 업종을 불문하고 '중대재해 처벌법'이 적용됩니다. 이 법의 취지는 중대재해가 발생했을 때 회사와 대표자에게 더욱 엄격히 책임을 묻는 데 있습니다. 참고로 주요 중대산업재해 유형은 이렇습니다.

① 사망자 1명 이상 발생
② 동일한 사고로 6개월 이상 치료가 필요한 부상자 2명 이상 발생
③ 동일한 유해요인으로 급성중독 등 작업성 질병자 1년 내 3명 이상 발생

이런 상황을 겪지 않으려면 무엇보다 산업안전을 위한 예방조치가 중요합니다. 따라서 그와 관련한 정부 지원 컨설팅에 참여하거나 각종 산업안전 보건 관련 매뉴얼 등을 활용하여

재해 발생을 예방하는 노력을 기울여야 합니다.

● 하인리히 법칙

하인리히 법칙(Heinrich's Law)은 산업재해 중상자가 1명 나왔다면 그 전에 같은 원인으로 발생한 경상자가 29명, 같은 원인으로 부상당할 뻔한 잠재적 부상자가 300명 있었다는 통계적인 상관관계를 밝힌 법칙입니다. 이런 의미에서 1:29:300 법칙으로 불리기도 하죠.

최근 중대재해 처벌법 시행으로 회사나 대표자의 법률 리스크가 커지고 있는 만큼 산업안전을 위한 노력이 더욱 절실한 시점입니다. 이런 리스크를 제거하려면 산재가 발생했을 때 반드시 그 원인을 찾아 제거하는 노력이 필요합니다. 또 산재 예방을 위해 직원들과 함께 사전에 위험요인을 파악해 개선해 나가야 합니다. 필요하다면 외부 전문가의 도움을 받는 방법도 추천합니다.

■ 참고 서식_ 산업재해 조사표

산업재해 조사표

<table>
<tr><td rowspan="4">Ⅰ.
사업장
정보</td><td>①산재관리번호
(사업개시번호)</td><td>12345678901
(45678910111)</td><td>사업자등록번호</td><td colspan="2">1234567890</td></tr>
<tr><td>②사업장명</td><td>○○주유소</td><td>③근로자 수</td><td colspan="2">○명</td></tr>
<tr><td>④업종</td><td>차량용·주유소 운영업</td><td>소재지</td><td colspan="2">(12345)○○도 ○○시 ○○동 ○○로 800</td></tr>
<tr><td></td><td></td><td></td><td></td><td></td></tr>
</table>

※ 아래 항목은 재해자별로 각각 작성하되, 같은 재해로 재해자가 여러 명이 발생한 경우에는 별도 서식에 추가로 적습니다.

<table>
<tr><td rowspan="12">Ⅱ.
재해
정보</td><td>성명</td><td>김○○</td><td>주민등록번호
(외국인등록번호)</td><td>xxxxxx-xxxxxxx</td><td>성별</td><td colspan="2">[√]남 [ ]여</td></tr>
<tr><td>국적</td><td colspan="3">[√]내국인 [ ]외국인 [국적: ⑩체류자격:]</td><td>⑪직업</td><td colspan="2">주유원</td></tr>
<tr><td>입사일</td><td colspan="3">20×× 년 9 월 1 일</td><td>⑫같은 종류업무 근속기간</td><td colspan="2">1 년 4 월</td></tr>
<tr><td>⑬고용형태</td><td colspan="6">[√]상용 [ ]임시 [ ]일용 [ ]무급가족종사자 [ ]자영업자 [ ]그 밖의 사항 [ ]</td></tr>
<tr><td>⑭근무형태</td><td colspan="6">[√]정상 [ ]2교대 [ ]3교대 [ ]4교대 [ ]시간제 [ ]그 밖의 사항 [ ]</td></tr>
<tr><td rowspan="2">⑮상해종류
(질병명)</td><td rowspan="2">압궤손상, 골절</td><td rowspan="2">⑯상해부위
(질병부위)</td><td rowspan="2">발</td><td>⑰휴업예상일수</td><td colspan="2">휴업 [100]일</td></tr>
<tr><td>사망 여부</td><td colspan="2">[ ] 사망</td></tr>
</table>

<table>
<tr><td rowspan="5">Ⅲ.
재해
발생
개요
및
원인</td><td rowspan="4">⑱
재해
발생
개요</td><td>발생일시</td><td>[20××]년 [1]월 [2]일 [월]요일 [10]시 [37]분</td></tr>
<tr><td>발생장소</td><td>○○도 ○○시 ○○동에 소재한 ○○주유소 내 이동식 세차기 이동경로</td></tr>
<tr><td>재해관련 작업유형</td><td>주유소 내 이동식 세차기(차량은 정지 상태에서 세차기가 전·후로 이동하는 방식)를 조작하여 고객의 차량을 자동 세차</td></tr>
<tr><td>재해발생 당시 상황</td><td>재해자는 동 주유소 방문 승용차의 세차를 위하여 세차기 정면의 조작판넬 스위치를 작동하여 사고 전까지 2대의 차량을 세차하였고, 3번째 차량을 세차하기 위해 이동식 세차기 전면에 위치한 조작판넬을 전면이 아닌 측면에서 조작 중 갑자기 작동하는 이동식 세차기와 세차기가 왕복하는 레일 사이에 오른쪽 발이 끼이는 재해 발생</td></tr>
<tr><td colspan="2">⑲재해발생원인</td><td>세차기 정면에서 작동을 해야 하는 조작판넬을 측면에서 조작 중 오조작으로 갑자기 작동됨에 따라 이동식 세차기와 레일 사이에 발이 끼이는 재해 발생, 또한 세차기 작동 시 끼임·부딪힘 등의 위험을 경고하는 정보장치(경광등 및 경보기)가 설치되어 있지 않음</td></tr>
</table>

<table>
<tr><td>Ⅳ.
⑳재발
방지
계획</td><td>○ 세차기는 정면에서만 조작할 수 있도록 측면에 방호울을 설치하고, 청소 또는 유지보수를 위해 위험구간 통행 시 세차기 운전 정지
○ 세차기 작동 시 근로자가 위험을 쉽게 알 수 있도록 경광등 또는 정보장치 설치, 접근금지 경고표지 부착</td></tr>
</table>

작성자 성명　　　　　　정○○

작성자 전화번호　　　000-0000-0000　　　　작성일　　20×× 년 1 월 10 일

　　　　　　　　　　　　　　　　　　　　사업주　　　　　정○○ (서명 또는 인)

　　　　　　　　　　　　　　　　근로자대표(재해자)　　박○○ (서명 또는 인)

( )지방고용노동청장(지청장) 귀하

05

직원에 대해
손해배상 청구를
고민한다면

직원의 손해배상 의무는
'매우 제한적으로' 인정될 뿐입니다.

간혹 직원의 갑작스러운 퇴사로 회사에 피해가 생기는 경우가 있습니다. 이럴 때 사장이 대처하기가 참 애매합니다. 횡령 같은 명확한 범죄가 아니라면 피해를 증명하기도 피해액을 산정하기도 어렵기 때문이죠. 여기에 직원에 대한 괘씸한 생각까지 끼어들면 사장은 이러지도 저러지도 못하는 곤란한 상황에 놓일 수밖에 없습니다.

컨설팅회사를 운영하는 R 사장은 최근 새로운 프로젝트를 진행하다가 매우 곤란한 일을 겪었습니다. 프로젝트를 전담하던 직원이 갑자기 대기업으로 이직한다면서 퇴사해 버린 것입니다. R 사장은 직원의 무책임함이 이해되지 않고 화가 나서 참을 수 없을 지경입니다. 더 큰 문제는 전담 직원의 이탈로 프로젝트까지 중단되어서 계약업체에서 계약 파기를 통보하는 등 회사에 심각한 피해가 생겼다는 것입니다. R 사장은 이 사태를 도저히 그냥 넘길 수 없어서 퇴사한 직원에게 손해배상 청구를 하려고 합니다. 그런데 막상 실행에 옮기자니 어떤 절차가 필요하고, 어떻게 피해를 증명할지 난감하기만 합니다.

실제로 직원의 갑작스러운 퇴사로 회사가 업무상 어려움을 겪는 사례가 많습니다. 더구나 사장은 직원의 그러한 행동을 '배신'으로 받아들이기 때문에 심리적 고통까지 겪게 됩니다. 그러다 보면 사례의 R 사장처럼 직원에게 업무상 '손해배상' 청구를 할 생각까지 하게 되죠. 하지만 저는 상담과정에서 그에 관한 의견을 묻는 사장에게 이렇게 답합니다.

"손해배상 청구소송을 할 수 있지만 추천하지는 않습니다."

저는 누구에게든 항상 이와 똑같이 답합니다. 현실적으로 손해배상 청구소송을 해도 손해를 인정받는 경우가 거의 없기 때문입니다.

실제로 법원은 직원의 무단퇴사로 인한 구체적인 손해 발생을 거의 인정하지 않습니다. 최근에는 법원이 제한적으로 일부 손해를 인정하기도 하지만, '일반적으로는' 회사의 손해와 직원의 퇴사 사이의 인과관계를 인정하지 않고 있습니다. 설령 일부 손해를 인정받더라도 극히 일부 청구액만 인정받는 경우가 많아 소송비용을 감안하면 대부분 경제적 이익이 되지 않습니다. 무엇보다 소송으로 인한 시간과 심리적 소모를 고려하면 역시 소송을 적극적으로 추천하기 어려운 것이 현실입니다. 참고로 직원의 무단퇴사에 따른 회사의 손해를 일부 인정한 판례 하나를 보겠습니다.

순천지원 2022가단62458 참고

중국음식점에서 근무 중인 직원 2명이 무단 퇴사를 하여 손해를 입었고, 이에 대한 손해배상 청구소송(3,500만 원 청구)에서 일부 손해를 인정받음.

법원은 인수인계를 충분히 하지 않아 근로계약을 위반했다고 하면서 손해배상 의무를 인정함. 다만 피고들이 부담할 손해배상 범위(금액)에서는 매출이 감소했다고 하더라도 그것이 온전히 피고들의 퇴사로 인해 발생했다고 볼 수는 없다고 하면서 직원 각 100만 원과 30만 원을 인정함.

직원의 무단퇴사와 관련하여 회사가 주의할 점이 두 가지 더 있습니다.

1 무단퇴사를 방지하고 향후 무단퇴사로 인한 손해배상을 청구하려면 근로계약이나 취업규칙 등을 통해 아래처럼 무단퇴사를 예방하는 규정을 두어야 합니다.

사직을 원하는 경우 퇴직일 이전 30일 전에 사용자에게 통보하여 승인을 받아야 하며, 근로자는 진행 중이거나 진행 예정인 업무에 대하여 해당 업무가 완료될 수 있도록 적극적으로 협조하여야 한다. 만약 이를 위반하여 무단퇴사를 하여 손해가 발생한 경우 배상해야 한다.

② 직원이 무단퇴사를 하더라도 잔여 임금이나 퇴직금은 반드시 퇴직일로부터 '14일' 이내에 지급해야 합니다. 감정적인 이유로 지급을 미루다가 이 기간을 넘기면 임금을 체불한 사업주로 인정되어 처벌될 수 있습니다.

무단퇴사 외에도 사장이 직원에게 손해배상을 청구하고 싶은 경우가 있을 것입니다. 특히 직원의 업무 실수로 인해 손해가 발생했을 때 그럴 텐데, 이 경우 역시 현실적으로 손해를 인정받기가 어렵습니다. 이와 관련한 판례도 하나 볼까요?

대법원 2016다271226 판결 참고

일반적으로 사용자가 피용자(직원)의 업무 수행과 관련하여 행하여진 불법행위로 인하여 직접 손해를 입었거나 그 피해자인 제3자에게 사용자로서의 손해배상 책임을 부담한 결과로 손해를 입게 된 경우에 사용자는 그 사업의 성격과 규모, 시설의 현황, 피용자의 업무 내용과 근로조건 및 근무태도, 가해행위의 발생원인과 성격, 가해행위의 예방이나 손실의 분산에 관한 사용자의 배려의 정도, 기타 제반 사정에 비추어 손해의 공평한 분담이라는 견지에서 신의칙상 상당하다고 인정되는 한도 내에서만 피용자에 대하여 손해배상을 청구하거나 구상권을 행사할 수 있다.

위의 판례를 봐도, 법원이 직원의 업무 수행에 따른 손해배상 의무를 '매우 제한적'으로 인정하고 있음을 알 수 있습니다. 그 이유는 회사가 직원에 비해 경제적으로 우위에 있고, 직원의 실수에는 회사

의 관리감독 책임도 있기 때문입니다. 무엇보다 직원이 일을 한다는 것은 회사를 대리하여 하는 것임에도 그에 대한 책임을 일방적으로 직원에게 묻는 것은 지나치다고 보고 있습니다. 다만 직원의 실수에 '고의' 또는 '중대한 과실'이 있는 경우에는 손해의 일부라도 인정받을 수는 있습니다.

간혹 직원들의 업무 실수로 인한 손해가 많이 발생하고 있는 사업장에서 손해 방지를 위해 근로계약서 등에 위약금이나 손해배상 규정을 두는 경우가 있습니다. 하지만 근로기준법에서 이러한 행위를 엄격히 금지하고 있으므로 주의해야 합니다.

☑ 이 법에 집중
근로기준법 제20조(위약 예정의 금지)
사용자는 근로계약 불이행에 대한 위약금 또는 손해배상액을 예정하는 계약을 체결하지 못한다.

끝으로, 직원에게 손해배상을 청구할 때는 반드시 전문가의 조언을 듣고 판단하기 바랍니다. 여러 차례 강조했지만 감정적 대응은 여러모로 좋지 않은 결과를 낳습니다.

● 백문불여일견(百聞不如一見)

백문불여일견(百聞不如一見)은 '백 번 듣는 것이 한 번 보는 것만 못하다'라는 의미의 고사성어입니다. 뭐든 직접 경험해야 확실히 알 수 있다는 것이죠.

무단퇴사에 대한 회사의 지속적인 경고에도 직원들이 전혀 반응하지 않고, 그런 일이 반복된다면 회사의 강력한 의지를 보여 줄 필요가 있습니다. 회사가 말로만 '하지 마! 하지 마!' 하는 것이 소용없다면, 때로는 사장이 강력한 의지로 소송을 통해 끝까지 무단퇴사의 책임을 묻는 모습을 직원들에게 보여 줄 필요도 있습니다.

직장 내 괴롭힘에
단호히 대처해야 하는 이유

직장 내 괴롭힘 사건은 피해자 관점에서
생각하고 조치해야 합니다.

아주 다행스럽게도 최근에는 직장 내 성희롱 문제가 많이 줄고 있습니다. 직장 내 성희롱 사건은 피해자에게 심각한 고통과 상처를 주는 만큼 앞으로도 철저히 근절해 나가야 합니다.

그에 비해 직장 내 괴롭힘 사건은 상대적으로 증가하고 있습니다. 제가 여러 사업현장을 돌아 본 경험으로도 그렇게 보입니다. 다만 과거에 비해 직장 내 괴롭힘 행위가 늘었다기보다는, 이전부터 존재했던 갑질 문화가 직장 내 괴롭힘으로써 표면화되는 과정으로 이해하는 것이 맞습니다.

사무용품 도매업을 하는 S 사장은 최근 신입사원과의 상담과정에서 경악할 만한 이야기를 들었습니다. 말로만 듣던 직장 내 괴롭힘이 자신의 회사에서도 이루어지고 있었던 것입니다. 최근에 입사한 그 신입사원은 직원들이 자기를 업무적으로 괴롭히고 집단 따돌림을 하고 있다고 호소하며 해당 직원들의 징계를 요구했습니다.

그런데 S 사장이 그 신입사원의 사연을 자세히 들여다보니 판단하기 애매한 측면이 있었습니다. 직원들의 잘못이 일부 있기는 한 듯한데, 직원들이 의도적으로 괴롭혔다고 단정하기도 어려워 보였기 때문입니다. S 사장 생각에는 '괴롭힘'까지는 아닌 듯한데, 당한 직원은 힘들어하며 징계를 요구하니 어떻게 처리해야 할지가 고민입니다.

성희롱 문제와 달리 갑질이나 직장 내 괴롭힘 문제는 세대나 직급별로 인식차이가 큰 편입니다. 소위 '나 때는 말이야~'라는 인식이 작용할 수 있는 문제라는 것이죠. 그러다 보니 특정 행위가 괴롭힘에 해당하는지 아닌지를 명확히 판단하기 곤란한 경우가 많습니다.

법적으로 보면 직장 내 괴롭힘 여부의 핵심은 아래 규정처럼 '업무상 적정범위를 넘는 행위'가 있었는지입니다. 즉, 문제 행위가 업무상 필요성이 인정되지 않거나, 업무상 필요성은 인정되더라도 상식적으로 보았을 때 업무상 적정범위를 넘는 행위로 볼 수 있다면 (폭행, 욕설 등) 직장 내 괴롭힘 행위가 됩니다.

☑ 이 법에 집중

근로기준법 제76조2(직장 내 괴롭힘의 금지)

사용자 또는 근로자는 직장에서의 지위 또는 관계 등의 우위를 이용하여 업무상 적정범위를 넘어 다른 근로자에게 신체적·정신적 고통을 주거나 근무환경을 악화시키는 행위(이하 '직장 내 괴롭힘'이라 한다)를 하여서는 아니 된다.

고용노동부에서 발간한 <직장 내 괴롭힘 판단 및 예방·대응 매뉴얼>을 보면 현재 직장 내 괴롭힘 행위가 매우 다양한 행태로 이루어지고 있음을 알 수 있습니다. 대표적인 직장 내 괴롭힘 사례는 이렇습니다.

- 정당한 이유 없이 업무능력이나 성과를 인정하지 않거나 조롱함
- 정당한 이유 없이 훈련, 승진, 보상, 일상적인 대우 등에서 차별함
- 다른 근로자들과는 달리 특정 근로자에 대해서만 근로계약서 등에 명시되어 있지 않은, 모두가 꺼리는 힘든 업무를 반복적으로 부여함
- 근로계약서 등에 명시되어 있지 않은 허드렛일만 시키거나 일을 거의 주지 않음
- 정당한 이유 없이 업무와 관련된 중요한 정보 제공이나 의사결정 과정에서 배제시킴
- 정당한 이유 없이 휴가나 병가, 각종 복지혜택 등을 쓰지 못하도록 압력 행사
- 다른 근로자들과는 달리 특정 근로자의 일하거나 휴식하는 모습만을 지나치게 감시
- 사적 심부름 등 개인적인 일상생활과 관련된 일을 하도록 지속적·반복적으로 지시
- 정당한 이유 없이 부서 이동 또는 퇴사를 강요함
- 개인사에 대한 뒷담화나 소문을 퍼뜨림
- 신체적인 위협이나 폭력을 가함

- 욕설이나 위협적인 말을 함
- 다른 사람들 앞이나 온라인상에서 나에게 모욕감을 주는 언행을 함
- 의사와 상관없이 음주, 흡연, 회식 참여를 강요함
- 집단 따돌림
- 업무에 필요한 주요 비품(컴퓨터, 전화 등)을 주지 않거나, 인터넷이나 사내 네트워크 접속을 차단함

앞선 사례의 경우 업무상 괴롭힘 여부는 구체적으로 따져 볼 필요가 있지만, 집단적 따돌림 행위가 있었다면 직장 내 괴롭힘 행위로 인정될 가능성이 큽니다. 회사 내에서 이와 같은 직장 내 괴롭힘 사건이 발생하면 회사나 사장은 관련 법에 따라 필요한 조치를 해야 합니다. 회사 내에서 발생한 사건이 집단 내 괴롭힘에 해당하는지 여부와 어떤 조치가 필요한지 궁금하다면 고용노동부의 <직장 내 괴롭힘 판단 및 예방·대응 매뉴얼>을 참고하면 됩니다.

☑ 이 법에 집중
제76조의3(직장 내 괴롭힘 발생 시 조치)
① 누구든지 직장 내 괴롭힘 발생 사실을 알게 된 경우 그 사실을 사용자에게 신고할 수 있다.
② 사용자는 제1항에 따른 신고를 접수하거나 직장 내 괴롭힘 발생 사실을 인지한 경우에는 지체 없이 당사자 등을 대상으로 그 사실 확인을 위하여 객관적으로 조사를 실시하여야 한다.
③ 사용자는 제2항에 따른 조사기간 동안 직장 내 괴롭힘과 관련하여 피해를 입은

근로자 또는 피해를 입었다고 주장하는 근로자(이하 '피해 근로자등'이라 한다)를 보호하기 위하여 필요한 경우 해당 피해 근로자 등에 대하여 근무장소의 변경, 유급휴가 명령 등 적절한 조치를 하여야 한다. 이 경우 사용자는 피해 근로자 등의 의사에 반하는 조치를 하여서는 아니 된다.

④ 사용자는 제2항에 따른 조사 결과 직장 내 괴롭힘 발생 사실이 확인된 때에는 피해 근로자가 요청하면 근무장소의 변경, 배치전환, 유급휴가 명령 등 적절한 조치를 하여야 한다.

⑤ 사용자는 제2항에 따른 조사 결과 직장 내 괴롭힘 발생 사실이 확인된 때에는 지체 없이 행위자에 대하여 징계, 근무장소의 변경 등 필요한 조치를 하여야 한다. 이 경우 사용자는 징계 등의 조치를 하기 전에 그 조치에 대하여 피해 근로자의 의견을 들어야 한다.

⑥ 사용자는 직장 내 괴롭힘 발생 사실을 신고한 근로자 및 피해 근로자 등에게 해고나 그 밖의 불리한 처우를 하여서는 아니 된다.

⑦ 제2항에 따라 직장 내 괴롭힘 발생 사실을 조사한 사람, 조사 내용을 보고받은 사람 및 그 밖에 조사과정에 참여한 사람은 해당 조사과정에서 알게 된 비밀을 피해 근로자 등의 의사에 반하여 다른 사람에게 누설하여서는 아니 된다. 다만, 조사와 관련된 내용을 사용자에게 보고하거나 관계 기관의 요청에 따라 필요한 정보를 제공하는 경우는 제외한다.

실무적으로는 직장 내 괴롭힘 사건과 관련하여 어떤 사항들이 중요한지 알아볼까요?

■ 사장이 제일 조심해야 합니다 : 직장 내 괴롭힘은 사건의 특성상 행위자(가해자)가 대부분 상사나 대표자입니다. 특히 직원 수가 많지 않은 사업장은 대표자와 직원의 접점이 많아서 대표자에 의한 괴롭힘 행위가 일어날 확률도 높습니다. 괴롭힘 행위는 '의도적'이

라기보다는 대부분 업무방식이나 개인 특성으로 인해 발생하기 때문에 행위자가 상대를 괴롭힌다는 사실을 인지하지 못하는 경우가 많습니다. 따라서 사장 스스로 주변 사람 등의 의견을 참고해 업무지시방식이나 성향 등에 문제가 없는지 점검해 봐야 합니다. 만약 대표자가 직장 내 괴롭힘의 행위자가 된다면 1천만 원 이하의 과태료가 부과됩니다.

■ 중요하게 생각하고 신속하게 처리해야 합니다 : 직원 간에 일어나는 괴롭힘 행위에 대해 사장이 '같이 일하다 보면 그럴 수 있지, 뭐!', '회사생활이 다 그런 거지' 식으로 생각하는 경우가 여전히 많습니다. 하지만 이제는 직장 내 괴롭힘 행위에 대한 직원들의 인식수준이나 권리의식이 상당히 높아졌기 때문에 절대로 가볍게 생각해서는 안 됩니다. 피해를 호소하는 직원이 있거나 피해 사실을 인지하면 사장은 '즉시' 조치해야 합니다.
우선 피해자의 의견을 들어 행위자와 분리하는 등의 피해자 보호조치가 필요합니다. 더불어 이른 시일 내에 해당 사건을 조사해야 합니다. 사건 조사는 사장이 직접 또는 관리자가 실시하되, 사안이 심각하고 복잡하여 판단하기 어렵다면 노무법인 등 외부기관에 위탁할 수도 있습니다.

■ 피해자 중심으로 생각하되, 공평한 조사가 필요합니다 : 직장 내 괴롭힘 사건을 조사할 때는 반드시 '피해자 중심'으로 생각해야 합니다. 사장이 선입견을 가지고 행위자를 옹호하거나 보호하는 태도

를 취하면 안 됩니다. 반대로 피해자의 말을 무조건 믿어도 안 됩니다. 실제로 최근에는 직장 내 괴롭힘 사건의 고도화로 피해자가 오히려 허위 신고를 함으로써 억울한 피해자가 생기는 사례가 종종 발생하고 있습니다.

조사 결과 직장 내 괴롭힘이 인정되면 행위자를 반드시 '징계'해야 합니다. 징계수위는 인사권의 범위로, 피해자의 의견을 참고하여 회사가 결정하면 됩니다.

■ 사후관리도 중요합니다 : 직장 내 괴롭힘 행위의 원인이 행위자 개인의 일탈에 있다면 징계 등으로 처벌하고 태도를 개선하도록 하면 됩니다. 하지만 그 원인이 집단적 행위나 조직문화에 있다면 조직문화 자체를 개선하는 노력이 필요합니다. 더불어 피해자의 피해 극복에 관심을 두는 것이 중요합니다. 함께 일하는 동료들에게서 괴롭힘당했다면 그 피해자는 억울함을 넘어 정신적 충격이 클 수밖에 없습니다. 따라서 사장으로서 당연히 피해자에게 지속적인 관심과 배려를 보여야 합니다.

직장 내 괴롭힘 문제를 미온적으로 대처하면 조사 미실시, 피해 근로자 미보호 등 각 사안별로 과태료가 부과될 뿐 아니라 고용노동부 근로감독으로 이어질 수 있습니다. 무엇보다 피해 직원이 퇴사하거나, 회사를 상대로 민·형사상 소송을 제기할 수도 있으므로 사전에 회사가 적극적으로 대처해 사건이 이런 식으로 번지지 않도록 해야 합니다.

직장 내 괴롭힘은 사장이 신경 쓰는 만큼 예방할 수 있습니다. 기본적으로 전 직원 대상의 직장 내 괴롭힘 예방 교육을 주기적으로 시행할 필요가 있습니다. 참고로 해당 교육은 법정 의무교육인 직장 내 성희롱 예방교육과 함께 실시하는 방법을 추천합니다.

● 기소불욕물시어인(己所不欲勿施於人)

자공이 공자에게 "제가 평생 실천할 수 있는 한마디의 말이 무엇입니까?" 라고 물었을 때 공자가 답했습니다.

"자신이 원하지 않으면 다른 사람에게도 하지 말아야 한다."

사장이 직원들에게 바라는 언행대로 직원들을 대한다면 직장 내 괴롭힘 문제는 생기지 않을 것입니다. 더 나아가 직원 상호 간에도 이런 문화가 정착되도록 사장이 스스로 모범을 보여야 합니다.